Communication
Patterns

코드 밖 커뮤니케이션

| 표지 설명 |

표지 그림은 녹색 비둘기(학명: *Treron fulvicollis*)다. 희귀종으로 인도네시아, 말레이시아, 미얀마, 싱가포르, 태국의 아열대, 열대 맹그로브, 늪지, 관목지 등에서 서식한다. 녹색 비둘기의 이름은 수컷의 생김새에서 유래되어있는데 머리에 녹색 깃털과 분홍빛 오렌지색 또는 밤색 털이 있다. 암컷은 가슴과 머리가 모두 녹색이다. 암컷과 수컷 모두 부리가 붉은색과 흰색이 섞여 있으며, 날개 가장자리에는 흰색 털이 있다. 세계자연보전연맹(IUCN)은 녹색 비둘기를 '관심 대상least concern'으로 분류했다. 오라일리 표지에 있는 동물들은 대부분 멸종위기종이다. 이들은 모두 소중한 존재다. 표지 그림은 『General Zoology』에 실린 흑백 판화를 기반으로 캐런 몽고메리Karen Montgomery가 그린 작업이다.

코드 밖 커뮤니케이션

팀원 온보딩부터 UML 활용법, 글쓰기 스킬, 원격 근무 노하우까지

초판 1쇄 발행 2024년 8월 30일

지은이 재퀴 리드 / **옮긴이** 곽지원 / **펴낸이** 전태호
펴낸곳 한빛미디어(주) / **주소** 서울시 서대문구 연희로2길 62 한빛미디어(주) IT출판2부
전화 02-325-5544 / **팩스** 02-336-7124
등록 1999년 6월 24일 제25100-2017-000058호 / **ISBN** 979-11-6921-247-2 93000

총괄 송경석 / **책임편집** 박민아 / **기획 · 편집** 김지은
디자인 표지 윤혜원 내지 박정우 / **전산편집** 강창효
영업 김형진, 장경환, 조유미 / **마케팅** 박상용, 한종진, 이행은, 김선아, 고광일, 성화정, 김한솔 / **제작** 박성우, 김정우

이 책에 대한 의견이나 오탈자 및 잘못된 내용은 출판사 홈페이지나 아래 이메일로 알려주십시오.
파본은 구매처에서 교환하실 수 있습니다. 책값은 뒤표지에 표시되어 있습니다.

한빛미디어 홈페이지 www.hanbit.co.kr / 이메일 ask@hanbit.co.kr

지금 하지 않으면 할 수 없는 일이 있습니다.
책으로 펴내고 싶은 아이디어나 원고를 메일(**writer@hanbit.co.kr**)로 보내주세요.
한빛미디어(주)는 여러분의 소중한 경험과 지식을 기다리고 있습니다.

Communication
Patterns

코드 밖 커뮤니케이션

O'REILLY® 한빛미디어 Hanbit Media, Inc.

성공적인 소프트웨어 출시의 핵심은 다양한 배경을 가진 이해관계자들과의 효과적인 소통에 있습니다. 이 책은 개발자, 디자이너, 비즈니스 분석가, 마케터 등 서로 다른 역할을 맡은 사람들과 원활하게 소통하는 방법을 구체적으로 다룹니다. 또한 고객을 포함한 여러 이해관계자의 요구 사항을 조율하고, 모두가 만족할 만한 제품을 출시하기 위한 실용적인 전략과 도구들을 소개합니다. 개발자와 아키텍트는 물론, 성공적인 소프트웨어 제품 개발에 관심 있는 모든 이에게 이 책은 훌륭한 길잡이가 되어줄 것입니다.

김민지, TPM/소프트웨어 개발자

이 책은 우리가 업무를 수행하며 마주치는 다양한 상황을 구체적으로 설명합니다. 평소에 흔히 사용하고 있지만 깊이 생각해보지 않았던 고려 사항들을 다루고 있습니다. 특히 최근 트렌드인 원격 근무에 대한 상세한 설명이 인상 깊었습니다. 또한 효과적인 커뮤니케이션을 위한 다양한 솔루션과 제품을 소개하고 있어, 이 책의 실용성을 한층 더 높여줍니다.

박찬웅, 롯데렌탈 소프트웨어 개발자

이 책은 커뮤니케이션이라는 대주제를 바탕으로 다양한 상황에서 어떻게 성공적인 커뮤니케이션을 달성할 수 있는지를 잘 보여주고 있습니다. 현업에서 오랜 시간을 보내며 익숙해진 도구들이 등장해 반갑기도 했지만, 한편으로는 부족한 부분을 채워나가려면 많은 노력이 필요하겠다는 생각이 들었습니다. 그래도 지금 이 책을 접하게 되어 개선할 점을 찾은 것만으로도 큰 성과라고 생각합니다. 아마도 모든 내용이 자신에게 꼭 필요한 것은 아닐 수 있습니다. 목차를 보시고 고민했던 분야가 있었다면 꼭 읽어보시기를 바랍니다.

유형진, 데브구루

개발자의 업무 중 코딩이 가장 큰 부분을 차지하지만, 한 단계 더 나아가기 위해서는 의사 소통을 통해 해야 할 일을 정리하거나 해야 할 일에 대한 설득을 할 수 있어야 합니다. 이 책에서는 대화하는 법, 문서를 작성하는 법, 발표 자료를 만드는 등 다양한 의사소통 팁을 제공합니다. 또한 실제 활용 가능한 여러 도구들도 소개하고 있어, 의사소통 능력 향상에 관심 있는 모든 이에게 많은 도움이 될 것입니다.

윤병조, 소프트웨어 개발자

오늘날 다양한 프로젝트를 진행하다보면 핵심인력key man의 기술적 역량보다도 소프트 스킬soft skill이 주요 성공 요인critical success factor이라고 피부로 체감되는 일이 잦다. 특히 요즘처럼 분업화, 전문화된 시대를 살아가는 우리들은 혼자서 할 수 있는 일이 거의 없으므로, 협업 및 협력을 위한 커뮤니케이션과 이를 효과적으로 수행하기 위한 커뮤니케이션 패턴을 수립할 필요가 있다. 이 책은 그러한 공감대를 가진 분들에게 다양한 의사소통 채널의 활용 팁을 알려주고 있다. 특히 개발 엔지니어들과 소통하고 그들을 이끌어야 하는 역할을 맡고 있다면, 이 책을 꼭 읽어보길 권한다. 책에서 배운 내용을 실제 업무에 적용해보면 큰 도움이 될 것이다.

전준규, 농협정보시스템 DT LAB

개발 업무를 하면서 기획자, 사업, 영업부 혹은 내 옆에 있는 개발자와 소통해야 할 일이 상당히 많습니다. 이 책은 그런 상황들 속에서 사용할 수 있을 법한 소통에 대한 기술을 알려줍니다. 대면 소통뿐만 아니라 글을 정리할 때, 더 나아가 비대면 상황에서의 소통 방법 등을 개발 친화적으로 풀어내고 있어 소통에 어려움을 느끼고 있는 모든 개발자에게 추천합니다.

조민수, 코나아이 개발자

SW 개발자를 포함하여, IT 분야에 몸담고 있는 모든 사람에게 딱 맞는 이만한 커뮤니케이션 관련 도서가 또 있을 수 있을까요? 이번 베타리딩을 통해 도서의 내용을 한땀한땀 읽어가면서, 본 도서가 다루고 있는 방대한 커뮤니케이션 방식과 practical한 예제를 기반으로 한 상세한 설명에 정말 감탄하지 않을 수 없었습니다. 커뮤니케이션의 A to Z를 모두 다루었다고 감히 말할 수 있을 만큼, 실무에 필요한 주옥 같은 커뮤니케이션 스킬들이 총망라되어 있습니다. 점점 빠르고 복잡하게 변화하고 있는 생성형 AI 시대에서, 나이/직책/직무와 관계없이 글로벌 커뮤니케이션 역량 강화를 위해 누구나 한 번쯤 읽어야 할 필독서라는 생각이 듭니다. 편견 없이 순수한 제로베이스에서 상대방의 눈높이에 맞게 원활히 커뮤니케이션을 할 수 있도록 하는 유용한 방법들에 대해 배울 수 있었던 좋은 시간이었습니다.

최성욱, 삼성전자 VD사업부 Security Lab

글을 쓸 때 틀이 있으면 참 편리하죠. 일관된 형식으로 내용만 바꾸면 되기 때문입니다. 이와 같이 개발자들도 디자인 패턴을 익히면서 실무에 녹이는 경우가 많은데요. 디자인 패턴을 알고 있으면 어떤 식으로 코드가 작성되어 있는지 유추할 수 있어서 생산성을 높여줍니다. 다만 협업할 때는 문제가 발생합니다. 다른 직군들은 개발에 대한 이해도가 낮기 때문에 그들과 소통하기 위해서는 다이어그램이나 시각적인 도구가 필요합니다. 개발자와 협업하는 팀에게 단순히 '안 됩니다'라고만 하면 당황스러울 수 있습니다. 이러한 상황을 개선하고 다른 직군들과의 소통을 원활하게 하고 싶다면, 이 책의 사례들을 참고해보는 것은 어떨까요?

황시연, 엘로스 백엔드 개발자

1인 개발자가 아닌 이상 결국 우리는 누군가와 함께 일을 합니다. 개인의 역량도 물론 중요하지만 서비스가 커질수록 결국 혼자가 아니라 '우리'가 '함께' 만들어가야 합니다. 이 책에서는 업무에서 발생할 수 있는 모든 커뮤니케이션 요소에 가이드를 제시합니다. 단순히 대면뿐 아니라 이메일, 문서 작성, 원격 근무, 화상 회의 등 비대면 상황도 고려하고 있는 점이 참 좋습니다. 이 책을 통해서 본인에게 맞는 커뮤니케이션 스킬을 배워보고 실전에 사용해보면 좋을 것 같습니다.

이장훈, 데브옵스 엔지니어

이 책은 많은 개발자가 어려워하고 소프트웨어 개발에 있어 가장 중요한 '소프트 스킬'을 다루고 있다. 저자가 제시하는 수많은 패턴과 조언 중 일부는 당연해 보이지만 미리 알아채기란 쉽지 않다. 모든 과학기술 분야 종사자에게 추천하고 싶은 책이다.

닐 포드, 쏘우트웍스 디렉터이자 밈 랭글러Meme Wrangler[1]

저자는 커뮤니케이션 스킬이 운 좋은 소수의 사람들만을 위한 흑마법이 아니며, 충분히 학습하고 연습하면 연마할 수 있다는 걸 보여준다. 이 책의 실용적인 통찰과 전체적인 개요는 여러분이 원하는 바를 달성할 수 있도록 도와줄 것이다.

킴 반 빌겐 Kim van Wilgen, Schuberg Philis 고객 디렉터

아이디어와 솔루션을 효과적으로 소통하는 능력은 소프트웨어 개발자와 아키텍트에 있어 핵심적인 스킬이지만 여태까지 그 방법을 보여주는 자료가 거의 없었다. 이 책은 서면, 언어적, 비언어적, 시각적 커뮤니케이션의 복잡한 관계를 잘 보여주는 훌륭한 지침서다. 저자는 패턴과 실용적인 기법들을 통해 인간의 상호작용 이면의 언어를 이해하도록 도와준다. 모든 기술자의 서재에 있어야 하는, 근 10년간 발간된 도서 중 가장 유익한 도서다.

마크 리처즈 Mark Richards, 소프트웨어 아키텍트이자 Developer To Architect 창립자

저자는 통찰과 실용적인 지혜로 가득한 특별한 접근법으로 커뮤니케이션을 다룬다. 이 책은 IT 분야에서 커뮤니케이션 스킬을 개선할 수 있는 궁극의 지침서다.

데이비드 R. 올리버 David R. Oliver, Actica Consulting 수석 아키텍트

----

1 옮긴이_ 닐 포드의 소개란을 보면 '길고 복잡한 논의를 통해 아이디어를 생각으로 모아주는 사람'이라고 스스로 정의하고 있다.

우리 모두 기술적인 결정, 디자인, 아키텍처에 대해 더 잘 소통할 수 있다. 이 책은 커뮤니케이션 능력을 개선하기 위한 전체적인 개념부터 세부적인 내용까지 전부 다루고 있다.

앨리스테어 존스Alistair Jones, nifdi 창립자

이 책을 읽으면 누구에게나 아키텍처에 대해 더 잘 설명할 수 있게 될 것이다. 저자가 제시한 패턴들은 팀 내에서 커뮤니케이션을 통해 협력하는 데 도움이 된다.

조나 앤더슨Jonah Andersson,
DevOps 엔지니어 리드, 마이크로소프트 MVP/MCT, 『Learning Microsoft Azure』(O'Reilly, 2023) 저자

우리가 생각하고 소통하는 것이 우리가 만든 결과물이 된다. 좋든 나쁘든 간에 우리의 커뮤니케이션 스킬은 소프트웨어 아키텍처를 정의하게 된다. 이 책은 커뮤니케이션과 아키텍처 둘 다 개선해줄 것이다.

다이애나 몬탤리온Diana Montalion, 시스템 아키텍트이자 Mentrix 창립자

연습만으로는 완벽해지지 않는다. 이 책은 일반적인 실수를 다루면서 서면, 언어적, 시각적 커뮤니케이션을 보다 효과적으로 할 수 있도록 도와준다.

스테판 호퍼Stefan Hofer, 『도메인 스토리텔링』(위키북스, 2024) 저자

커뮤니케이션은 가장 기본적인 스킬이지만 실제로 마스터한 사람은 드물다. 이 책은 간단한 개념부터 고급 기술까지 다루어 엔지니어들이 커뮤니케이션 능력을 향상시킬 수 있도록 안내한다. 이를 통해 청중을 사로잡는 시각 자료, 흥미로운 스토리텔링, 그리고 명쾌한 논리로 청중에게 감동을 준다.

소냐 나탄존Sonya Natanzon, 시니어 디렉터

지은이 · 옮긴이 소개

지은이 **재퀴 리드** Jacqui Read

국제적으로 인정받는 솔루션 및 엔터프라이즈 아키텍트로, 소프트웨어 시스템을 설계하고 코딩하는 실무 경험과 전문 지식을 갖추고 있다. 기업이 아키텍처 관행을 만들고 개선하며, 진화하는 아키텍처를 구축하고, 데이터와 지식에서 가치를 창출하고 추출할 수 있도록 지원하는 일을 전문으로 한다. 또한 컨설팅과 함께 공공 및 민간 워크숍을 진행하고 아키텍처 관행, 기술 커뮤니케이션, 아키텍처 의사 결정 등의 주제로 국제 컨퍼런스에서 연설하고 있다. 관심 분야는 협업 모델링, 지식 관리, 도메인 중심 설계, 사회 기술 아키텍처, 엔터프라이즈 아키텍처 관행 현대화 등이 있다. 업무 외로는 정원 가꾸기나 우쿨렐레 연주를 즐긴다.

옮긴이 **곽지원**

국제학과 독일어를 전공한 후, 한국외국어대학교 통번역대학원에서 국제회의통역번역 학위를 취득했다. 글 쓰는 것을 좋아해 테크라이터 커리어를 시작했고, 블록체인, 게임 분야를 거쳐 현재는 AI 반도체 회사에서 기술 문서를 작성하고 있다. 프랑스어, 영어, 독일어 번역 경력이 있으며, 취미로 8개 이상의 언어를 공부했다. 역서로는 『글로벌 트렌드 2040』(투나미스, 2021), 『원자폭탄』(레드리버, 2021), 『삐뚤어진 리더들의 전쟁사』(레드리버, 2022), 『선생님도 몰랐던 미래의 직업』(다산어린이, 2022) 등이 있다.

못 하면 티가 나지만, 잘 해도 당장 가시적인 성과로 비치지 않는 것이 커뮤니케이션 능력이 아닐까? 소프트 스킬이 무릇 그렇듯, 장기적으로 봤을 때는 커뮤니케이션 스킬의 유무가 개인의 역량에도 큰 영향을 미친다.

본인은 통번역대학원을 졸업하고 IT 업계에서 테크라이터로 일한지 4년 차에 접어들었다. 이 짧다면 짧은 기간 동안 스타트업과 대기업을 모두 경험하고 원격 근무, 대면 근무, 재택 근무 등 다양한 형태의 근무 환경을 거치면서 다양한 커뮤니케이션 양상을 일선에서 관찰할 수 있었다. 그 덕에 번역하는 내용을 계속해서 스스로의 경험에 비추어볼 수 있었고, 역자 이전에 한 독자로서 직장 생활 초반에 겪었던 수많은 고충이 결국은 커뮤니케이션 문제였음을 깨닫기도 했다.

발표 자료, 다이어그램, 이메일 작성, 미팅 관리, 도구 관리 등은 경력 실무자 입장에서 일견 '너무 당연한 것 아닌가?' 싶은 내용으로 보일 수 있다. 하지만 아무것도 모르던 백지 신입 상태에서 직접 부딪혀가며 모든 것을 배웠던 시절을 떠올려 본다면, 이 책의 내용이 얼마나 포괄적이고 친절한지 와닿을 것이다. 오히려 깊이 생각하지 않고 진행하는 일상 업무에 새로운 시각을 비추어주며, 현재 루틴에 숨어 있는 빈틈을 찾고 보완하게 도와줄 것이다. 또한 국내에서는 아직 잘 다루어지지 않는 접근성이나 원격 근무 환경의 내용도 글로벌 시대에 뒤쳐지지 않기 위한 통찰을 줄 수 있는 부분이다. 그런 의미에서 커뮤니케이션 패턴은 IT 업계에서 일한다면 필수적으로 갖춰야 하는 소통 능력을 집대성한 완벽한 기본서다. 아무쪼록 이 책을 읽는 국내 독자들도 커뮤니케이션에 도움을 받으면 좋겠다.

훌륭한 책을 번역할 기회를 준 한빛미디어와 처음부터 끝까지 친절하게 함께 해주신 김지은 편집자님께 감사의 말씀을 드린다.

곽지원

커뮤니케이션communication은 불만이나 즐거움을 나타내는 표정에서부터 최신 프로젝트 업데이트에 대한 이메일이나 회의, 발표를 비롯한 모든 행위의 기반이 된다. 그렇다면 커뮤니케이션은 무엇이며, 성공적인 커뮤니케이션이란 어떻게 하는 것일까?

옥스포드 영어 사전 Oxford English Dictionary에서는 커뮤니케이션을 '아이디어와 감정을 표현하고, 타인에게 정보를 전달하는 행위 또는 그 과정'이라고 정의한다. 이 정의는 커뮤니케이션의 핵심을 담고 있지만, 커뮤니케이션을 성공적으로 달성하는 방법에 대해서는 이야기하지 않는다. 한편 동사형인 **커뮤니케이트**communicate는 '정보, 소식, 아이디어, 감정 등을 공유 또는 교환하다'라고 정의한다. 내용이 더 풍부해지긴 했지만, 성공적인 커뮤니케이션 방법을 찾아내기 위해서는 아직 갈 길이 멀다.

메리엄-웹스터 사전 Merriam-Webster Dictionary에서는 커뮤니케이션이 '공통의 상징, 기호, 태도'를 통해 이루어진다는 내용을 덧붙였다. 공통성이라는 개념을 비롯해 아이디어 또는 정보가 전달되는 **방식**이 추가되었다. 지금까지의 내용을 종합하면 다음과 같다.

- 아이디어와 감정 표현
- 타인에게 정보 전달
- 정보, 소식 등을 공유하거나 교환
- 공통의 상징, 기호, 태도

이로써 대략적으로 커뮤니케이션이 무엇인지 파악했다. 그렇다면 커뮤니케이션을 성공적으로 만드는 요인은 무엇일까?

다국어를 구사했던 것으로 유명한 언어학자인 미셸 토마스Michel Thomas는 커뮤니케이션의 목적을 '공을 네트 위로 넘기는 것'이라고 간단명료하게 비유하여 정의를 내렸다. 앞서 살펴본 정의 중 어떤 것도 **이해**라는 필수적 요소를 다루지 않았다. 한번 이렇게 정리해보겠다.

> 성공적인 커뮤니케이션이란 공통의 상징, 기호 또는 행동을 사용하여 아이디어나 정보를 공유하거나 교환함으로써 공동의 이해를 도모하는 것이다.

잘못된 또는 실패한 커뮤니케이션은 시간 낭비나 문제를 시정하는 비용 등의 대가를 치른다. 그렇다면 커뮤니케이션을 성공적으로 수행하거나 개선하는 방법이 주목받지 못하는 이유는 무엇일까? 이 책의 초점이 바로 이것이다.

소프트웨어 개발과 아키텍처에는 코드를 작성하고 시스템을 설계할 때 적용(또는 인식)할 수 있는 **패턴**pattern과 **안티패턴**antipattern이라는 개념이 있다. **패턴**이란 특정한 또는 일반적인 문제를 해결하는 데 그 효과가 입증된, 재사용 가능한 솔루션을 뜻한다. 패턴의 가장 큰 장점은 이미 다른 사람이 열심히 연구한 솔루션을 특정 상황과 문제에 적용하기만 하면 된다는 것이다.

안티패턴은 패턴의 반대 개념이 아니라, 문제를 해결하는 올바른 방법인 것처럼 보이지만 실제로는 그 어떤 이점보다 더 중대한 부정적인 결과를 초래할 수 있는 것을 의미한다. 안티패턴에 대해 배움으로써 디자인이나 기존 시스템에서 안티패턴을 파악하거나 안티패턴이 발생할 수 있는 상황을 분별하여 이를 방지하거나 그 영향을 완화할 수 있다.

자주 인용되는 브라이언 푸트Brian Foote와 조셉 요더Joseph Yoder의 훌륭한 명언이 있다. '좋은 아키텍처가 비싸다고 생각한다면, 나쁜 아키텍처를 시도해보라(「Big Ball of Mud」[1])'. 좋은 아키텍처를 만들기 위해서는 투자가 필요하지만, 투자를 하지 않으면 나쁜 아키텍처로 인해 장기적으로 더 많은 비용이 든다는 의미다.

----

[1] *https://oreil.ly/L02bq*

커뮤니케이션도 마찬가지다. **좋은 커뮤니케이션이 비용이 많이 든다고 생각한다면 나쁜 커뮤니케이션을 시도해보라.** 좋은(성공적인) 커뮤니케이션에 투자하는 것이 나쁜(실패한) 커뮤니케이션의 대가를 치르는 것보다 저렴하다.

이 책을 쓴 이유

필자는 소프트웨어 개발 및 아키텍처 분야에 종사하면서 업무에 자연스럽게 적용했던 원칙과 기술이 다른 사람들에게는 당연하지 않다는 것을 자주 경험했다. 다른 분야에서 배운 내용을 기술 영역에 적용했던 경우도 있었고, 순전히 이게 옳다는 감을 따랐던 적도 있었다.

필자의 도구 상자에는 수많은 패턴과 안티패턴이 축적되어 있는데 전부 코드나 아키텍처에 적용할 수 있는 것은 아니다. 일부는 다이어그램이나 문서 작성 등 **소프트 스킬**soft skill이라고 불리는 것에 적용할 수 있다. 심지어 코드나 아키텍처에 사용하도록 설계된 것들 중 의도되지 않은 다른 용도로 적용하던 것도 있었다.

이러한 **소프트 패턴**soft pattern과 안티패턴은 모두 **커뮤니케이션 패턴**communication pattern(솔루션, 소프트웨어, 데이터, 엔터프라이즈 등)으로 분류될 수 있다. 필자는 모든 사람이 이러한 도구 상자를 학습할 수 있는 상황이 아니라는 것을 깨닫고 이를 직접 제공하기로 결심했다. 그 결과물이 이 책이며, 오라일리와 함께 그리고 개인적으로 (다른 아키텍처 과정 및 컨설팅을 통해) 제공하는 교육 과정이다.

이 책을 쓴 필자의 의도는 기술 분야의 팀, 조직 안팎의 커뮤니케이션을 개선하여 개개인이 더 높은 생산성과 행복을 달성할 수 있도록, 조직들이 ROI(투자 수익률), 심지어는 매출에도 긍정적인 영향을 미치는 것이다.

소프트 스킬에 들인 투자는 테크니컬 스킬을 강화할 뿐 아니라 여러분을 더욱 돋보이게 해줄 것이다.

필자는 평생 학습자다. 여러분이 이 책의 패턴과 안티패턴을 비롯해 동료들과의 커뮤니케이션 최적화를 위해 사용하는 방법을 적용한 경험을 듣고 싶다. 오라일리나 필자의 개인 웹사이트², SNS를 통해 공유해주길 바란다.

누가 이 책을 읽어야 하는가?

이 책은 모든 경력의 개발자나 엔지니어, 모든 유형의 아키텍트(솔루션, 소프트웨어, 데이터, 엔터프라이즈 등)를 대상으로 한다. 이 책에서 소개하는 기술은 공식적으로 또는 일반적으로 배우는 내용이 아니기 때문에 아무리 노련한 기술자라 할지라도 도움을 받을 수 있다.

이러한 패턴과 안티패턴을 커뮤니케이션에 적용하면 테크니컬 스킬뿐 아니라 **소프트 스킬**을 갖춘 사람으로서, 업무를 유능하게 처리하고 전문가와 비전문가를 모두 설득할 수 있는 능력을 가질 수 있다. 커뮤니케이션 능력을 키우면 개발자에서 아키텍트, 시니어 개발자 또는 기술 책임자로의 전환 과정에서 발생할 수 있는 걸림돌을 제거하고 원하는 역할을 더 원활히 수행할 수 있다.

이 책의 패턴과 안티패턴은 주로 개발자와 아키텍트를 대상으로 하지만, 소프트웨어 및 IT 또는 다른 산업에 종사하는 모든 사람에게 도움이 될 수 있다. 각 패턴과 안티패턴이 얼마나

....

2 *https://jacquiread.com*

관련성이 있는지는 독자의 역할에 따라 달라진다.

예를 들어 1부는 비즈니스 애널리스트^{business analyst}(BA)에게 유용하고, 4부는 원격 또는 하이브리드 환경에서 근무하거나 다른 시간대에 있는 고객을 상대하는 사람에게 유용하다. 관리자와 리더는 2부, 3부, 4부에서 많은 도움을 받을 수 있으며, 보고서와 팀에 기술과 원칙을 전파할 수 있다는 추가적인 이점도 누릴 수 있다.

이 책에서 설명하는 패턴과 원칙 중에는 소프트웨어와 무관한 분야에서 나온 내용도 있는 만큼, 더 다양한 영역에 적용할 수 있다.

이 책을 읽는 방법

이 책은 총 4부로 구성되어 있다. 각 부는 소프트웨어 및 기술 분야에서 커뮤니케이션의 주요 측면 한 가지를 다룬다. 본인에게 가장 도움이 될 것 같은 부분이나 흥미를 끄는 부분부터 자유롭게 시작할 수 있다. 그 외의 경우라면 1부부터 읽으면 된다.

1부에서는 다이어그램 및 기타 시각 자료의 패턴과 안티패턴을 다룬다. 1장은 1부의 토대가 되는 기초 역할을 한다. 1장의 패턴을 이해하고 적용할 수 있을 때 1부의 다른 패턴들을 익히는 것이 좋다.

2부에서는 원격 및 대면 커뮤니케이션에 적용할 수 있는 서면, 언어(음성)적 및 비언어적 커뮤니케이션에 대한 패턴과 기법을 다룬다.

3부는 문서화를 포함한 지식 관리 및 공유를 개선하기 위한 원칙, 사례 및 패턴을 포함한다.

4부에서는 하이브리드 및 원격 환경에서 다른 시간대와 다른 근무 패턴을 가진 사람들과 소통할 때 사용할 수 있는 다양한 전략과 패턴에 대해 설명한다.

이미지와 색상

본서의 모든 이미지는 흑백으로 제공된다. 색상 구분이 필요한 이미지의 경우, 해당 이미지의 캡션에 컬러 이미지를 확인할 수 있는 URL을 제공한다. 모든 이미지는 관련 웹사이트[3]에서 확인할 수 있다.

소프트웨어 도구

이 책의 패턴과 기법을 실제로 적용하기 위해 특정 소프트웨어 도구가 필요한 것은 아니지만, 책 전반에 걸쳐 다양한 도구를 언급한다. 구체적인 목적을 위해 도구를 언급하는 경우에는 일반적으로 가장 잘 알려진 것을 소개한다. 필자가 추천하는 도구의 대부분은 오픈 소스다. 어떤 도구이든 각자 상황에서 필요한 라이선스를 확인하고 서비스 약관이 본인의 요구 사항을 충족하는지 확인해야 한다는 점을 기억하자.

이 책의 원본 다이어그램과 일러스트는 draw.io(지금은 diagrams.net으로 도메인이 바뀌었다)를 사용해서 제작했다. 필자가 주최하는 워크숍에서도 참가자들이 연습 문제를 풀 때 draw.io를 사용하도록 권장한다. 무료 오픈 소스이며 로그인이 필요 없고 데스크톱 애플리

---

3 *https://communicationpatternsbook.com*

케이션이나 웹 브라우저에서 사용할 수 있다. 그리고 다른 애플리케이션과 연동할 수 있으며, 데스크톱 버전은 윈도우, 맥OS, 리눅스 및 크롬 OS에서 사용할 수 있다.

폴리글롯 미디어

폴리글롯 미디어^{Polyglot Media}는 이 책에서 예시를 들기 위해 만든 가상 기업이다. 전 세계에 150명 가량의 직원을 두고 있으며, 고객층 또한 국제적이다. 폴리글롯 미디어는 고객들에게 구독이나 사용량에 따른 구매 옵션으로 다양한 디지털 미디어(전자책, 오디오북, 동영상)나 종이책을 제공한다. 미디어는 사내에 저장되어 있기도 하고, 파트너사에 보관하는 것도 있다. 폴리글롯 미디어 시스템을 이용하여 저자들은 출판물을 업데이트하거나 생성하고, (폴리글롯 미디어가 고용한) 편집자들 또한 저자들의 출판물에 접근하여 수정할 수 있다.

> **사례**　**폴리글롯 미디어**
>
> 이 책 전반에서 필자는 **폴리글롯 미디어**라는 예시를 사용했다. 폴리글롯 미디어 시스템에 기반한 다이어그램이나 이 상자 스타일 형식으로 예시들을 보여준다. 모든 예시들은 가상이지만 전부 필자의 경험과 학습에 기반한 것이다.

보충 자료

보충 자료(코드 예제, 연습 문제 등)는 *https://communicationpatternsbook.com*에서 다운로드할 수 있다.

저자의 말

두 사람 몫의 일을 도맡아 하면서도 끈질기게 버텨준 한 사람이 없었다면 이 책은 결코 세상 밖으로 나오지 못했을 것이다. 기술 서적을 집필하는 모험을 끝없이 지원해준 남편 스티브에게 감사의 말을 전하고 싶다. 격려와 기술 교정은 물론, 요리부터 집안일, 풀타임 직장 생활, 신경 발육이 다른 두 자녀를 거의 혼자서 양육하는 일까지, 스티브는 내가 이 책을 쓰는 데 필요한 시간과 공간을 허락해주었다. 게다가 몇 가지 좋은 아이디어를 직접 제공하기도 했다. 스티브, 나를 믿고 지지해줘서 고마워.

이 책은 내 초고를 읽고 귀중한 피드백을 제공하는 데 많은 노력을 기울여준 기술 검토자들로부터 큰 도움을 받았다. 에밀리 바체Emily Bache, 알리 그린Ali Greene, 앨리스터 존스Alistair Jones, 데이비드 R. 올리버David R. Oliver, 스티브 리드Steve Read(맞다, 또 그분이다)에게 감사의 마음을 전한다. 또한 10장과 11장인 지식 관리 원칙과 사람에 관한 장에 대한 의견을 준 데이비드 J. 올리버David J. Oliver에게도 감사의 말씀을 전한다. 이 책에서 발견할 수 있는 모든 실수는 그들이 아닌 나의 것이다.

많은 사람이 대화, 블로그 게시물, 콘퍼런스에서의 강연, 서적 및 기타 경로를 통해 간접적으로 이 책에 기여해주었다. 지금까지 나의 여정을 공유하고 이벤트와 출판물을 통해 자신의 경험을 공유해준 모든 분께 감사드린다. 내가 연설하거나 참석했던 콘퍼런스와 행사를 주최한 분들, 그리고 이러한 콘퍼런스에서 만나 나를 일원으로 받아들여준 모든 연사 및 친구들에게도 감사드린다.

이 책이 출간되기도 전에 지지와 격려를 보내준 모든 분께도 감사드린다. 소셜 미디어와 여러 콘퍼런스에서 곧 출간될 책과 사전 예약에 대해 이야기했을 때 친절하고 용기를 북돋아주는 댓글과 반응을 많이 받았다. 이는 사람들이 내가 쓴 글을 읽고 싶어 한다는 것을 보여 주었고, 편집이 힘들 때 나에게 힘을 불어넣어 주었다.

저자의 말

또한 오라일리에서 함께 일했던 모든 분, 특히 루이스 코리건^{Louise Corrigan}과 멜리사 더필드^{Melissa Duffield}에게 나의 제안서, 글쓰기, 강의에 대해 보내준 격려와 믿음에 대해 감사드린다. 또한 내가 놓친 쉼표가 몇 개나 되는지 지적해주고 훌륭한 편집을 해준 코빈 콜린스^{Corbin Collins}에게도 감사의 말을 전하고 싶다. 특히 인쇄용 다이어그램을 재현하는 과정에서 인내심을 갖고 함께 작업해준 제작 및 일러스트레이션 팀에게도 감사를 표하고 싶다.

오라일리와 함께 일하는 여정은 2021년 가을/겨울 소프트웨어 아키텍처 카타^{Architecture Kata}[1]에서 팀을 이끌고 우승했을 때 시작되었다. 나의 기술을 연습하고 내가 할 수 있는 것을 선보일 수 있는 기회를 준 닐 포드와 마크 리처즈에게 감사드리며, 특히 더 나아가도록 격려해준 마크에게 특히 고마움을 느낀다. 그는 그것이 내 커리어를 바꿀 것이라고 말했고 실제로 그렇게 되었다. 그때의 격려와 이후의 멘토링과 우정에 감사드린다.

마지막으로, 엄마가 사무실에 숨어서 그 어린 나이엔 관심도 없는 책을 쓰는 동안 인내심과 지지를 보내준 우리 아이들 마틸다와 휴고에게 고마움을 전하고 싶다.

엄마가 일하느라 같이 시간을 못 보내서 미안해. 우리 이제 나가 놀자.

재퀴 리드

---

[1] 필자의 깃허브 저장소에서 과거 카타의(필자의 The Archangels를 포함) 모든 결승 후보들을 확인할 수 있다(*https://oreil.ly/doiQ_*).

CONTENTS

PART 01   시각적 커뮤니케이션

Chapter
커뮤니케이션의 핵심_29

Chapter
난잡함 정리하기_47

CONTENTS

| PART 02 | **멀티모달 커뮤니케이션** |

CONTENTS

PART

01

시각적 커뮤니케이션

소프트웨어 아키텍처와 디자인의 시각적 요소는 중요한 정보를 전달한다. 독자의 시선은 자연스럽게 시각적 요소에 끌리며, 독자가 자세히 살펴보게 되는 유일한 요소다. 그런데도 다이어그램과 시각 자료를 만드는 것에 대한 지침이나 훈련 기회가 거의 없으며(아키메이트ArchiMate[1]와 같은 표기법 관련 과정 제외), 특히 메시지를 효과적이고 성공적으로 전달하는 방법에 대한 내용도 전무하다.

비주얼 리터러시visual literacy, 즉 시각 자료를 이해하고 제작하는 능력은 아키텍처와 소프트웨어 교육 과정에서 다루지 않는다. 필자가 1부를 작성한 것도 이러한 지식의 공백을 채우기 위해서였다. 여기에 있는 패턴과 안티패턴은 독자의 요구에 부응하고 여러분이 원하는 결과를 얻을 수 있는 다이어그램을 제작하도록 도와준다. 그리고 정보와 접근의 필요성 간에 균형을 잡는 법도 배우게 된다.

1부에서 소개하는 패턴과 안티패턴을 사용하면 다이어그램이나 시각 자료를 생성할 때 메시지를 성공적으로 전달하고, 이를 통해 의도한 목적을 달성할 수 있다.

....
1 옮긴이_ 아키메이트는 비즈니스 도메인을 중심으로 아키텍처를 기술, 분석, 시각화하는 오픈 소스 엔터프라이즈 아키텍처 모델링 언어다.

PART 01

시각적 커뮤니케이션

CHAPTER 01

커뮤니케이션의 핵심

이 장에서는 이후 등장할 패턴pattern과 안티패턴antipattern의 기반을 다진다. 패턴과 안티패턴의 의미는 다음과 같다.

패턴

특정 또는 일반적인 문제를 해결하는 데 그 효과가 입증된, 재사용 가능한 솔루션

안티패턴

패턴의 반대 개념이 아니라, 문제를 해결하는 올바른 방법인 것처럼 보이지만 실제로는 그어떤 이점보다 더 중대한 부정적 결과를 초래할 수 있는 것

이 장에서 등장하는 패턴과 안티패턴을 다른 패턴들과 함께 사용하기 전에 먼저 단독으로 적용해보는 것을 권한다. 건물을 짓는 것을 생각해보면 지붕을 올리기 전에 바닥과 벽으로 기반을 탄탄하게 다져야 한다. 모래 위에 건물을 짓기 시작하면 건물이 내려 앉을 것이다. **초석을 잘 다져야 한다.**

독자 이해하기

독자 이해하기 패턴know your audience pattern은 **고객 이해하기**know your customer라고 할 수도 있다. 다이어그램을 생성하고 편집할 때 가장 중요하게 고려할 사항은 그것을 보고 읽을 사람이다. 다이어그램의 목적은 독자와 성공적으로 소통하는 것이다. 이를 위해서는 독자가 누군지 파악하고, 이들의 요구 사항에 맞게 다이어그램을 디자인해야 한다.

여러분의 다이어그램을 볼 사람들은 다음과 같다.

- 개발자(풀스택, 프런트엔드, 백엔드, 데이터베이스…)

- 아키텍트(기술, 솔루션, 보안…)

- 비즈니스 애널리스트

- 프로덕트 오너

- 프로젝트 매니저

- 고객

- 서포트팀

TIP 여러분의 다이어그램을 볼 사람들의 목록을 만들고, 다이어그램의 유형에 따라 역할을 분류해보자. 다이어그램에 따라 독자가 다르다는 점을 발견할 것이다. 이 목록은 [그림 1-3] 아래 등장하는 질문들과 함께 사용할 수 있다.

아래 다이어그램들은 다양한 독자를 위해 만들어졌고, 각각 목적에 따라 종류 및 표기법을 선택했다.

[그림 1-1]은 UML 클래스 다이어그램이다. 이 다이어그램은 개발자, 아키텍트, 데이터베이스 관리자 등 IT 독자를 겨냥한 것이다. 프로덕트 오너product owner(PO)나 프로젝트 매니저project manager(PM)는 이 다이어그램의 정보가 필요하지 않거나 추가적인 설명이 없어도 해당 내용을 충분히 이해할 수 있다.

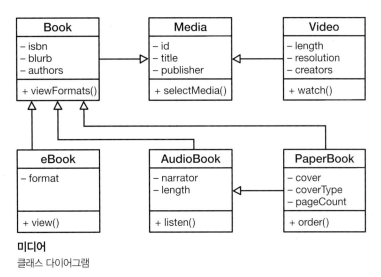

미디어
클래스 다이어그램

그림 1-1 IT 독자를 위한 UML 클래스 다이어그램

[그림 1-2]의 다이어그램은 **C4 컨텍스트 다이어그램**C4 context diagram이다. 활용도가 높고 시스템의 전반적인 그림을 보여주고 있어 IT 독자나 비즈니스 독자 모두에게 적합하다. 그리고 이 다이어그램은 프로덕트 오너, 프로젝트 매니저, 아키텍트, 개발자, 비즈니스 애널리스트 모두에게 적합하다.

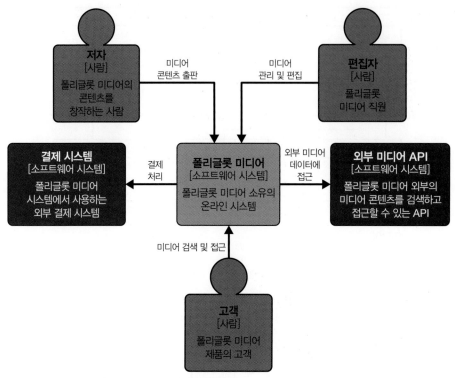

폴리글롯 미디어를 위한 시스템 컨텍스트 다이어그램
폴리글롯 미디어 시스템과의 하이레벨 인터랙션

그림 1-2 대부분 독자에게 유용한 C4 컨텍스트 다이어그램

[그림 1-3]의 **도메인 스토리**domain story는 비즈니스 역할을 대상으로 하지만, 비즈니스적 요구 사항을 기술적 솔루션으로 해석해야 하는 기술적 역할에 적합하다. 도메인 스토리는 생성된 솔루션이 모든 사용자와 사업자의 요구 사항을 충족시킬 수 있도록 비즈니스 역할과 테크니컬 역할 간의 커뮤니케이션을 개선하기 위해 만들어진 것이다. 도메인 스토리를 생성하고 검증하는 데 해당 분야의 전문가들이나 프로덕트 오너, 비즈니스 애널리스트, 아키텍트 등이 개입하기도 한다.

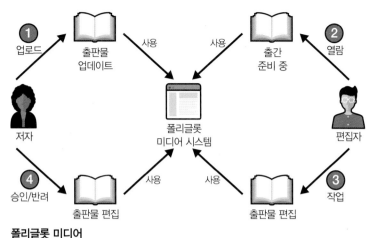

폴리글롯 미디어
하이레벨 도메인 스토리 | 출판 수정 프로세스

그림 1-3 비즈니스 직무나 아키텍트, 비즈니스 애널리스트와 같은 기술 중계자를 위한 도메인 스토리 다이어그램

여러분의 고객을 파악했다면 다음과 같은 질문을 던져보자.

고객이 여러분으로부터 원하는 것이 무엇인가?

고객의 기대와 요구가 무엇인지 고려해야 한다. 성공적인 커뮤니케이션을 위해서는 그들의 필요를 충족시키는 것이 핵심이다. 여러분의 고객이 결정을 내리기 위해, 또는 누군가에게 보고하기 위해 특정 정보를 필요로 하는가? 고객이 업무를 수행하는 데 필요한 정보와 이해를 제공하자.

여러분이 고객으로부터 원하는 것이 무엇인가?

여러분이 고객으로부터 필요한 것이 무엇인가는 대체로 간과하는 부분이다. 어떤 디자인에 대한 동의나 승인이 필요한가? 아니면 고객이 여러분의 다이어그램에 기반해서 어떤 결정을 내려야 하는가? 여러분이 무엇을, 언제까지 원하는지 독자가 완전히 이해하고, 그것을 충족하기 위해 필요한 모든 것을 갖고 있는지 확인하자.

고객의 기술적 이해력은 어느 수준인가?

고객의 기술적 이해력에 따라 필요한 다이어그램의 종류가 달라진다. 여러분의 프로젝트 매니저는 기술적 지식 수준이 높은가? 프로덕트 오너는 채택된 기술에 대해 제대로 알고 싶어 하는가, 아니면 해당 기술이 요구 사항을 얼마나 충족하는지에 대해서만 알고 싶어 하는가?

고객은 어느 정도의 상세함을 원하는가?

상세 내용이 기술적이든 아니든, 어느 정도의 수준을 요구하는지 고려해야 한다. 이 다이어그램은 상당히 깊은 수준의 내용이 요구되는 **아키텍처 검토 위원회**architectural review board를 위한 것인가? 개발팀은 구현 세부 사항을 필요로 하는가, 아니면 세부 사항을 정하는 것이 그들의 몫인가?[1] 이러한 상황에서는 회사에서 명시적으로 또는 암묵적으로 제공하는 지침을 따르는 것보다는 대체로 개발팀(또는 다른 팀)에게 원하는 것을 물어보는 것이 좋다. 개발팀의 요구를 충족시키지 못하는 규칙이 있을 경우 적합한 담당자에게 이야기하자.

이 외에도 고객 중 일부는 여러분과 모국어가 다를 수 있으며, 다른 문화적 배경을 가질 수도 있다는 것을 기억하라. 이러한 측면에 대해서는 '단순한 언어(127페이지)'에서 상세히 다룬다.

고객이 누구인지, 그들이 원하는 것이 무엇인지를 파악했다면 이제 다이어그램을 생성할 준비가 되었다.

추상화 레벨 혼합

추상화 레벨 혼합mixing levels of abstraction은 코딩의 영역에도 존재하는 커뮤니케이션 안티패턴이다. 코딩을 해본 사람이라면 추상화 레벨을 섞는 것을 **죄**sin 또는 **코드 스멜**code smell[2]로 간주한

---

1 개발팀에 전달되는 디자인에 얼마나 많은 세부 정보가 제공되어야 하는지에 대해서는 의견 차이가 있을 수 있다.
2 향후 심각한 문제를 야기할 수 있는 코드를 의미한다.

다는 사실을 잘 알고 있을 것이다. 필요한 정보를 한 다이어그램에 전부 넣는 것이 옳은 것처럼 보일 수 있지만, 독자의 입장에서는 어지럽고 혼란스러울 수 있다.

모든 소프트웨어는 추상화이지만, 추상화 레벨을 사용하면 하이레벨 컨셉으로 로우레벨 세부 사항을 숨길 수 있게 된다. 개발자는 소프트웨어 개발 시 1과 0(이진법 또는 기계어)을 사용하지 않는다. 기계어와 인터프리터, 컴파일러 등 중간 수준의 복잡성을 전부 추상화해주는, 더 상위층의 하이레벨 언어로 개발한다.

[그림 1-4]를 보자. 출근 과정을 추상화의 한 레벨로 생각한다면, 그 아래 레벨에는 일어나기, 샤워하기, 아침 먹기, 집 나서기 등이 있을 것이다. 일어나기의 아래 레벨은 이불을 개고, 몸을 일으키고, 일어나는 것이다. 이렇게 추상화의 세 가지(출근, 일어나기, 이불 개기)가 있다. 소프트웨어 영역에서는 불필요한 복잡성과 혼란을 방지하고 가독성을 높이기 위해 이 모든 것이 (각기 다른 메서드나 클래스를 통해서) 분리되어 있다.

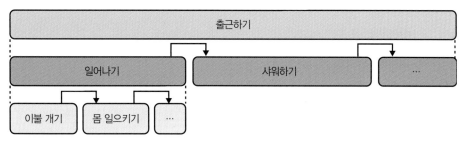

그림 1-4 일과의 추상화 레벨 예시

추상화 레벨을 사용하는 것은 소프트웨어 아키텍처와 다이어그램에도 동일한 방식으로 적용된다. 코딩에서는 이 원칙을 계층화된 애플리케이션의 메서드, 클래스, 계층화된 아키텍처의 레이어(프레젠테이션 레이어, 비즈니스 로직, 지속성persistence 레이어 및 데이터 스토어) 등에 적용한다. 다이어그램과 소프트웨어 아키텍처에서는 서비스, 마이크로서비스 등의 구조와 다이어그램의 콘텐츠에 이 원칙을 적용한다.

C4 모델C4 model[3]은 추상화의 계층화 hierarchy이다. **추상화 우선**abstraction first 접근에 기반한다(추상화를 우선시하고 그 중심으로 다른 모든 것을 구축한다). 핵심 다이어그램은 네 가지 계층으로 정의된다.[4]

1 **시스템 컨텍스트**system context는 시스템의 개요와 시스템과 다른 개체들 간의 상호작용을 포함하여 그것이 환경에 어떻게 적합한지 보여준다.

2 **컨테이너 레벨**container level은 연관 있는 소프트웨어 시스템을 확대해서 상위 컴포넌트를 보여주거나, 블록을 구성하여 글외부 개체의 상호작용을 보여준다.

3 **컴포넌트 레벨**component level은 한 컨테이너를 이전 레벨보다 더 확대한다. 컨테이너 내의 컴포넌트와 컴포넌트 간의, 그리고 컴포넌트와 외부 개체의 상호작용을 보여준다.

4 **코드 레벨**code level은 특정 컴포넌트를 이전 레벨보다 더 확대한다. 컴포넌트가 어떻게 구현되었는지 보여준다. (이 레벨에는 여러분의 문서에 필요한 것 이상의 자세한 내용이 있다)

네 가지 레벨은 더 확대해서 세부적인 내용을 볼 수 있는 지도와 같다. C4의 네 가지 추상화 계층은 내용을 다양한 깊이로 보여줄 때 유용하다.

[그림 1-5]는 컨텍스트 다이어그램도, 컨테이너 다이어그램도 아니며, 두 가지 추상화 레벨이 혼합된 것이다. 다이어그램을 자세히 살펴보면 이해하기 어렵다. 여기서 시스템(폴리글롯 미디어의 소프트웨어 시스템)은 컨테이너로 세분화된 것처럼 보이는데, 소프트웨어 시스템과 컨테이너 간의 관계에 오류가 있다. 소프트웨어 시스템과 컨테이너는 다른 개념 수준에 있어야 한다. 현실에서는 소프트웨어 시스템에 속한 컨테이너들이 다른 컨테이너들과 상호

---

3 *https://c4model.com*

4 C4에는 배포 다이어그램과 같은 몇 가지 보조 다이어그램도 있다.

작용할 것이다.

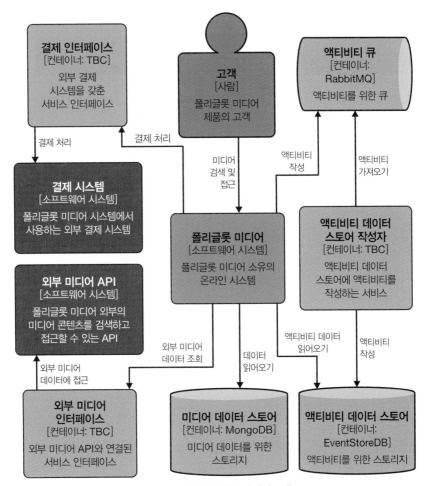

폴리글롯 미디어를 사용하는 고객을 위한 컨테이너 다이어그램
폴리글롯 미디어 시스템의 하이레벨 인터랙션을 보여줌

그림 1-5 추상화의 컨텍스트 및 컨테이너 레벨을 둘 다 보여주는 C4 다이어그램(안티패턴)

[그림 1-6]은 [그림 1-5]의 컨텍스트 다이어그램을 수정한 것이다. 관련 외부 시스템과 행위
자에 초점을 맞춘 폴리글롯 미디어의 소프트웨어 시스템을 보여준다.

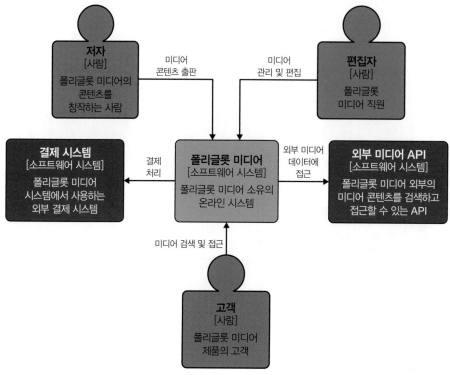

폴리글롯 미디어 시스템 컨텍스트 다이어그램
폴리글롯 미디어 시스템의 하이레벨 인터랙션을 보여줌

그림 1-6 C4 컨텍스트 다이어그램

[그림 1-7]은 [그림 1-5]의 컨테이너 추상화 계층 정보를 C4 컨테이너 다이어그램으로 나타낸 것이다. 폴리글롯 미디어는 컨테이너를 포함한 점선 상자로 표현되어 있다.

추상화의 계층을 중심으로 하는 C4 모델은 다이어그램에서 추상화 레벨을 분리하여 유지해야 하는 필요성을 설명해주는 훌륭한 방법이다. 이 분리 규칙은 모든 유형의 다이어그램에 적용된다. 시퀀스 다이어그램sequence diagram, 데이터 흐름도data flow diagram, 공식 표기법이 없는 다이어그램 및 사용하는 다른 모든 유형의 다이어그램에 이 규칙을 적용하자. 모든 다이어그램이 이 규칙을 따르는 것은 **커뮤니케이션의 필수 요소**다.

혼합된 다이어그램을 분할하여 각각 하나의 추상화 레벨만 갖도록 했다면 이제 다이어그램을 쉽게 따라갈 수 있게 만들어보자.

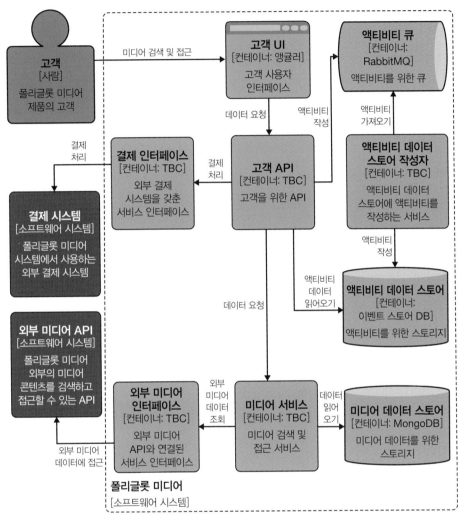

폴리글롯 미디어를 사용하는 고객을 위한 컨테이너 다이어그램
폴리글롯 미디어 시스템의 하이레벨 인터랙션을 보여줌

그림 1-7 C4 컨테이너 다이어그램

표현의 일관성

표현의 일관성 패턴representational consistency pattern은 추상화 레벨 확인의 다음 단계다. 개별 다이어 그램을 연결하여 독자가 다이어그램들을 쉽게 탐색하고 서로 어떻게 연관되는지 확인할 수 있도록 해준다. 독자는 다이어그램이 서로 어떻게 연관되어 있는지 쉽게 이해할 수 있어야 한다. 독자가 다이어그램 간의 관계(각 개별적인 추상화 레벨)를 이해하는 데 너무 많은 노력을 들이거나 다이어그램을 이해하는 데 기억해야 할 중요한 사항이 있는 경우 커뮤니케이션의 실패 확률이 올라간다.

C4 및 데이터 흐름도와 같은 형식은 표현의 일관성을 전달하기 위한 공식적이고 명시적인 방법을 갖춘 경우가 많다. C4 다이어그램에는 명시적인 추상화 레벨(컨텍스트, 컨테이너, 컴포넌트 및 코드)도 있다. [그림 1-8]의 C4 컨텍스트 다이어그램을 살펴보자. 시스템(폴리글롯 미디어)은 다이어그램 중앙에 위치한다. C4 다이어그램에서 가장 상위 컨텍스트 수준이다.

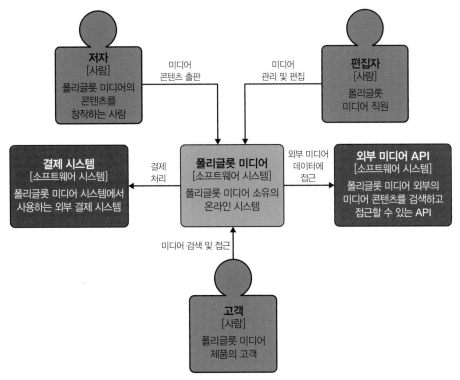

폴리글롯 미디어 시스템 컨텍스트 다이어그램
폴리글롯 미디어 시스템의 하이레벨 인터랙션을 보여줌

그림 1-8 C4 컨텍스트 다이어그램

바로 그 아래의 컨텍스트 수준은 [그림 1-9]의 **C4 컨테이너 다이어그램**에서 볼 수 있다. 이 다이어그램들은 [그림 1-9]에서 보이듯 점선 상자 안에 묶여 있으며, [그림 1-8]의 중앙 상자와 동일한 레이블이 왼쪽 하단 모서리에 있다. 이렇게 하면 독자는 어느 다이어그램을 먼저 보든 두 다이어그램 간의 연관성을 이해할 수 있다.

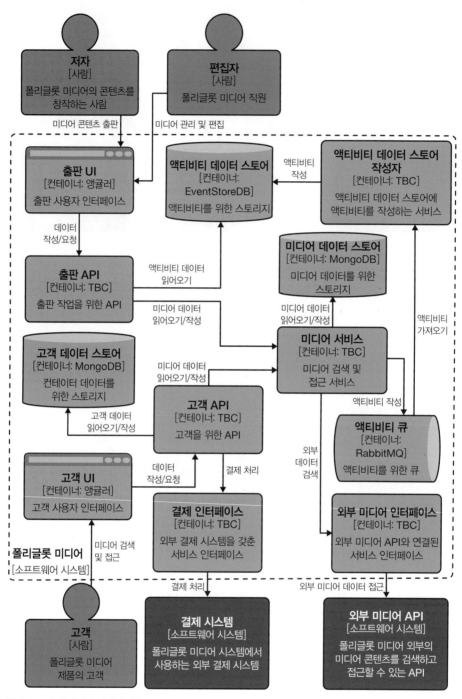

그림 1-9 C4 컨테이너 다이어그램

데이터 흐름도data flow diagram은 숫자와 문자를 사용해 구성 요소를 설명한다. 독자에게 다양한 수준(다이어그램)을 보여줄 때도 동일한 숫자와 문자를 사용할 수 있다. 예를 들어 [그림 1-10]에서 프로세스의 진행 순서대로 1부터 3까지 번호가 매겨져 있다. 다른 다이어그램에서 이 프로세스를 세분화할 경우 해당 번호로 식별할 수 있다.

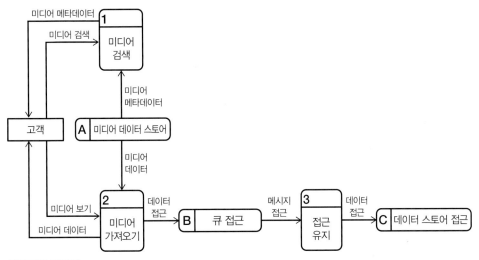

폴리글롯 미디어
데이터 흐름도: 미디어 검색, 애널리틱스 열람 및 접근

그림 1-10 레벨 1 – 데이터 흐름도

[그림 1-11]에서는 [그림 1-10]의 프로세스 2번이 세 개의 하위 프로세스로 세분화되었다. 2.1번부터 2.3번까지 번호가 매겨진 것을 보면 알 수 있다. 프로세스들은 [그림 1-10]의 상위 수준 다이어그램을 기준으로 순서대로 정렬되어 있다.

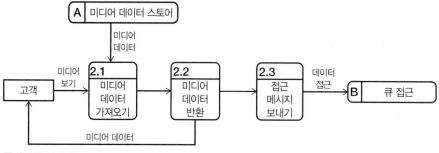

폴리글롯 미디어
데이터 흐름도: 미디어 검색, 애널리틱스 열람 및 접근 - 2. 미디어 가져오기

그림 1-11 레벨 2 - 데이터 흐름도

[그림 1-10]과 [그림 1-11]의 데이터 스토어를 비교해보면 [그림 1-10]에서 A와 B[5]로 레이블이 지정된 데이터 스토어가 [그림 1-11]에서도 동일하게 표시되어 있음을 알 수 있다.

사용 중인 표기법에 다이어그램을 연결하는 공식적인 방법이 없는 경우 명시적으로 연결을 직접 만들어야 한다. 예를 들면 [그림 1-12]는 [그림 1-10]의 **2번 프로세스(미디어 가져오기)** 와 [그림 1-11] 내 2.1번부터 2.3번까지 하위 프로세스를 C4 다이어그램에서 사용하는 것과 유사한 방법을 사용하여 작성하는 법을 보여준다([그림 1-9] 참조). 많은 유형의 다이어그램에서 유사한 방법을 사용할 수 있다.

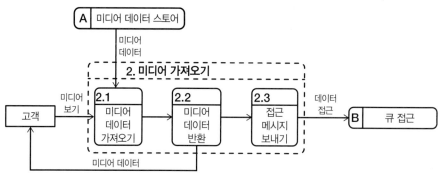

폴리글롯 미디어
데이터 흐름도: 미디어 검색, 애널리틱스 열람 및 접근

그림 1-12 명시적 표현 일관성을 갖춘 레벨 2 - 데이터 흐름도

---

5 다이어그램의 흐름에서 A, B 등 데이터 스토어 레이블이 데이터 스토어에 액세스하는 순서와 동일한 순서로 정렬되어 있음을 알 수 있다.

TIP 문서에 다이어그램을 넣을 경우 문서 텍스트 내에 다이어그램을 인용하라. 가능하다면 하이퍼링크를 사용하고, 다이어그램에는 레이블을 추가하고(예를 들면, '그림 1: 시스템 X의 컨텍스트 다이어그램'), 해당 레이블을 명시적으로 인용하자.

독자의 인지 부하를 줄이기 위해 **표현 일관성**representational consistency이 다이어그램과 문서에서 드러나도록 하자.[6]

요약

1장에서는 시각적 커뮤니케이션의 필수 요소를 소개하며 이후 다루게 될 패턴과 안티패턴으로 구축할 수 있는 기반을 만들었다. 책을 계속 읽으면서 이러한 필수 요소를 다른 패턴 및 안티패턴과 함께 적용할 수 있는 방법을 생각해보자.

지금까지 독자들이 다이어그램에서 무엇을 필요로 하는지에 대해 생각했다면, 이제 다이어그램에서 제시할 정보의 양을 고려할 때이다. 독자의 이해도를 높이기 위해서는 다이어그램에 제시하는 정보의 양을 메시지 전달에 필요한 최소한의 수준으로 유지해야 한다.

---

6 인지 부하는 어떤 것에 대해 사고하고 생각하는 데 들어가는 노력의 양이다.

CHAPTER

02

난잡함 정리하기

독자가 여러분의 메시지를 이해하기 위해 많은 노력이 필요하다면 성공적인 커뮤니케이션이라고 할 수 없다. 이 장에서는 독자의 인지 부하를 줄이는 데 도움이 되는 패턴과 안티패턴에 대해 살펴볼 것이다. 다이어그램에서 메시지를 이해하기 어렵게 만드는 요소를 파악하여 제거하고, 필요한 경우 메시지를 여러 다이어그램으로 분할하는 법에 대해 알아본다.

색의 과부하

색의 과부하 안티패턴color overload antipattern에 대해 이야기할 때 필자는 종종 **유니콘의 폭발**Explosion of Unicorn이라는 말을 사용한다. 일반적으로는 다이어그램에 색을 많이 사용하지 않는다. 혹은 전혀 사용하지 않기도 한다. 많은 색을 사용할 경우 독자가 색상을 의미와 연관 짓기 위해 큰 노력을 들여야 한다. 더 심한 경우에는 색상이 아무 의미 없이 사용되어 다이어그램이 전달하려는 내용과 전혀 관련 없는 부분에 독자의 정신적 에너지를 낭비하게 된다.

이러한 안티패턴은 대개 시각적 커뮤니케이션에서 색상이 중요하다는 사실을 간과했기 때문에 발생한다. 다이어그램 작성자는 애플리케이션에서 제공하는 기본 색상(또는 무작위로 선택된 색상)을 사용하는 것이 더 편하기 때문에, 또는 익숙하기 때문에 항상 사용하던 색을 사용하려 한다.

TIP 다이어그램을 만드는 시간을 아끼는 것은 '호미로 막을 것을 가래로 막는penny-wise but pound-foolish'격이다. 나중에 다시 설명하고, 다이어그램을 다시 만들고, 잘못된 의사소통으로 인한 혼란을 수습하는 데 더 많은 시간(또는 비용)이 소요된다. 코드의 버그를 조기에 수정하는 것과 마찬가지로, 커뮤니케이션을 조기에 바로잡으면 장기적으로 비용과 시간을 절약할 수 있다.

이 안티패턴은 다이어그램뿐 아니라 흑백(흑백만 있고 그레이스케일은 없이)으로만 만들어진 것을 제외한 모든 시각 자료에 적용된다. 하지만 모든 시각 자료를 흑백으로 만드는 것이 정답은 아니다. 이러한 안티패턴을 극복하는 방법은 커뮤니케이션에 사용할 색상을 고려하는 것이다.

NOTE 이 책의 인쇄판을 읽는다면 모든 이미지가 흑백일 것이다. 색상이 중요한 경우 그림 설명에 링크를 추가했다. 모든 이미지는 이 책의 깃허브 저장소[1]에서 확인할 수 있다.

[그림 2-1]은 커뮤니케이션에 대한 고려 없이 다이어그램의 각 구성 요소가 서로 다르다는 것을 보여주기 위해 채도가 높은 색상을 지나치게 많이 사용했다. 계속 읽기 전에 이 문제를 어떻게 해결할 수 있을지 생각해보자.

---

1 *https://github.com/tekiegirl/communicationpatterns/blob/main/figures.md*

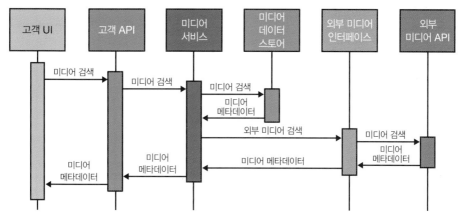

폴리글롯 미디어

미디어 검색 과정, 내부와 외부 미디어

그림 2-1 무지개 색상 시퀀스 다이어그램[2]

이 문제를 해결하려면 컬러 팔레트color palette[3]를 최소화하고 메시지를 전달하는 데 필요한 색상만 사용해야 한다. 다이어그램의 모든 구성 요소에 다른 색상을 사용할 필요는 없다. 색상을 선택할 때는 어떤 색상이 서로 잘 어울리는지(즉, 서로 충돌하지 않는지)와 색상의 밝기도 고려한다. 너무 밝은 색상은 독자에게 부담을 줄 수 있다.

색상을 선택하는 것 외에도 선택한 색상을 통해 무엇을 전달하려 하는지 생각해야 한다. 기능을 공유하는 구성 요소에 동일한 색상을 사용하여 함수나 유형과 같은 것을 나타낼 수 있다. [그림 2-2]는 네 가지 색상을 사용하여 UI, 데이터 스토어, API 및 서비스를 구분한다. 색상의 의미를 전달하기 위해 하단에 식별표도 추가했다.

---

2 *https://communicationpatternsbook.com/figures.html#chap02*

3 옮긴이_ 브랜드 이미지 등 목적에 맞게 지정한 색 조합

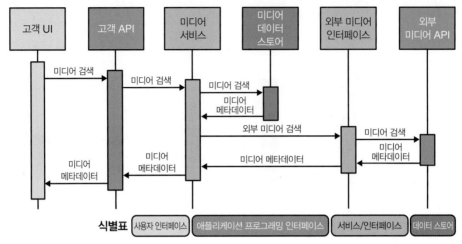

폴리글롯 미디어

미디어 검색 과정, 내부와 외부 미디어

그림 2-2 유형별로 그룹화한 색상[4]

유형에 따라 색상을 그룹화하는 것이 [그림 2-1]의 다이어그램을 개선할 수 있는 유일한 방법은 아니지만, 앞서 언급한 개선 사항을 통해 다이어그램이 산만해지는 것을 최소화했다. 메시지가 산만해지는 것을 최소화하는 것이 성공적인 커뮤니케이션의 핵심이다.

상자 속 상자 속 상자

상자box는 다이어그램에서 구성 요소의 위치(개념적, 논리적, 물리적...)를 전달하는 데 자주 사용되며, 구성 요소의 그룹화를 위한 목적으로도 사용한다. 상자를 과도하게 사용하면 선이 많아져 시각적으로 혼란스러워지기 때문에 어떤 선이 어느 상자에 속하는지 파악하는 데 시간을 낭비하게 된다. 다이어그램의 가독성을 위한 충분한 공백을 확보하는 데에도 많은 공간이 필요하므로 실제 내용 전달을 위한 공간이 줄어든다.

상자 속 상자 속 상자 안티패턴boxes in boxes in boxes antipattern은 다이어그램 작성자가 다른 내용을 동

---

4 https://communicationpatternsbook.com/figures.html#chap02

일한 형태의 상자로 표현할 때 나타난다. 의미를 표현하는 다른 방법을 알지 못하거나 '항상 그래왔던 방식'이라는 사고방식에 갇혀 있을 수 있다.

TIP 공백whitespace은 다이어그램의 내용만큼이나 중요하다. 공백은 눈이 쉴 수 있는 공간을 제공하여 인지 부하를 줄여줄 뿐만 아니라 다이어그램을 더 쉽게 스캔할 수 있게 해주고 가독성을 높여준다.

원인이 무엇이든 간에 이러한 문제는 의사소통을 방해하며 결국 시간과 비용을 낭비하게 한다. 독자는 다이어그램을 이해하는 데 노력하는 것을 좋아하지 않는다. 그래서 노력을 기울이지 않거나, 설사 노력하더라도 의도된 메시지를 이해하지 못할 가능성이 높다.

다양한 유형의 다이어그램이 이러한 안티패턴의 희생양이 될 수 있지만, 가장 흔히 발생하는 경우는 상황이나 위치(예: 논리적 위치)를 전달하는 구조 다이어그램이다. 데이터 흐름도나 시퀀스 다이어그램에서도 선과 상자가 너무 가까이 배치되면 이러한 문제가 발생할 수 있으며, 이 절에서 설명한 해결 방안을 적용할 수 있다.

TIP 배경색을 사용할 때는 테두리나 텍스트의 색상보다 차분한 색상을 사용해야 한다. 대비를 유지하면서 다이어그램의 배경색과 분명한 차이를 줄 수 있다.

[그림 2-3]에 표시된 클라우드 리소스 다이어그램은 가상 네트워크 간의 경계, 스토리지 계정 및 정책 적용과 같은 다양한 논리적 구성을 나타내기 위해 점선 상자를 사용한다. 상자와 관계 간 선 유형(점선과 실선)을 구분하는 것은 좋지만, 여전히 가독성을 높일 여지가 매우 많다. **[그림 2-3]은 어떻게 개선할 수 있을까?**

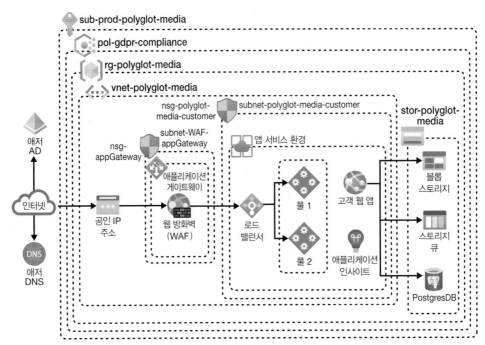

폴리글롯 미디어

고객을 위한 애저 리소스

그림 2-3 이중 박스로 표현한 클라우드 리소스 다이어그램(안티패턴)

다이어그램을 만들 때는 상자 이외의 다른 표현 방법도 고려해야 한다.[5] 컴포넌트에 레이블을 붙이는 것도 좋은 방법이다. 상자를 사용하는 경우 상자의 윤곽선과 배경의 색상 및 패턴을 사용하여 구분할 수 있다. 불필요한 세부 사항을 제거하고 다이어그램을 여러 개로 분할하는 것도 좋은 방법이다.

[그림 2-4]는 [그림 2-3]의 다이어그램을 개선할 수 있는 방법의 한 가지 예시를 보여준다.

- 일부 상자를 레이블이나 메모로 대체하여 상자가 전달하는 의미의 수를 줄였다.

- 메시지 전달을 위해 별도로 분리할 필요가 없어 상자를 병합했다.

- 남아 있는 상자는 색상과 패턴(실선과 색상 배경)을 사용하여 구분했다.

....

5 상자만 사용했던 것은 윈도우 3.1 시대의 산물이다. 당시에는 화면에 표시할 수 있는 색상 수가 훨씬 적었다.

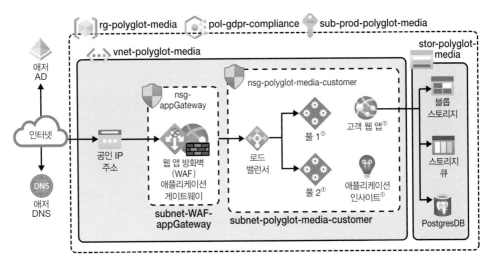

폴리글롯 미디어
고객을 위한 애저 리소스

① 앱 서비스 환경 내부

그림 2-4 정리된 클라우드 리소스 다이어그램

상자는 다이어그램에서 의미를 전달하는 한 가지 방법일 뿐이며, 상자를 중첩해서 사용할 경우 시각적으로 혼란스러울 수 있다는 점을 기억하자. 공백은 이 안티패턴에서 설명한 다른 전략과 함께 활용하면 좋은 기법이다.

관계 거미줄

다이어그램에서 연결(또는 관계)은 일반적으로 선으로 표시하지만, 선의 스타일과 배열 방식에 따라 관계의 명확성이 결정된다.

관계가 서로 교차하거나 다이어그램의 다른 구성 요소와 교차하는 경우 거미줄처럼 복잡하게 얽히게 된다. 교차하는 부분에 어떤 의미가 있는지도 명확하지 않다. 관계에 레이블을 붙이는 경우, 많은 선과 레이블이 서로 가깝게 붙어있으면 레이블이 어느 선에 해당하는지 불분명해진다. 거미라면 이 안티패턴으로 고통받는 다이어그램에서 행복하게 지내며 맛있는 저녁거리를 잡을 수 있을 것이다.

관계 거미줄 안티패턴relationship spiderweb antipattern은 다이어그램 컴포넌트의 레이아웃이나 컴포넌트 간 상호 연관에 대해 충분히 고려하지 않은 경우에 종종 관찰된다. 일부 다이어그램 생성 애플리케이션에서 관계를 나타내기 위해 사용하는 기본 화살표는 교차점이 불분명하거나, 관계의 방향이나 흐름을 변경할 수 있는 방법을 명확히 제시하지 않는다. 하지만 장인은 도구를 탓하지 않는다. 기본값[6]을 변경하거나 다른 도구를 사용하자.

관계를 표현하는 모든 다이어그램에서 이러한 안티패턴이 발생할 수 있지만, 행동 다이어그램보다는 구조 다이어그램이 보다 더 취약하다. 다이어그램 작성에 있어 많은 모범 사례를 보여주는 C4 다이어그램조차도 관계 거미줄 안티패턴에 빠질 수 있다.

[그림 2-5]에 표시된 C4 다이어그램은 관계가 서로 교차하고 심지어 다이어그램의 컨테이너 위를 가로지르며 보는 이의 정신적 부담을 가중시킨다. 또한 레이블이 어떤 관계에 적용되는지 명확하지 않다.

[그림 2-6]은 [그림 2-5]를 어떻게 개선할 수 있는지를 보여준다. 관계를 나타내는 화살표가 직선이 아닌 직각orthogonal(직각 사용)으로 변경되었다. 이렇게 하면 관계를 훨씬 더 쉽고 명확하게 표현할 수 있으며, 어떤 레이블이 어디에 적용되는지 명확하게 알 수 있다. 필요한 경우 더 명확하게 하기 위해 패턴이나 색상을 사용하여 서로 다른 유형의 관계를 구분할 수 있다.

> **TIP** 관계에 대한 레이블의 위치는 다이어그램에서 관계의 시작 부분이나 선의 중간 등 정해진 위치에 배치해야 한다. 직각인 위치에서 멀리 두거나 다른 레이블에서 멀리 배치하는 등 레이블의 이동이 관계나 레이블을 더 명확하게 만들 때는 본 규칙에 예외를 둬도 된다.

[그림 2-6]을 만들 때 [그림 2-5]의 구성 요소를 제거할 필요는 없었지만, 로깅 서비스와 같은 구성 요소가 있는 경우 관계를 더 명확하게 하기 위해 별도의 다이어그램으로 이동시킬 수 있다.

---

6 대부분의 다이어그램 작성 애플리케이션은 업데이트된 기본 설정을 기억하므로 이 작업은 한 번만 수행하면 된다.

다이어그램에서 두 선이 교차하는 경우 직선인지 직각으로 꺾이는지 구분하기 모호할 수 있다. 이때 두 선이 겹치지 않음을 명확히 하기 위해 **선 점프**^{line jump}를 사용할 수 있다(선 점프는 교차하는 선을 뛰어 넘는 아치 모양이다). [그림 2-6]에 선 점프가 없지만, [그림 15-2]에는 있다.

> **NOTE** 다이어그램을 사용하는 데는 돈이 들지 않는다. 독자에게 메시지를 성공적으로 전달하기 위해 필요한 만큼 얼마든지 사용할 수 있다. 1.2절에서 언급했듯이, 각각 하나의 목적을 가진 여러 개의 다이어그램이 여러 목적을 가진 하나의 다이어그램보다 훨씬 더 효과적이다.

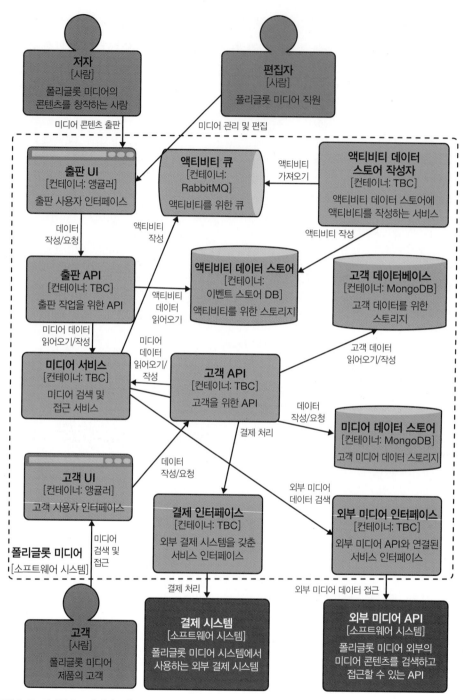

그림 2-5 거미줄 C4 다이어그램

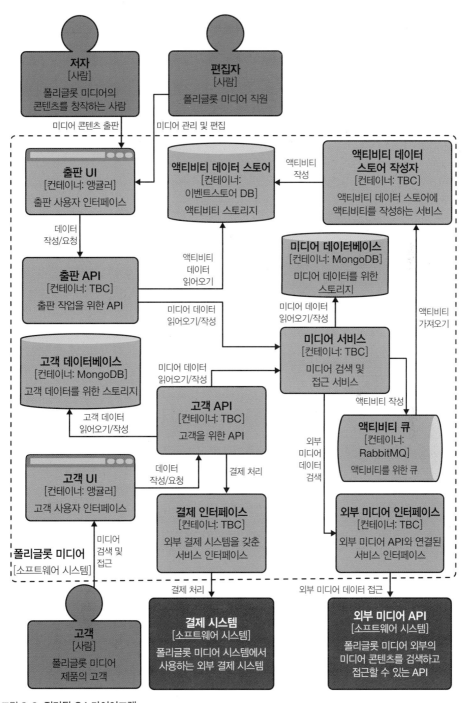

그림 2-6 정리된 C4 다이어그램

텍스트 균형 잡기

모든 유형의 정보가 다이어그램으로 전달하기에 적합한 것은 아니다. 오히려 너무 많은 정보가 있으면 의도한 메시지가 모호해진다. 때로는 의도한 메시지를 전달하기 위해 다이어그램에 정보를 추가해야 하는 경우가 있다. 그러한 경우 **텍스트 균형 잡기 패턴**^{balance text pattern}을 적용할 수 있다. 독자가 메시지를 이해할 수 있도록 충분한 정보를 제공하는 것과 다이어그램이 너무 복잡하여 메시지가 손실되거나 부분적으로만 전달되는 것 사이에서 균형을 맞춰야 한다.

TIP 일부 정보는 다이어그램에 표시하기에 적합하지 않으므로 다이어그램과 함께 텍스트 또는 표 형식으로 이동해야 한다. 문장으로 작성된 정보는 축약하거나 다이어그램에서 제거해 별도의 텍스트로 만드는 것이 좋다. 관계형 데이터는 표 형식으로 표기하기에 좋다.

흐름도 다이어그램^{flow diagram}과 같은 일부 표기법과 다이어그램 중에는 시각적으로 혼란스럽지 않게 텍스트를 추가할 수 있는 표준 방식이 내장되어 있다. 다른 다이어그램의 경우 메모나 각주를 사용하면 기본 다이어그램을 어지럽히지 않고 더 많은 정보를 추가할 수 있다.

CAUTION 메모를 사용한다면 다이어그램 옆에 텍스트를 적든지 해서 완전히 분리되는 것에 주의하자. 메모가 없어지거나 메모 없이 다이어그램을 볼 경우 독자가 오해를 할 수도 있다.

[그림 2-7]의 흐름도 다이어그램에는 텍스트가 너무 많다. **고객**이라는 단어는 **하위 제목**^{subtitle}을 통해 소개되었는데도 다이어그램 상자에 불필요하게 반복되고 있다. 일부 텍스트는 흐름도 구성 요소에 크기가 맞지 않는 경우도 있다.

TIP 일반적으로 다이어그램에 추가 정보를 삽입할 때에는 기존 관행을 따르는 것이 좋다. 예를 들어 [그림 2-8]과 같이 (별도의 메모를 사용하는 대신) 어노테이션^{annotation}을 사용하는 것이다. 예외는 있을 수 있지만, 일반적인 방식을 사용하는 것이 독자의 이해에 도움이 된다.

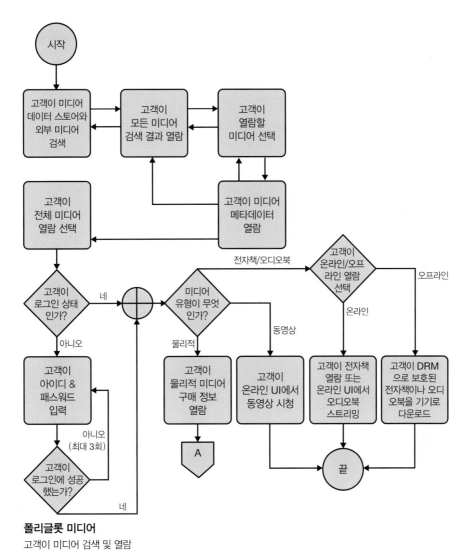

폴리글롯 미디어
고객이 미디어 검색 및 열람

그림 2-7 텍스트가 과도한 흐름도(안티패턴)

[그림 2-8]은 이 패턴을 적용하는 방법의 예시이며, 다이어그램에 추가 텍스트를 포함하는 두 가지 방법을 보여준다(일반적으로 한 가지 방법이면 충분하지만 여기서는 두 가지 방법을 설명한다). **고객**과 같이 불필요하게 반복되는 텍스트는 완전히 제거하거나 줄였고, 필요한 정보는 흐름도 주석('소비자 모드 선택' 설명)과 4개의 숫자 메모(다이어그램에 위첨자 참조)에 배치하여 주요 흐름을 훨씬 더 명확하게 만들었다.

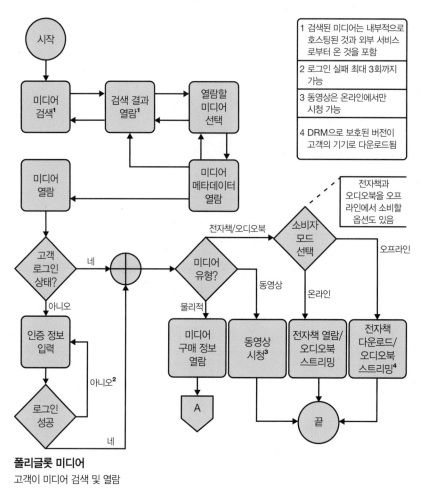

폴리글롯 미디어
고객이 미디어 검색 및 열람

그림 2-8 과도한 텍스트를 제거하거나 주석 및 참조로 옮긴 흐름도

반복되는 '고객'이라는 단어를 삭제하는 것 외에도 불필요하게 길어진 문장을 핵심만 전달하도록 짧은 문장으로 바꾸었다. 제목과 문맥을 통해서도 주어인 **고객**을 유추할 수 있다. 흐름도 자체에서 유추할 수 있는 정보는 반복하지 않았다.

기본 다이어그램에서 제거된 정보를 표시하는 방법은 다이어그램의 유형, 전달하려는 메시지 및 전달 형식(프레젠테이션, 문서 또는 기타 형식)에 따라 달라진다.

불필요한 정보를 모두 메모나 각주로 옮기고 싶은 유혹을 느낄 수 있지만 이는 문제를 해결하는 것이 아니라 치워두는 것일 뿐이다. 독자는 여전히 과도한 정보를 헤쳐 나가야 하는 불편을 겪을 것이다. 메시지 전달에 필요하지 않은 정보는 모두 제거하자. 필요한 경우 다른 다이어그램으로 옮길 수도 있다.

요약

이제 여러분의 다이어그램은 군더더기 없이 하나의 목적만 지니게 되었다. 다이어그램의 범위가 커지는 **스코프 크리프**scope creep 현상을 주의하자. 이는 다이어그램을 여러모로 산만하게 만들 가능성이 높다. 이런 상황에서는 다이어그램을 여러 개로 나누어서 메시지를 명확하게 전달할 수 있다.

다이어그램 작성 여정의 다음 단계는 접근성이다. 다음 장에서는 일부 독자가 다이어그램을 이해하기 어렵게 만드는 관행이 존재함을 알게 될 것이다. 그리고 접근성을 높이는 과정의 첫걸음은 이번 장에서 배웠던 것과 같이 다이어그램을 깔끔하게 정리하는 것이다.

CHAPTER 03

접근성

소프트웨어 영역에서 **접근성**accessibility이라는 단어를 들으면 대부분의 사람은 시각 장애인을 위한 스크린 리더screen reader[1]를 떠올리고 그 이상은 생각하지 않는다. 기술 분야에서 **접근성**은 훨씬 더 포괄적인 개념이다.

다이어그램을 만들 때는 독자가 완전히 접근할 수 있는지 고려해야 한다. 이해관계자가 메시지를 완전히 이해하지 못하면 양쪽 모두 손해를 보게 된다.

접근성은 일시적 또는 영구적 장애가 있거나 특수한 도움이 필요한 사람만을 위한 것이 아니다. 다이어그램과 시각 자료는 지식 수준, 비즈니스 기능, 제품 또는 도메인에 대한 친숙도가 천차만별인 다양한 사람들이 접근할 수 있어야 한다. 사용 중인 화면 크기와 정보를 소비하는 시간 등 대상 고객이 처한 상황도 다이어그램 접근성에 영향을 미친다.

이 장에서는 단순히 스크린 리더를 넘어 더 많은 사람이 접근할 수 있는 다이어그램을 만드는 방법에 대해 배운다.

> **NOTE** 누구에게나 장애가 생길 수 있다. 장애를 갖게 만드는 것은 그들의 환경이다. 여러분의 목표는 모든 사람이 동등한 위치에 서도록 하는 것이다.

---

1 옮긴이_ 시각 장애인들을 위해 컴퓨터나 모바일 화면의 텍스트를 읽어주는 소프트웨어다.

색상에 의존한 커뮤니케이션

색상에 의존한 커뮤니케이션relying on color to communicate은 의미를 나타내기 위해 색상만을 사용하는 것이다. 예를 들어 다이어그램의 새롭거나 변경된 항목을 나타내기 위해 다양한 색상의 상자를 사용한다. 색상에 의존한 커뮤니케이션의 가장 분명하고 일반적인 형태는 색상을 구분할 수 없는 사람들을 위한 별도의 추가 설명(식별표) 없이 색상을 사용하여 긍정과 부정을 나타내는 것이다. 예를 들어 별도의 표시가 없어도 녹색은 '좋음' 또는 '진행'을, 빨간색은 '나쁨' 또는 는 '정지'를 나타낸다. 신호등은 적어도 위치를 색상 의미의 지표로 사용하지만, 다이어그램에서는 빨간색과 초록색은 이러한 단서 없이 사용되는 경우가 많다.

하지만 이제 빨간색과 초록색만 사용하는 것에서 벗어나려는 움직임이 있다. 예를 들어 깃허브 사용자 인터페이스에서 **diff**[2]를 보면 추가는 초록색 더하기(혹은 플러스) 기호로 표시하고, 삭제는 빨간색 빼기(혹은 마이너스) 기호로 표시한다. 하지만 다른 색상에서는 이러한 것이 없기 때문에 다이어그램 및 기타 시각 자료의 접근성에 영향을 미친다.

> **NOTE** 이벤트 스토밍EventStorming(협업 모델링 기법)에서는 서로 다른 요소를 표현하기 위해 색상 스티커 메모를 사용한다. 이 메모는 모든 사람이 두 요소의 차이를 알 수 있도록 모양이 다르다.

모든 사람이 색을 똑같이 인식한다고 볼 수 없다. 인구의 4.5%가 색맹(색각 이상color vision deficiency)을 앓고 있으며, 여성(200명 중 1명)보다 남성(남성 12명 중 1명)에게 더 흔하다. 기술 업계는 여전히 남성의 비율이 높기 때문에 독자의 4.5% 이상이 다이어그램이나 시각 자료에서 두 가지 이상의 색상 차이를 인식하지 못할 가능성이 높다.

색맹 외에도 부분 시력을 가진 사람들처럼 낮은 대비를 인식하는 데 어려움을 겪는 경우도 있다. 광 공포증[3], 원추각막[4], 녹내장[5] 등의 질환도 다이어그램과 그 색상을 얼마나 잘 볼 수 있

---

2 원본 파일과 업데이트된 파일 간의 차이점을 시각적으로 보여준다.

3 옮긴이_ 빛에 대한 불내성

4 옮긴이_ 각막의 장애

5 옮긴이_ 체액 축적으로 인해 시신경이 손상되는 질환

는지에 영향을 미친다. 색상뿐만 아니라 대비도 고려해야 다이어그램에 대한 접근성을 높일 수 있다.

대비

모든 독자가 다이어그램의 콘텐츠를 쉽게 이해하기 위해서는 텍스트 외 다른 요소들에도 신경을 써야 한다. 화살표, 아이콘 및 패턴의 색상도 충분히 대비를 줘야 한다.

전경색과 배경색 사이의 휘도 차이인 명암비contrast ratio를 계산할 수 있다. 예를 들어 흰색 배경에 순수한 빨간색(#FF0000)은 4:1의 비율을 갖는다. 전경색과 배경색이 바뀌어도 이 비율은 동일하게 유지된다. 텍스트, 아이콘, 패턴 등의 크기에 따라 쉽게 읽을 수 있는 명암비가 달라지며, 크기가 작을수록 더 높은 명암비가 필요하다. 두 색상의 명암비를 확인하는 데 사용할 수 있는 도구의 한 예로 WhoCanUse[6]가 있다.

웹 콘텐츠 접근성 가이드라인Web Content Accessibility Guidelines(WCAG)은 장애인이 디지털 콘텐츠를 이용할 수 있도록 하기 위한 가이드라인 및 요구 사항, 성공 기준을 제공한다. 자세한 내용은 WCAG 웹사이트[7]와 대비에 대한 WebAIM[8]을 참조하라.

다이어그램의 색상에 대한 인식에 영향을 미치는 또 다른 요소는 포맷이다. 독자가 다이어그램을 보는 데 사용하는 모니터나 프로젝터는 다이어그램을 만든 모니터와 매우 다르게 보정되어 있을 수 있다. 비슷한 색상이 구별되지 않거나 식별할 수 없을 수 있다. 독자에게는 노란색으로 보이는데 '녹색'이라고 언급하면 독자는 혼란스러울 것이다.

TIP 위키/웹 페이지를 생성하거나 프로젝터를 사용해 프레젠테이션을 할 때와 같이 여러 매체에서 다이어그램을 활용하는 상황에서는 서로 다른 컬러 팔레트를 사용할 수 있다는 점을 항상 고려해야 한다. 웹 페이지의 배경색이 흰색이고 슬라이드의 배경색이 검은색인 경우와 같이 매체마다 배경색이 다른 경우에는 특히 그렇다. 독자가 색상을 어떻게 인식하는지, 배경색이 요소와 레이블의 명암비를 어떻게 변화시키는지 고려하라.

다이어그램이나 시각 자료는 문서(종이, 팸플렛 등)나 책과 같이 인쇄된 형태로도 볼 수 있

---

6 *https://www.whocanuse.com/*

7 *https://wcag.com/*

8 *https://oreil.ly/9agAc*

어 그레이스케일로 인쇄될 수 있다(책은 그레이스케일로 인쇄될 가능성이 매우 높다). 그레이스케일에서는 모든 색상이 사라지고 채도(밝음/어두움)만 남는다. 이 경우 다이어그램의 모든 색상이 동일하게 보일 수 있다.

색상을 구분할 수 없으면 전달되는 의미가 사라진다. 독자가 색을 구분할 수 없다면 각 색이 무엇을 의미하는지 보여주는 식별표는 의미가 없다. 다이어그램을 제시하고 색상으로 구성 요소를 언급할 때, 다이어그램이 색상인지 그레이스케일인지에 따라 어떤 구성 요소를 언급하고 있는지 알 수 없는 독자도 있을 것이다. 여러분 눈에 보기 좋다고 해서 메시지가 성공적으로 전달될 것이라고 속단하지 말자.

색상에 의존한 커뮤니케이션 안티패턴을 피하면서 독자에게 색상 외 다른 구분법을 제공할 수 있다. 바로 패턴을 사용하는 것이다. [그림 3-1]에 표시된 것과 같이 적절하게 대비되는 패턴을 사용하면 색맹도 그레이스케일을 보고 색상을 쉽게 구분할 수 있다. 이는 다이어그램의 컬러 팔레트를 다양화할 수 없을 때 유용한 기법이다.

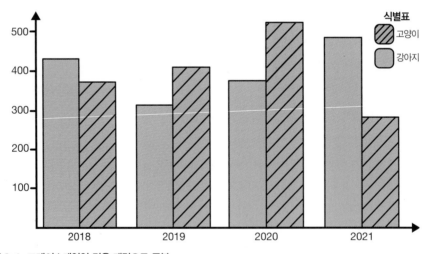

그림 3-1 그레이스케일인 경우 패턴으로 구분

말이나 글로 다이어그램을 언급할 때 주의할 점은 '다이어그램의 빨간색 상자'와 같이 색상을 기준으로 언급하지 않는 것이다. 이를 '점선으로 그려진 빨간색 상자'와 같이 표현할 수 있다.

기호는 구성 요소나 색상을 구분할 때 유용한 또 다른 도구다. 단독으로 사용되거나 색상과 함께 사용할 수 있다. 예를 들어 빨간색, 노란색, 녹색을 상태에 사용할 때 녹색에는 +(플러스)를, 빨간색에는 −(마이너스)를 추가하는 등 기호를 색상과 함께 사용하면 메시지를 더 명확하게 만든다.

> **CAUTION** 다이어그램에 기호를 사용하기 전에 문화적 측면에서 기호가 어떤 의미를 가지고 있는지 찾아 봐야 한다. 의도한 메시지를 문제없이 전달할 수 있는지, 또는 혼란이나 불쾌감을 주지 않는지 확인해야 한다.

편하게 접근성 컬러 팔레트를 생성할 수도 있다. 어떤 컬러 팔레트가 접근성이 있는지는 도구를 사용해 쉽게 확인할 수 있다. 다수의 무료 도구들이 있으며, 일부는 브라우저 익스텐션으로 제공되어 웹사이트 팔레트를 확인할 때 용이하다.

색맹을 위한 디자인 도구

접근성 컬러 팔레트를 생성하는 데 도움이 되는 도구 몇 가지를 소개한다.

- Color Oracle[9]은 4가지 유형의 색맹(그레이스케일/단색 포함)을 시뮬레이션할 수 있는 윈도우, 맥, 리눅스용 무료 애플리케이션이다.

- Coblis[10]는 이미지를 업로드하고 8가지 유형의 색맹을 시뮬레이션할 수 있는 무료 온라인 도구다.

- Sim Daltonism[11]은 8가지 색맹 유형을 시뮬레이션하고 맥에서는 드래그 및 크기 조정이 가능한 창이 있기 때문에 맥이나 아이폰을 사용하는 경우 Color Oracle보다 더 편하게 사용할 수 있다.

- Chromatic Vision Simulator[12]는 안드로이드 및 iOS용 무료 애플리케이션이며 웹 버전도 있다. 휴대폰 카메라에서 실시간으로 또는 저장된 사진 이미지를 사용하여 최대 세 가지 유형의 색맹을 재현한다.

---

9 https://colororacle.org
10 https://oreil.ly/SFk02
11 https://oreil.ly/3l4Iy
12 https://oreil.ly/UCeqZ

• Viz Palette[13]는 데이터 및 기타 시각 자료의 컬러 팔레트를 선택하는 무료 도구다. 혼동될 수 있는 색상 리포트를 제공하며, 자바스크립트에서 복사/붙여넣기하는 데 최적화되어 있다.

[그림 3-2]는 무료 다이어그램 및 이미지 제작 애플리케이션인 draw.io[14]의 표준 색상 중 일부를 보여준다. 이 책을 종이책으로 읽고 있는 독자에게는 [그림 3-2]가 그레이스케일로 보일 것이다. draw.io는 여러 가지 팔레트를 제공하는데, 사용자가 직접 색상을 선택할 수 있다. 일부 독자를 배제시킬 수 있기 때문에, 기본 팔레트가 접근성이 좋을 것이라 가정하고 사용해선 안 된다.

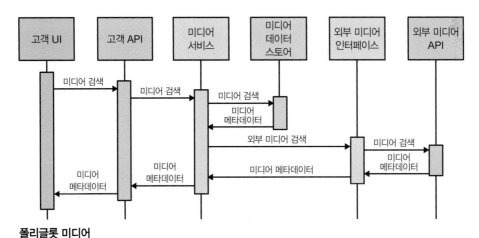

폴리글롯 미디어
미디어 검색 과정, 내부와 외부 미디어

그림 3-2 draw.io의 표준 색상을 보여주는 데이터 흐름도[15]

[그림 3-3]은 녹색을 인식할 수 없는 녹색맹이 있는 사람을 위한 [그림 3-2]의 시뮬레이션이다. 다이어그램에는 네 가지 색상이 사용되었지만 시뮬레이션에서는 (자세히 보지 않으면) 세 가지 색상만 있는 것처럼 보인다. [그림 3-3]에서 **고객 UI**와 **미디어 API**의 색상은 거의 차이가 없다.

....

13 *https://oreil.ly/j_H8U*
14 *https://drawio.com*
15 *https://github.com/tekiegirl/communicationpatterns/blob/main/figures.md#chap03*

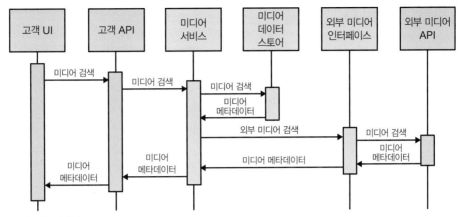

폴리글롯 미디어

미디어 검색 과정, 내부와 외부 미디어

그림 3-3 [그림 3-2]의 녹색맹 시뮬레이션[16]

컬러 팔레트를 고려할 때는 시뮬레이터 도구로 확인하는 것 외에 채도(밝기/어두움)가 다른 색상을 포함하는 것이 좋다. 높은 대비가 필요한 사람이나 색맹인 사람에게는 색상 간의 대비가 차별성을 높여준다.

다이어그램 애플리케이션이나 기업의 색 구성표를 사용할 때는 그레이스케일 또는 색맹과의 호환성을 확인해야 한다. 디자이너와 회사(특히 예산이 많은 대기업)가 공식 색상표나 앱의 기본 색상을 선택할 때 접근성을 고려했다고 믿을 수 있다면 좋겠지만, 그렇지 않은 경우가 많다. 색맹 시뮬레이터를 사용하여 회사 컬러 팔레트 또는 자주 사용하는 다이어그램 생성 애플리케이션의 기본 색상을 테스트해보자. 좋은 점이든 나쁜 점이든 피드백을 제공하면 좋다.

TIP 대체 텍스트alternate text(alt text)는 이미지 또는 다이어그램에 대한 텍스트 설명을 제공한다. 특히 사용자를 위한 문서 같은 공개 콘텐츠의 경우 다이어그램이나 기타 시각 자료에 대한 대체 텍스트를 신중하게 작성해야 한다.

특히 색맹이나 장애가 있는 사람들로부터 다이어그램에 대한 피드백을 받고 이를 다시 다이어그램과 향후 다른 시각 자료에 반영하자.

---

16 *https://github.com/tekiegirl/communicationpatterns/blob/main/figures.md#chap03*

범례를 추가하자

다이어그램에 범례 또는 식별표를 포함하는 것은 성공적인 커뮤니케이션을 돕는 유용한 기법이다. 아무런 설명을 추가하지 않는 것은 독자가 포함된 표기법과 다이어그램의 모든 용어와 약어, 모든 기호와 아이콘에 대한 지식을 가지고 있다고 속단하는 것이다. 다이어그램 메시지의 전달성을 훼손시키고 싶지 않다면 독자가 이러한 지식을 가지고 있다고 가정해선 안된다.

항상 모든 사람을 만족시킬 수는 없다. 하지만 가이드가 필요하지 않은 사람들을 방해하지 않는 선에서 가이드가 필요한 사람들을 배려할 수 있다. 이 균형을 잘 잡을 때 성공적인 커뮤니케이션이 가능하다. 이를 경사로와 계단으로 비유해서 설명할 수 있다(그림 3-4). 경사로가 필요한 사람은 경사로를 통해 원하는 목적지에 도달할 수 있고, 경사로가 필요 없는 사람은 계단으로 더 빨리 목적지에 도달할 수 있기 때문에 굳이 경사로를 이용할 필요가 없다.

그림 3-4 경사로가 필요한 사람을 위한 경사로와 걷고 싶은 사람들을 위한 계단

항상 범례가 필요한 것은 아니며, 때로는 이를 포함하는 것이 오히려 복잡한 안티패턴을 야

기한다. 범례의 의도는 효과적으로 다이어그램의 메시지를 전달하는 것이지, 방해하는 것이 아니다. 방해하는 것을 방지하기 위해 범례로 이동하는 링크를 포함하여 공간을 절약할 수 있다. 웹 페이지에서는 페이지에 범례를 표시하거나 숨기는 것을 선택하게 할 수 있다(그림 3-5). 이때 링크는 명시적이고 분명해야 한다. 페이지 상단에 하나 이상의 다이어그램에 대한 범례를 포함할 수도 있다.

TIP 범례 대신 레이블을 사용하는 것이 더 간단한 경우도 있다. 차트와 그래프에서 열이나 선의 레이블을 사용하면 범례를 보는 것보다 더 쉬울 수 있다.

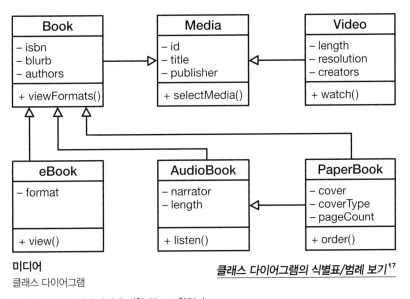

미디어
클래스 다이어그램

클래스 다이어그램의 식별표/범례 보기[17]

그림 3-5 웹 페이지나 문서에 범례에 대한 링크 포함하기

[그림 3-6]과 같은 범례는 많은 사람이 표기법과 특징을 모르거나 기억하지 못하는 UML 다이어그램에 특히 유용하다. 이와 같이 범례가 너무 많은 공간을 차지하는 경우, 설명하는 다이어그램과 관련된 부분만 포함하거나 범례에 대한 링크를 포함할 수 있다(그림 3-5).

---

17 옮긴이_ 내용 설명을 위한 예시이며 연결 가능한 url 주소가 아니다.

TIP 묵시적이 아닌 명시적으로 표현하자. 대부분의 다이어그램에는 범례가 유용하다. 범례를 포함하지 않는 경우에는 그럴 만한 이유가 있어야 한다(예: 다이어그램이나 차트가 매우 단순하여 범례보다 레이블을 사용하는 것이 더 나은 경우).

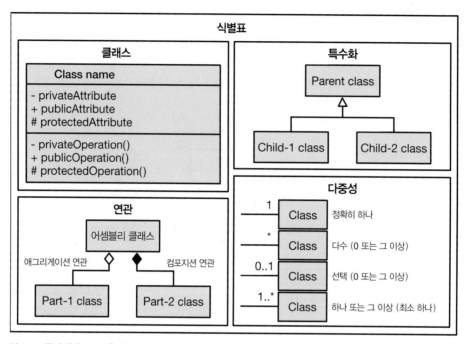

그림 3-6 독자에게 UML을 설명해주는 범례

레이블 적절히 사용하기

다이어그램을 만들 때 작성하지 않은 내용은 작성한 내용만큼이나 중요하다. 흔히 범하는 오류는 너무 많은 정보, 혹은 너무 적은 정보, 아예 잘못된 정보를 포함하는 것이다. **적절한 레이블 패턴**appropriate label pattern은 텍스트와 레이블이 메시지를 명확하게 전달하게 만든다.

텍스트의 내용 외에 배치도 고려해야 한다. 레이블을 지정하려는 컴포넌트 또는 관계에 가깝게 배치하고, 컴포넌트와 텍스트 사이에 공백으로 균형을 주는 것이 좋다. 텍스트는 명확한 내용과 적절한 배치를 통해 다이어그램의 메시지를 분명하게 전달해야 한다.

흥미롭게도, 개발자들은 코드를 작성할 때 의미있는 명칭이나 구조를 사용해서 주석(코드의 일부는 아니지만 설명을 위한 텍스트)이 필요하지 않아야 한다고 강조한다. 다이어그램을 작성할 때도 구성(배열), 선택한 구성 요소, 세심하게 만든 레이블 및 기타 텍스트를 통해 메시지를 명확하게 표현하는 데 중점을 둔다. 다이어그램의 주요 목적은 의사소통[18]에 있으므로 다이어그램에서 메시지를 완전히 전달하려면 코드의 주석과 같이 설명을 포함해야 하는 경우가 많다.

TIP 다이어그램을 만드는 기술에는 의사소통에 필요한 모든 정보의 경쟁 요소와 성공적인 의사소통에 필요한 명확성 간의 균형을 맞추는 것이 포함된다.

[그림 3-7]은 레이블이나 설명 텍스트가 충분하지 않은 C4 컨텍스트 다이어그램의 예를 보여준다. 이를 통해 의미를 이해하기에 충분한 정보가 제공되지 않은 다이어그램을 볼 때 독자가 어떤 느낌을 받을지 어느 정도 짐작할 수 있다. 이 컨텍스트 다이어그램은 충분한 컨텍스트를 제공하지 않는다.

---

18 이것이 코드의 주된 목적은 아니지만, 잘 짜여진 코드는 커뮤니케이션도 잘 된다.

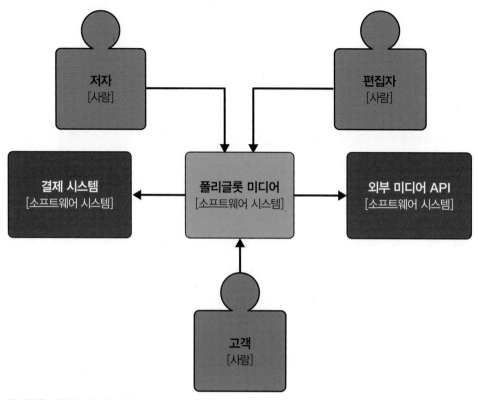

폴리글롯 미디어 시스템 컨텍스트 다이어그램
폴리글롯 미디어 시스템의 하이레벨 인터랙션을 보여줌

그림 3-7 레이블이나 텍스트 부족으로 컨텍스트가 명확하지 않은 C4 컨텍스트 다이어그램 (안티패턴)

[그림 3-8]에서는 다이어그램의 구성 요소에 설명 텍스트가 추가되고 구성 요소 간 관계를 설명하는 레이블이 추가되었다. 이제 다이어그램은 과도한 정보나 잘못 배치된 레이블로 메시지를 혼동시키지 않으면서 그림에 표시된 시스템의 컨텍스트를 성공적으로 전달한다.

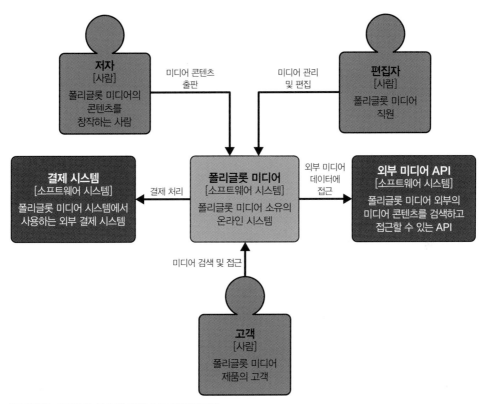

폴리글롯 미디어의 시스템 컨텍스트 다이어그램
폴리글롯 미디어 시스템과의 하이레벨 인터랙션을 보여줌

그림 3-8 레이블과 설명에 충분한 정보가 담긴 C4 컨텍스트 다이어그램

다이어그램을 작성할 때는 각 구성 요소(시스템, 사람 등)의 역할이나 기능뿐만 아니라 이들 간의 관계도 명확하게 설명하는 것이 중요하다. 어떻게 설명하는지, 또 얼마나 자세하게 설명해야 하는지는 다이어그램의 대상과 전반적인 목표에 따라 달라진다.

텍스트가 너무 적거나 너무 많은 경우, 또는 텍스트와 레이블이 정확히 어느 부분에 해당하는지 명확하지 않은 다이어그램은 독자를 혼란스럽게 만든다. 독자가 다이어그램을 이해하는 데 많은 에너지를 쏟게 만들면 안 된다.

요약

초반에 스크린 리더가 전부는 아니라고 이야기했었다. 접근성과 관련해서 고려해야 할 사항이 많고 항상 모든 것을 구현할 수는 없다. 하지만 여러분이 다이어그램의 접근성을 높이기 위해 수행하는 모든 사소한 작업은 생각보다 큰 차이를 만들어 낸다. 부족한 접근성 문제를 겪는 것은 매우 힘든 일이며, 특히 지속적으로 이를 감내해야 하는 경우 더욱 그렇다. 부담을 덜어주면서 고충에 대해 공감해주는 것은 당사자에게 큰 힘이 된다.

이제 다이어그램 접근성이 향상되었으니, 다음 장에서 내러티브를 통해 다이어그램을 좀 더 개선하는 방법에 대해 알아보자.

---

19 *https://oreil.ly/2n9se*

CHAPTER 04

내러티브

> 영양분, 집, 동반자 다음으로 세상에서 가장 필요한 것은 이야기이다.
>
> — 필립 풀먼*Philip Pullman*

이야기를 뜻하는 **내러티브**narrative라는 용어는 영문학 수업을 떠올리게 할 수도 있지만, 스토리story를 통해 사회적 유대감, 문제 해결, 오락 등을 위한 수단으로 사용된다. 인간은 스토리를 통해 성장한다.

앞에서는 성공적인 커뮤니케이션을 위해 독자에게 **무엇을** 보여줘야 하는지에 대해 다루었다면, 이 장에서는 **그 방법**에 대해 설명한다. 이 장에서는 독자에게 메시지를 전달하기 위해 스토리를 풀어나가는 법에 대해 알아본다.

큰 그림이 먼저다

> 레고 상자는 상자 안에 들어 있는 개별 블록을 보여주지 않는다. 대신 절벽과 상어가 있는, 해적의 만(灣)에 놓여 있는 완전히 조립된 완성형 모델 사진을 보여준다.
>
> — 그레고어 호프*Gregor Hohpe* (『소프트웨어 아키텍트 엘리베이터』(*2022*, 에이콘출판사)

다이어그램은 독립적으로 존재하는 것이 아니라 내러티브의 일부를 구성한다. **큰 그림 우선**

패턴the big picture comes first pattern은 내러티브의 순서를 정하는 데 도움이 된다. 대부분의 다이어그램은 스토리의 시작이 아니며 디자인의 상세 내용에 속한다.

독자가 관심이 있다고 하더라도 세부 내용을 먼저 보여줘서는 안 된다. 독자가 내러티브에 몰입하고 빠져들 수 있도록 맥락을 제공하는 것이 중요하다. 큰 그림을 모르면 세세한 내용은 지루하고 혼란스러울 수 있다. 1.2절에서 설명한 추상화 레벨을 이해하려면 순서를 정해야 한다. 프로젝트의 세부 사항에 매몰되어 버리면 사람들에게 맥락과 큰 그림을 설명해야 한다는 사실을 잊어버리기 쉽다.

온라인 시스템에서 전자책과 같은 미디어를 보는 고객에 대한 프레젠테이션이나 문서를 만든다고 상상해보자. [그림 4-1]부터 시작하겠는가, [그림 4-2]부터 시작하겠는가?

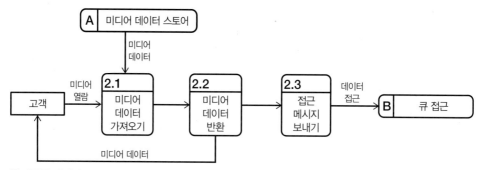

폴리글롯 미디어
데이터 흐름도: 미디어 검색, 애널리틱스 열람 및 접근 – 2. 미디어 가져오기

그림 4-1 레벨 2 – 데이터 흐름도

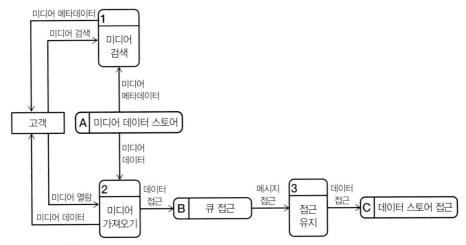

폴리글롯 미디어
데이터 흐름도: 미디어 검색, 애널리틱스 열람 및 접근

그림 4-2 레벨 1 – 데이터 흐름도

[그림 4-1]은 미디어를 열람하는 과정을 자세하게 보여준다. 이는 최종 목적지이긴 하나, 문서나 프레젠테이션이 시작되어야 하는 부분은 아니다. '레벨 2 – 데이터 흐름도'로 이동하기 전에 [그림 4-2]와 같은 '레벨 1 – 데이터 흐름도'에 대해 설명해야 한다.[1]

데이터 흐름도

'레벨 1–데이터 흐름도'는 실제로 레벨 0에 이은 두 번째 수준의 데이터 흐름도data flow diagram 이다. 레벨 0은 전체 시스템의 매우 높은 수준에서 외부 시스템과의 흐름을 보여준다(C4 컨텍스트 다이어그램과 유사하다). 그 다음 레벨 1은 시스템에 대한 더 자세한 그림을 보여주면서 중요한 프로세스를 세분화한다. 레벨 2는 이보다 더 자세한 그림을 보여주며, 레벨 3은 데이터 흐름도에 대한 가장 상세한 수준이다.

레벨 2와 레벨 3에서는 프로세스당 하나의 다이어그램을 사용해야 한다. 그렇지 않으면 하나의 다이어그램이 너무 크고 복잡해져서 유용성이 떨어진다. 시스템의 규모와 복잡성에 따

1　이와 유사한 추상화 레벨에 대해서는 1장의 '추상화 레벨 혼합'을 참고하라.

라 네 단계 레벨을 모두 사용할 필요는 없지만, 규모가 크거나 복잡한 시스템의 경우 레벨 1
이라 하더라도 레벨당 다수의 다이어그램을 만드는 것을 고려해봐야 한다.

레벨 1로 시작하는 것은 올바른 방향이지만, 여전히 컨텍스트를 제공하지는 않는다. [그림
4-3]과 같은 하이레벨 아키텍처 또는 컨텍스트 다이어그램이 시작점이 될 수 있다. 비즈니스
컨텍스트 및 이점과 같은 기타 보충 자료(최소한 문서 또는 프레젠테이션 부록에 요약 및 전
체 버전에 대한 링크) 또한 포함해야 한다.

TIP 논의해야 할 주요 주제나 다이어그램에 대한 배경 설명에 많은 시간을 할애할 필요가 없을 수도 있다. 독자의
지식 수준에 따라 들이는 시간 및 세부 사항이 달라진다.

그리고 나서 데이터 흐름도로 넘어가기 전, C4 컨테이너와 같은 다이어그램으로 넘어가서 필
요한 경우 독자에게 다음 개념적 연관성을 설명할 수 있다. 다이어그램을 통한 각 단계마다
이해력을 더하면서 독자에게 스토리를 소개하는 것이다.

컨텍스트를 제공하지 않으면 독자를 잃게 되고, 그들의 원하는 반응을 얻을 가능성도 낮아
진다. 다이어그램과 보충 자료(요구 사항, 비즈니스 컨텍스트, 비즈니스 이점 등)는 큰 그림
(상어가 있는 해적 만 레고 상자처럼)에서 시작하여 내러티브를 구성하는 방식으로 순서화
해야 한다.

TIP 모든 다이어그램을 내러티브 순서대로 정리하라. 내러티브에 구멍이 있는가? 다른 사람들 앞에서 그 구멍에
빠지기 전에 구멍을 채우자.

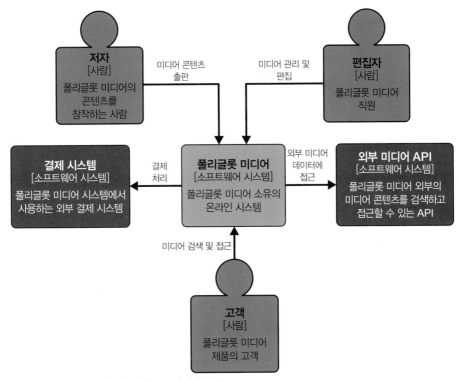

폴리글롯 미디어의 시스템 컨텍스트 다이어그램
폴리글롯 미디어 시스템과의 하이레벨 인터랙션을 보여줌

그림 4-3 C4 컨텍스트 다이어그램

다이어그램 흐름을 기대에 맞추자

다이어그램 흐름을 기대에 맞추는 패턴match diagram flow to expectations pattern을 사용하면 독자가 처음부터 끝까지 쉽게 읽을 수 있는 다이어그램을 만들 수 있다. 다이어그램을 만들 때 독자가 어떻게 읽을지 고려하지 않는 경우가 많다. 모든 다이어그램에는 구조나 동작을 전달하는 정보의 흐름이 있으며, 이를 독자가 다이어그램을 읽는 방식에 최대한 가깝게 일치시켜야 한다. 다른 패턴에서는 다이어그램에 무엇을 포함시키거나 제외해야 하는지에 대해 다루었다면, 이 패턴에서는 이러한 구성 요소를 사용하여 독자가 이해할 수 있는 방식으로 스토리를 구성하는 방법에 대해 설명한다.

우리는 책을 집어 들었을 때 텍스트가 왼쪽 상단에서 시작해 오른쪽 하단에서 끝나는 것으로 예상한다(오른쪽에서 왼쪽으로 읽는 언어인 경우 오른쪽 상단에서 왼쪽 하단). 다이어그램의 경우에도 그래야 한다. 성공적인 커뮤니케이션은 발표자와 청중 사이의 커뮤니케이션 장벽을 가능한 한 많이 허무는 것이다.

다이어그램의 흐름은 책처럼 간단하지는 않지만, 다이어그램의 초점이나 시작 부분을 다른 곳에서 시작하는 것보다 왼쪽 상단 또는 왼쪽 가운데에 두는 것이 훨씬 더 가독성이 좋다. 그 다음에는 위에서 아래, 왼쪽에서 오른쪽과 같은 일반적인 흐름을 따라가면 독자가 다이어그램의 메시지를 이해하는 데 도움이 된다.

TIP 편집하거나 재정렬할 수 없는 다이어그램인 경우, 혼란을 피하기 위해 다이어그램을 읽기 시작하는 위치에 레이블이나 기호를 추가할 수 있다. **여기에서 시작** 문구 또는 화살표, 손가락 또는 재생 버튼과 같은 기호를 사용할 수 있다. 번호가 매겨진 레이블을 사용하여 올바른 순서로 다이어그램을 따라가도록 할 수도 있다.

[그림 4-4]는 독자를 고려하지 않은 데이터 흐름도가 어떤 결과를 초래하는지를 보여준다. 어디서부터 시작해야 할까? 왼쪽 상단이 자연스러운 위치지만, 실제로는 오른쪽 하단(고객)에서 시작한다. 그러면 흐름이 오른쪽에서 왼쪽으로, 아래에서 위로 흐르게 되어 독자의 예상에 어긋나게 된다.

TIP 이야기와 마찬가지로 다이어그램에는 **시작**(독자가 읽기 시작해야 하는 부분), **중간**(적절한 순서로 정렬된 나머지 콘텐츠), **끝**(독자가 도출하기를 원하는 결론)이 있어야 한다.

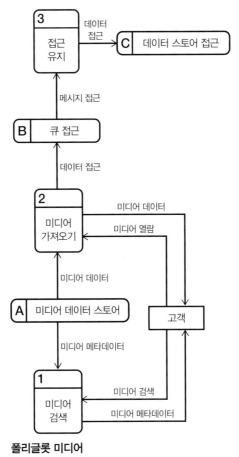

폴리글롯 미디어
데이터 흐름도: 미디어 검색, 애널리틱스 열람 및 접근

그림 4-4 독자가 어떻게 읽을지 고려하지 않은 데이터 흐름도 (안티패턴)

[그림 4-5]는 [그림 4-4]의 흐름 방향을 고려하여 재배열한 것이다. [그림 4-4]와 비교했을 때 얼마나 읽기 쉬운지 자세히 살펴보자. 다이어그램의 시작은 왼쪽(고객)이며 요청은 왼쪽에서 오른쪽으로, 응답은 오른쪽에서 왼쪽으로 진행한다. 데이터 흐름도에 번호가 매겨진 이벤트의 순서는 데이터베이스의 문자 식별자(A–C)와 함께 위에서 아래로, 왼쪽에서 오른쪽으로 진행한다.

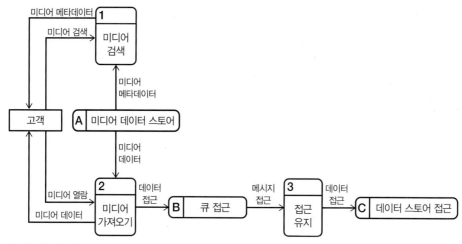

폴리글롯 미디어
데이터 흐름도: 미디어 검색, 애널리틱스 열람 및 접근

그림 4-5 왼쪽에서 오른쪽, 위에서 아래 흐름을 고려한 데이터 흐름도

시각적으로 고려해야 할 또 다른 측면은 흐름도가 묘사하는 상호작용(레이블이 붙은 관계 화살표 등)이다. 요청은 텍스트와 같은 방향(영어의 경우 왼쪽에서 오른쪽)을 따라야 하며, 응답의 경우 반대 방향으로 움직인다.

TIP 구성 요소의 응답을 항상 요청과 반대 방향으로 움직이도록 하자. 시각적으로 상호작용을 차별화하면 독자가 다이어그램을 더 쉽게 이해할 수 있다.

시퀀스 다이어그램은 흐름을 정확하게 파악하기가 쉽다. 왼쪽 상단에서 시작하며 요청은 왼쪽에서 오른쪽, 응답은 오른쪽에서 왼쪽으로 읽으면 된다는 것을 예상할 수 있다. [그림 4-6]은 독자의 기대에 맞는 흐름의 시퀀스 다이어그램을 보여준다. 왼쪽에서 오른쪽으로, 오른쪽에서 왼쪽으로 흐름이 이어지려면 상단에 있는 구성 요소의 순서가 중요하다.

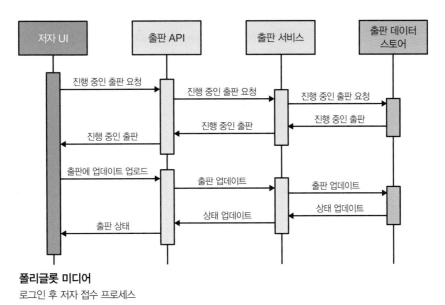

폴리글롯 미디어
로그인 후 저자 접수 프로세스

그림 4-6 왼쪽에서 오른쪽으로 가는 요청과 그 반대 방향인 응답을 보여주는 시퀀스 다이어그램

TIP 다른 사람 앞에서(여건이 안 된다면 오리 인형 앞에서라도) 여러분의 다이어그램을 설명하면서, 설명이 다이어그램의 흐름을 따르는지, 무질서한지 확인해보자.

구조 다이어그램도 정보의 흐름이 유사하지만, 추가로 고려해야 하는 사항이 몇 가지 있다. 데이터베이스와 같은 인프라가 포함된 다이어그램을 만들 때는 일반적으로 맨 아래에 인프라 요소를 배치하고 그 위에 시스템 및 컨테이너와 같은 요소를 배치한다. 그리고 액터 또는 사용자와 같은 요소는 맨 위에 배치하는 것이 일반적이다. 이는 절대적인 규칙은 아니지만, 이 책에서 제시하는 다른 안티패턴이 아니라면 지키는 것이 좋다.

계층화된 아키텍처를 보여주는 다이어그램과 같은 논리 다이어그램은 왼쪽에서 오른쪽, 위에서 아래로 패턴을 따라야 하지만, 계층을 고려해야 한다. 계층은 다른 구조 다이어그램과 같이 논리적으로 위에서 아래로 배열해야 하며, 사용자 인터페이스 또는 API 레이어와 같이 사용자를 대상으로 하는 레이어를 최상단에 배치해야 한다. 계층 안에서 요소를 왼쪽에서 오른쪽으로 배치하는 가장 논리적인 방법을 고려해야 한다.

명확한 관계

다이어그램에는 구성 요소(컨테이너, 프로세스 등)와 구성 요소 간의 관계(화살표, 그룹화 등)라는 두 가지 주요 요소가 있다. 둘 다 다이어그램의 메시지에 중요하지만, 독자는 관계를 통해 스토리를 이해하기 때문에 **명확한 관계 패턴**clear relationship pattern이 중요하다.

명확한 관계가 없으면 독자에게 전달하려는 메시지가 손실되거나 혼란스러워지며, 다음과 같은 결과를 초래할 수 있다.

- 개발자에게 제공한 디자인이 원하는 방식으로 구현되지 않는다.
- 주요 이해관계자를 설득하지 못했기 때문에 여러분이 원하는 시스템 변경에 대한 예산 승인을 받지 못한다.

단방향one-direction으로 관계를 나타내는 것이 가장 좋으며, 두 구성 요소 사이 화살표에 있는 레이블은 표시된 방향으로 관계를 나타내야 한다. 양쪽 끝에 화살촉이 있는 선은 실제로 양쪽 방향에서 동일한 프로세스가 발생하는 경우에만 사용해야 한다. 하지만 이런 경우는 극히 드물다.

화살표나 상자에 점선이나 파선을 사용하는 등 패턴과 색상[2]을 사용하여 관계를 더 명확하게 나타낼 수도 있다. 이러한 방법으로 관계의 의미를 표시할 때는 범례[3]를 추가해야 한다.

---

2 더 자세한 내용은 3장의 '색상에 의존한 커뮤니케이션'을 참고하라.
3 더 자세한 내용은 3장의 '범례를 추가하자'를 참고하라.

[그림 4-7]에 표시된 것과 같은 시퀀스 다이어그램은 단방향 관계와 흐름을 보여주는 좋은 예시다. [그림 4-8]과 같은 시퀀스 다이어그램은 단방향 관계의 각 쌍을 하나의 양방향 관계로 결합했는데, 이런 형식은 지양하는 것이 좋다. [그림 4-7]과 [그림 4-8]의 레이블을 비교하여 손실되는 정보의 양을 확인해보자. 양방향 관계를 사용하면 다이어그램의 메시지가 명확하지 않으며, 레이블에 더 많은 정보를 추가하게 되어 공백이 줄어들고 명확성이 떨어진다.

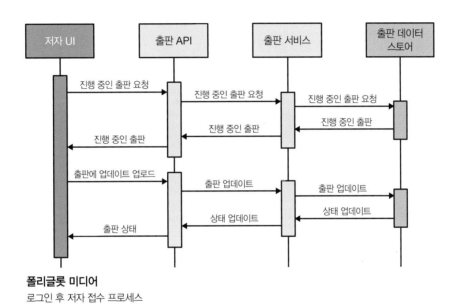

폴리글롯 미디어
로그인 후 저자 접수 프로세스

그림 4-7 단방향 관계를 보여주는 시퀀스 다이어그램

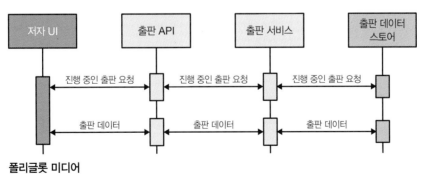

폴리글롯 미디어
로그인 후 저자 접수 프로세스

그림 4-8 모호한 양방향 관계를 보여주는 시퀀스 다이어그램

엔터프라이즈 아키텍처를 위한 개방형 모델링 언어인 **아키메이트**ArchiMate[4]는 다양한 관계 유형을 정의하는데, 모두 서로 다른 패턴의 조합으로 표시한다. 작은 공간에 많은 양의 정보를 전달할 수 있다는 장점이 있지만, 독자가 알아야 할 정보가 많고 모든 것을 기억하기 어려워서 범례[5]를 포함해야 한다.

[그림 4-9]는 다양한 유형의 아키메이트 관계에 대한 범례를 보여준다. 여기서 알 수 있듯이 유형이 너무 다양해서 아키메이트 다이어그램을 생성할 때는 독자가 이해할 수 있도록 범례를 포함해야 한다(최소한 다이어그램에 사용된 종류).

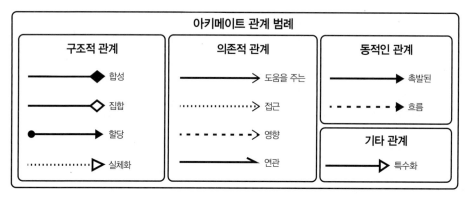

그림 4-9 아키메이트 관계 범례

아키메이트는 사용하기 좋은 표기법이지만, 독자가 진정 필요로 하는 것이 무엇인지 따져야 한다. C4와 같은 다른 표기법을 사용하면 범례 없이 훨씬 더 간단한 방법으로 메시지를 전달할 수 있다(물론 범례를 포함하는 것이 거의 항상 권장되긴 한다). 관계를 통해 전달하고자 하는 스토리를 독자가 이해하기 쉽도록 명확하게 만들자.

---

4 *https://oreil.ly/AZlW0*
5 더 자세한 내용은 3장의 '범례를 추가하자'를 참고하라.

관계 유형

시각 자료를 통해 다양한 유형의 관계를 전달할 수 있다. 이때 고려해야 할 5가지 관계 유형은 다음과 같다.

- 계층적hierarchical : 계층적 관계는 요소 간의 상위-하위 연결을 보여준다. 조직의 구조 또는 분류 시스템에 사용된다. 예시로는 조직도, 가계도 또는 분류법 등이 있다.

- 순차적sequential : 순차 관계는 선형적인 진행 상황이나 일련의 단계를 보여준다. 반드시 따라야 하는 순서 또는 프로세스를 나타낸다. 예를 들면 순서도, 타임라인, 단계별 가이드 등이 있다.

- 인과 관계causal : 인과 관계는 한 요소가 다른 요소에 영향을 주거나 다른 요소로 이어지거나 영향을 미치는 인과 관계를 나타낸다. 이러한 유형의 관계는 종종 순서도, 시스템 다이어그램 또는 의사결정 트리에서 볼 수 있다.

- 비례proportional : 비례 관계는 다른 것에 대한 상대적인 크기, 수량 또는 척도를 보여준다. 막대 그래프, 원형 차트, 트리맵 등이 그 예이다.

- 공간spatial : 공간 관계는 요소의 물리적 배열 또는 상대적인 위치를 보여준다. 이러한 유형의 관계는 지도, 평면도 또는 네트워크 다이어그램에서 볼 수 있다.

요약

이 장에서는 독자의 이해를 돕고 몰입을 향상시키기 위해 다이어그램의 흐름도와 내러티브를 만드는 법에 대해 배웠다. 이전 장에서 배운 패턴 및 안티패턴과 더불어 다이어그램을 생성할 때 활용할 수 있는 도구 상자가 많이 채워졌다. 하지만 아직 추가할 것들이 남아있다.

이 장에서는 다이어그램을 만들고 전달하는 데 사용되는 기호 체계인 **표기법**notation을 언급했다. 다음 장에서는 오늘날 사용되는 몇 가지 일반적인 표기법을 적용할 때와 적용하지 말아야 할 때를 파악하는 데 도움이 되는 몇 가지 안티패턴을 살펴볼 것이다.

CHAPTER 05

표기법

다이어그램을 만들 때 통합 모델링 언어$^{Unified\ Modeling\ Language}$(UML) 또는 비즈니스 프로세스 모델링 표기법$^{Business\ Process\ Model\ and\ Notation}$(BPMN)과 같은 표준 표기법을 사용할 수도 있고, 개인 또는 회사의 비표준 표기법을 사용할 수도 있다.[1]

어떤 표기법을 사용할지에 대해 별로 생각하지 않거나, 반대로 어떤 표기법이 메시지를 가장 잘 전달할지 결정하는 데 너무 오랜 시간을 소비할 수도 있다. 이 장에서는 독자와의 성공적 소통 가능성이 줄어드는 표기법에 대한 몇 가지 안티패턴에 대해 설명한다.

아이콘으로 의미 전달하기

아이콘으로 의미 전달하는 안티패턴$^{using\ icons\ to\ convey\ meaning\ antipattern}$은 클라우드 회사의 아이콘이 거의 공식적인 표기법으로 자리잡은 데에서 비롯되었다. 클라우드 이전에는 사람들이 SQL 서버, 자바 또는 파이썬과 같은 아이콘을 사용하여 다이어그램을 만드는 경우가 거의 없었고, 레이블 없이 다이어그램을 만들지 않았다. 하지만 오늘날 클라우드 회사의 문서에서는

---

1 UML(*https://uml.org*)은 1994년 당대 소프트웨어 디자인의 다양한 주석 시스템 및 방법들을 표준화하기 위해 개발된 포괄적 목적의 모델링 언어다. BPMN(*https://bpmn.org*)은 비즈니스 프로세스를 특정하기 위한 그래픽 표기법이다.

데이터 스토어, 서버리스 기능, PaaS 제품 등의 버전을 나타내는 아이콘이 가득한 다이어그램을 흔히 볼 수 있다.

> **CAUTION** 클라우드 회사의 아이콘 세트는 신규 서비스 출시 등 여러 가지 이유로 자주 업데이트된다. draw.io와 같은 다이어그램 애플리케이션에서 직접 사용할 수 있는 버전도 다양하게 있다. 다이어그램에서 서비스를 사용할 때는 명확한 레이블을 사용하고, 서비스의 버전이나 유형을 명시하여 추후 아이콘 변경 시 혼동을 피하자.

다이어그램에 기술 아이콘을 사용하는 것 자체가 나쁜 것은 아니지만, 이를 유일한 커뮤니케이션 수단으로 사용하거나 아주 적은 텍스트 정보와 함께 사용하는 것은 독자에게 혼란을 줄 수 있다. 다이어그램에 클라우드 제공업체 아이콘을 너무 많이 사용할 경우, 독자의 지식을 **테스트**하는 것으로 받아들일 수 있다. 아이콘이 무엇을 나타내는지 모른다면 독자는 다이어그램이 전달하려는 메시지를 이해할 수 없다.

다이어그램에 아이콘을 포함할 때는 왜 포함해야 하는지 자문해보는 것이 좋다. 그 답이 정보 전달이 되어선 안 된다. 모든 독자가 아이콘을 완벽하게 이해한다고 볼 수 없기 때문이다. 이는 마치 다른 언어로 레이블을 추가하고 모든 독자가 이 언어를 알 것이라 기대하거나, 정의하지도 않고 축약어를 사용하는 것과 같다.[2]

아이콘은 전달하려는 정보에 **보충 설명**으로만 사용해야 한다. 레이블을 사용하고, 텍스트도 명확하게 작성하자. 아이콘을 제거해도 메시지를 여전히 이해할 수 있어야 한다. 레이블이 없는 아이콘이 포함된 다이어그램을 편집할 수 없거나 편집할 시간이 없는 경우, 각 아이콘의 정의가 포함된 범례를 추가하자. 아이콘이 메시지를 보완하는 것이 아니라 다이어그램을 어지럽히고 이해하기 어렵게 만드는 것은 아닌지 판단해보는 것이 좋다.

> **TIP** 아이콘이나 로고가 정보 전달에 실제로 사용되고 있는지 테스트하려면, 다이어그램에서 아이콘이나 로고를 완전히 제거한 후 레이블과 다른 요소들만으로도 메시지가 여전히 효과적으로 전달되는지 확인한다.

---

2 더 자세한 내용은 7장의 '축약어 지옥'을 참고하라

점수나 등급을 나타내는 별과 같이 상징적인 아이콘이나 기호를 사용할 수 있다. 예를 들면 별 3개 반 옆에 3.5/5와 같이 텍스트도 함께 표시하여 정보의 명확성과 접근성을 높이는 방식이 있다.[3]

[그림 5-1]은 다이어그램의 맨 위에 레이블(아이콘과 화살표 모두에)을 추가했을 때와 추가하지 않았을 때의 차이를 보여준다. 인터넷 트래픽이 애저 CDN^Azure CDN^으로 라우팅되는 이유를 알 수 있지만, 왜 그 아래에 있는 구성 요소로 라우팅되는지, 그리고 그 구성 요소는 무엇인지는 불확실하다. 이 구성 요소는 애저 프런트 도어^Azure Front Door^이지만, 잠재 고객이 비정적^non-static^ 콘텐츠에 대한 모든 요청이 해당 경로로 라우팅된다는 사실을 안다고 기대할 수는 없다.

> **TIP** 일반적인 클라우드 회사 문서에서 볼 수 있는 것은 [그림 5-1](위와 아래)에 표시된 예시 사이 어딘가에 위치하고 있다. 레이블이 전혀 없는 것보다는 낫지만, 여전히 독자가 아이콘이 무엇을 의미하는지 안다고 가정한다. 이러한 이유로 클라우드 문서에서 바로 가져온 다이어그램은 사용하지 않는 것이 좋다.

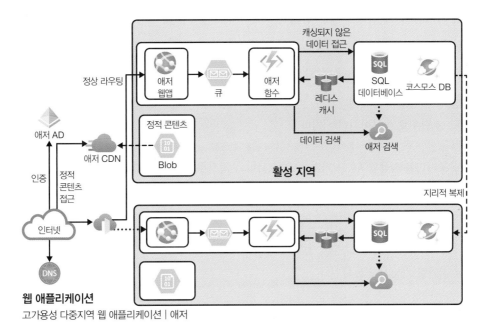

그림 5-1 레이블이 있는 클라우드 서비스 다이어그램(위)과 없는 다이어그램(아래)

---

3 별이나 다른 추상화 사용에 대해서는 10장의 '텍스트보다 추상화'를 참고하라.

특별한 이유 없이 UML 사용하기

UML(통합 모델링 언어)[4]은 적절하게 사용하면 유용한 표기법이다. 하지만 많은 사람이 다이어그램의 대상이나 이유에 관계없이 항상 사용해야 한다는 사고방식에 빠져 있다. UML(또는 다른 표준)의 사용 여부를 결정할 때는 다이어그램의 목표 또는 목적과 대상을 정의해야 한다. 무엇을 전달하려 하는가? 누구와 소통하고 있는가? 대상 독자는 어떤 지식을 가지고 있는가?

UML은 14가지 다이어그램 유형이 있으며, 크게 구조적 범주와 행동적 범주로 나뉜다. 이 중 일반적으로 사용되는 것은 단 몇 가지에 불과하며, 다이어그램을 사용하지 않는 전문가도 많다. 즉, UML 표기법에 대한 지식이 전혀 또는 거의 없는 다수의 사람들은 도움 없이 UML 다이어그램을 이해하지 못한다는 뜻이다. 따라서 기술에 능통한 독자라도 UML 다이어그램을 이해하는 데 필요한 지식을 가지고 있다고 기대할 수 없다.

UML의 또 다른 단점은 만들고 업데이트하는 데 시간이 오래 걸릴 수 있으며, 특히 애자일 환경에서는 내용이 매우 빠르게 구식이 될 수 있다는 것이다. UML은 1990년대 이후 많은 공식 릴리스를 거쳤지만, 그 근원은 여전히 워터폴Waterfall 개발 시기로 거슬러 올라간다. 릴리스와 그에 따른 문서 업데이트가 지금처럼 몇 시간 또는 며칠(심지어 몇 분)이 아닌 몇 달 또는 몇 년 단위로 이루어지던 시기다.

공식 표기법을 사용할 때 한 가지 중요한 사항은 독자뿐 아니라 작성자도 표기법을 이해해야 한다는 사실이다. 다이어그램을 만들거나 업데이트하는 사람은 표기법을 잘 이해해야 하는데, 공식 표기법을 사용하거나 담당자가 사용법을 빠르게 배울 수 없는 경우, 다이어그램을 생성하거나 업데이트할 수 있는 사람이 제한되어 병목 현상이 발생하거나, 유효하지 않은 문서로 전락할 가능성이 높아진다.

TIP 다이어그램에서 기호, 색상 및 글꼴을 사용할 때는 일관성을 유지하자. 이는 다이어그램 내에서 특히 중요한

---

4 UML은 범용 모델링 언어로, 1994년 당시 소프트웨어 설계에 대한 다양한 표기법과 접근 방식을 표준화하기 위해 처음 개발되었다. 자세한 내용은 uml.org를 참고하라.

데, 다이어그램 간에도 일관성을 유지하면 새 다이어그램을 볼 때마다 읽는 방법을 배울 필요가 없으므로 독자의 인지 부하를 줄일 수 있다.

UML 또는 BPMN과 같은 표기법이 적합하지 않다고 판단되면 무엇을 사용할지, 또는 독자에게 어떻게 맞출지 결정해야 한다. 독자에게 맞추는 한 가지 방법은 앞서 언급했듯이 범례를 제공하는 것이다. 이 방법은 다이어그램을 편집할 수 없는 경우(내보낸 이미지만 있는 경우)에 특히 유용한 기법이지만, 전달하려는 내용을 완전히 이해하려면 이보다 더 많은 것이 필요할 수 있다. C4와 같은 간단한 표기법이나 단순히 선과 상자를 사용하는 표기법을 사용할 수도 있다(이 중 어느 옵션을 사용하든 범례를 여전히 권한다).

[그림 5-2]는 UML 컴포넌트 다이어그램의 예시다.

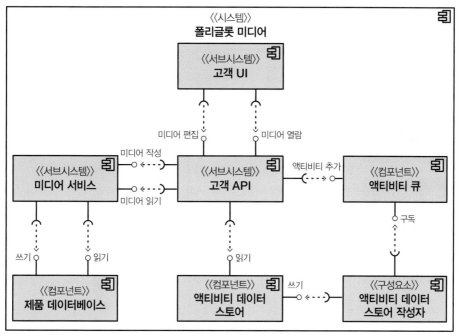

폴리글롯 미디어 – 출판
UML 컴포넌트 다이어그램

그림 5-2 **UML 컴포넌트 다이어그램**

UML 컴포넌트 다이어그램을 만드는 것은 생각보다 그리 간단하지 않다. 대부분의 사람은 기호가 무엇을 의미하는지 이해하기 위해 범례가 필요하다. 다이어그램에 이러한 유형의 기술 인터페이스 세부 정보가 필요한 사람은 누구일까? 이 디자인을 구현하는 개발자 조차도 [그림 5-3]의 C4 다이어그램에 비해 UML 컴포넌트 다이어그램이 더 유용하다고 생각하지 않을 것이다.

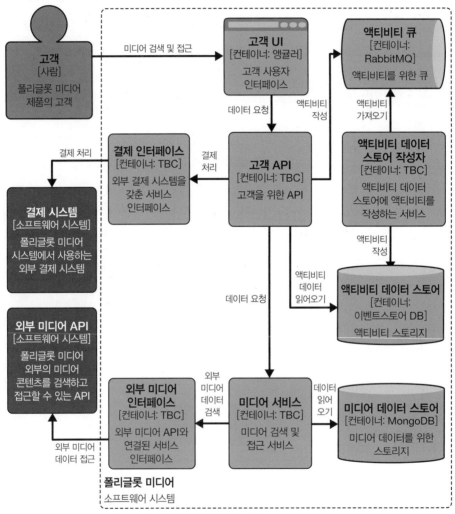

폴리글롯 미디어를 사용하는 고객의 컨테이너 다이어그램
폴리글롯 미디어 시스템의 하이레벨 인터랙션을 보여줌

그림 5-3 C4 컨테이너 다이어그램

[그림 5-3]의 C4 컨테이너 다이어그램은 [그림 5-2]와 거의 동일한 정보를 보여주지만, 기술 및 비즈니스 독자 모두에게 유용하며 범례가 없더라도 이해할 수 있다. 범례를 추가하면 성공적인 커뮤니케이션이 이루어질 가능성이 현저히 높아진다. [그림 5-2]에서 기호로 전달하는 정보는 [그림 5-3]에서 관계를 설명하는 레이블로 대체되었다. 이 다이어그램은 이해하기도 쉽고 생성 및 업데이트에 기술 지식과 시간이 더 적게 든다.

종종 간과되는 또 다른 방법은 UML 표기법을 단순화하는 것이다. 여러분의 필요에 맞지 않는다면 UML을 굳이 지정된 방식대로 정확하게 사용할 필요는 없다. 독자에 따라 그들이 결과물을 이해할 수 있도록 방식을 바꾸면 된다.

[그림 5-4]의 UML 시퀀스 다이어그램에는 많은 정보가 포함되어 있는데, 구성 요소 간의 호출(관계)에 메서드 이름도 포함되어 있다. 이러한 종류의 내용은 머지않아 업데이트가 필요하게 되므로 [그림 5-5]와 같이 단순한 버전이 더 적합하다.

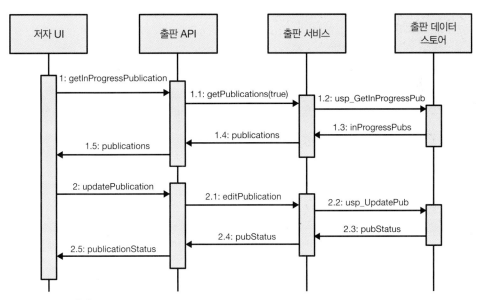

폴리글롯 미디어
로그인 후 저자 접수 프로세스

그림 5-4 UML 시퀀스 다이어그램

[그림 5-5]의 간소화된 버전에서는 메서드 이름과 같은 세부 사항이 설명력이 높은 레이블로 대체되었다. 이로써 정보가 더 오래 최신 상태로 유지될 뿐만 아니라, 코드베이스 자체에 익숙하지 않은 사용자도 더 쉽게 이해할 수 있다.

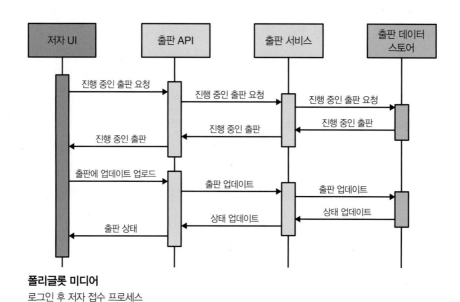

폴리글롯 미디어
로그인 후 저자 접수 프로세스

그림 5-5 단순화된 시퀀스 다이어그램

공식 또는 비공식 표기법을 신중하게 고려하고 대상과 다이어그램의 목표에 맞게 조정하자.

동작과 구조 뒤섞기

UML 다이어그램은 구조와 동작이라는 두 가지 범주로 나뉜다. 이렇게 분리한 데에는 논리적인 이유가 있다. 동작과 구조를 같은 다이어그램에 포함시키는 것은 혼란스럽지만, 실제로 필요 이상으로 많은 것을 전달하는 다이어그램이 많다.

> ## 단일 책임 원칙
>
> **단일 책임 원칙**single responsibility principle은 SOLID[5] 원칙 중 첫 번째이며 객체 지향 코딩에서는 일반적인 관행이다. 이 원칙은 메서드나 모듈과 같은 코드에는 변경해야 할 이유가 하나만 있어야 한다는 뜻이다. 즉, 오직 한 가지 일만 하라는 것이다.
>
> 이 원칙을 준수하면 코드를 이해하고 유지관리하기 쉬워진다. 이는 다이어그램에도 적용된다.

동작과 구조를 분리하는 이 규칙은 UML에만 적용되는 것이 아니라, 어떤 표기법이든 모든 다이어그램에 적용된다. **단일 책임 원칙**을 다이어그램에 적용하여 전달하고자 하는 단일 메시지를 전면에 내세우면 독자와 성공적으로 소통할 가능성이 높아진다.

구조 다이어그램은 시스템과 시스템 간의 관계, 하드웨어 또는 실행 중인 소프트웨어의 물리적 위치를 표시하는 등 무엇이 어디에 있는지를 전달한다. 행동 다이어그램은 데이터의 흐름이나 시스템 내의 상태 변화와 같이 무엇을 누구에게 어떻게 전달해야 하는지를 알려준다. 한 다이어그램이 이러한 내용을 섞어서 전달하려고 하면 메시지가 손실될 가능성이 높다.

[그림 5-6]은 구조와 동작이 혼합된 다이어그램을 보여준다. 이 다이어그램은 명확한 메시지가 없고 복잡하다.

---

5 SRP(Single-Responsibility Principle, 단일 책임 원칙), OCP(Open-Closed Principle, 개방-폐쇄 원칙), LSP(Liskov Substitution Principle, 리스코프 치환 원칙), ISP(Interface Segregation Principle, 인터페이스 분리 원칙), DIP(Dependency Inversion Principle, 의존 역전 원칙)의 앞글자를 따서 만들어졌다.

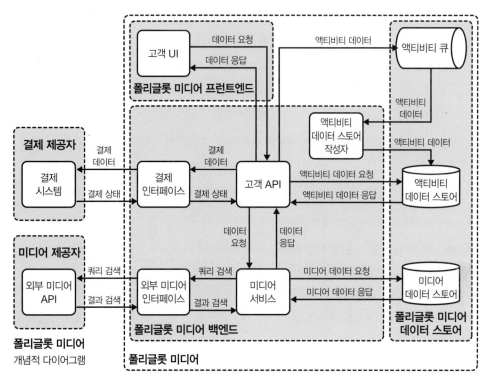

그림 5-6 이 다이어그램과 같이 구조와 동작을 섞지 말자 (안티패턴)

[그림 5-6]의 정보는 [그림 5-7]의 구조 다이어그램과 [그림 5-8]의 행동 다이어그램으로 나눌 수 있다. 이 두 다이어그램에는 모두 하나의 명확한 메시지가 있는데, [그림 5-7]은 시스템의 개념적 구조를, [그림 5-8]은 시스템의 데이터 흐름(데이터의 동작)을 전달한다는 것이다.

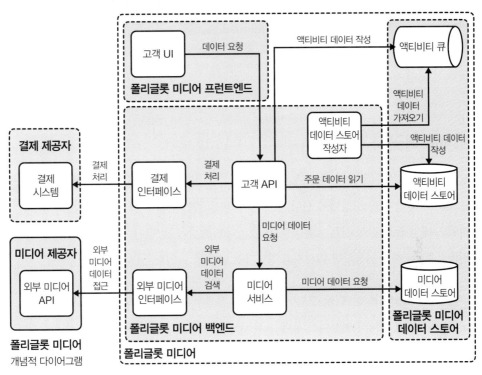

그림 5-7 추상화의 개념적 수준에서의 구조 다이어그램

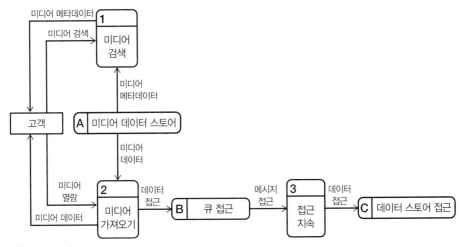

폴리글롯 미디어

데이터 흐름도: 미디어 검색, 애널리틱스 열람 및 접근

그림 5-8 행동 데이터 흐름도

앞서 다이어그램은 하나보다는 여러 개를 사용하는 것이 좋다고 언급했었다. 구조와 동작을 분할하는 것이 다이어그램을 분할하는 좋은 방법이다.

예상에 어긋나기

소프트웨어 아키텍처의 경우에는 메시지를 전달하기 위해 **사람들의 기대나 통념을 거스르는 것**going against expectation은 지양해야 한다. 우리가 스티브 잡스Steve Jobs[6]가 되려는 것은 아니니까 (적어도 매일 잡스 같이 사는 것은 어려울 것이다). 예상을 벗어나는 요소들은 관심을 끌긴 좋지만, 무분별하게 사용하면 메시지의 전달력이 떨어질 수 있다.

독자는 평생 동안 다양한 멘탈 모델mental model[7]을 발전시켜왔다. 신호등 색깔의 의미와 같은 물리적 세계뿐만 아니라 웹사이트의 메뉴 작동 방식과 같은 디지털 세계에서도 마찬가지다. 최근에 등장한 멘탈 모델로는 작은 화면 인터페이스에서 사용되는 **햄버거 버튼**hamburger button[8] 을 예로 들 수 있다. 다이어그램에서든 프레젠테이션에서든 멘탈 모델에 혼란을 주거나 오해 가 발생하지 않도록 주의해야 한다.

많은 다이어그램에서 색상을 사용하지만 독자가 어떻게 인식할지 생각하지 않는 경우가 많 다. 색상은 문화에 따라 다양한 의미를 지닌다. 예를 들어 위험이나 멈추라는 것을 뜻하는 빨간색은 중국에서 행운을 의미한다. 색상에 있어서는 **예상에 어긋나는 안티패턴**going against expectation antipattern을 사용하지 않아야 한다. 이는 독자를 혼란스럽게 하기 때문이다. 독자의 멘 탈 모델에 존재하는 색상을 사용하여 의미를 전달하는 것이 좋다. 하지만 단순 색상에만 의 지한 커뮤니케이션은 지양해야 한다(3장의 '색상에 의존한 커뮤니케이션' 참고)

6　스티브 잡스는 애플의 공개 프레젠테이션에서 예상치 못한 내용으로 청중을 놀라게 하는 것으로 유명했다.

7　멘탈 모델은 현실 세계에서 어떤 것이 어떻게 작동하는지에 대한 사람의 내적 표현으로, 사람의 행동과 문제 해결 방식에 영향을 미친다.

8　옮긴이_ 그래픽 사용자 인터페이스에서 앱 상단에 네비게이션으로 사용되는 수평 막대 세줄 모양의 메뉴를 칭한다.

도형과 상징에도 의미가 있으며, 이는 문화마다 다를 수 있다. 특히 종교적 의미가 있는 도형 (예: 일부 별 모양)은 불쾌감을 주거나 종교적 상징의 의미와 연관성을 암시할 수 있으므로 주의하자. 기하학적 도형에도 의미가 있을 수 있는데, 삼각형은 행동이나 역동적인 긴장감을, 정사각형이나 직사각형은 신뢰, 질서 또는 격식을 나타낼 수 있다. 여러분도 [그림 5-9]의 기호를 알아볼 것이다. 이러한 기호는 리모컨과 음악 및 동영상 스트리밍 웹사이트의 사용자 인터페이스 등에서 볼 수 있다.

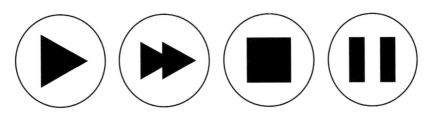

그림 5-9 보편적인 기호 예시

삼각형은 역동적인 것으로 간주되며 행동을 나타내고, 종종 화살표를 만들 때 선 끝에 사용된다. [그림 5-9]에서 모서리 중 하나가 오른쪽을 가리키고 있는 두 삼각형은 각각 재생과 빨리 감기를 상징한다. 이와 대조적으로 [그림 5-9]의 정사각형과 직사각형은 정지 및 일시 정지를 나타낸다. 이러한 기호는 역사적으로 오래 사용해온 것은 아니지만 이제는 거의 보편적으로 받아들이고 있다.

기술은 이러한 안티패턴을 피할 때 고려해야 할 또 다른 영역이다. 기술 선택과 기술 사용 방식에는 관습이 있다. 이러한 관습을 깨는 것은 좋은 일이고 혁신적일 수 있지만, 어떤 이유로든 관습을 깨는 것이라면 그에 대한 정당성이 명확해야 한다. 기술적 관습을 깨는 경우, 이에 따른 모든 의미를 충분히 고려해야 한다. 다른 사람들은 왜 이러한 관습을 따르는 것일까?

다른 한편으로 관습적 표기법이 있다. 항상 공식 표기법을 사용할 필요는 없다. 표기법에 대한 독자의 기대치에서 벗어나지 않는 이상, 자체 표기법을 만들어도 무방하다.

독자는 다이어그램에서 사용하는 표기법에 대한 기대치가 있을 것이다. UML, C4 또는 특정 회사에서 사용하는 비표준 표기법일 수 있다. 여러분은 이 책의 패턴을 적용하거나 안티패턴을 피하면서 독자의 기대에 맞게 표기법을 변경하거나 조정해야 할 수도 있다. 이것은 결코 나쁜 것은 아니지만 신중을 요한다. 독자가 눈치채지 못하도록 슬쩍 끼워 넣기보다는 변경하거나 새롭게 도입한 표기법을 소개하자. 이점을 보여주고 이전 표기법을 사용하면서 겪었던 문제와 연결시켜 설명하면 좋다.

표준 표기법을 사용할 때는 해당 표기법의 기대치에 충실해야 하며, 이 기대치에서 벗어난 부분이 있으면 명확하게 전달해야 한다. 독자는 특정 표기법에 대한 가정이 맞는지 반드시 알아야 한다. 혼동을 피하기 위해 다른 공식 표기법이나 사용자 지정 표기법을 사용하는 것이 더 나을 수 있다.

TIP 독자는 한 가지 이상의 수준에서 방향에 대한 기대치를 가지고 있다. 다이어그램 내에서는 4.2절의 '다이어그램 흐름을 기대에 맞추는 패턴'을 따르고, 여러 다이어그램, 문서 및 프레젠테이션에 있어서는 4.1절의 '큰 그림이 우선 패턴'을 준수하여 이러한 기대치에 맞추자.

타당한 근거만 있다면 틀에서 벗어나는 것을 두려워하지 말고, 의도적으로 틀을 깨고 혁신적인 방법을 선택해야 한다. 규칙에는 항상 예외가 있다.

요약

이제 다이어그램의 표기법을 선택하기 전에 고려해야 할 사항을 어느 정도 살펴봤다. 이전 장과 함께 이 장에서 배운 내용을 적용하면 이러한 표기법을 최대한 활용할 수 있을 것이다. 1부의 마지막 장에서는 지금까지 신중하게 구성한 다이어그램을 한 단계 더 발전시키는 방법을 살펴볼 것이다.

CHAPTER 06

문장의 구성

시각적 구성^{visual composition}은 문서화할 시스템의 구조, 관계 및 종속성을 전달하는 데 도움이 되므로 소프트웨어 아키텍처 다이어그램의 필수 요소다. 효과적인 시각적 구성은 다이어그램의 가독성을 높여주고 독자가 쉽게 이해할 수 있도록 도와준다.

이 장에서는 독자가 오해하지 않고 다이어그램의 내러티브를 따라갈 수 있도록 다이어그램을 구성하는 방법을 살펴본다.

가독성이 떨어지는 다이어그램

다이어그램을 만들 때는 다이어그램을 어떻게 소비할지, 또 누가 소비할지 고려해야 한다. 다음은 **가독성이 떨어지는 다이어그램 안티패턴**^{illegible diagram antipattern}을 방지하기 위한 몇 가지 팁이다.

draw.io나 비지오^{Visio} 같은 툴에서 다이어그램을 만들 때는 대부분 기본 캔버스를 사용한다. 기본 캔버스는 일반적으로 A4 또는 레터^{Letter}[1] 크기이며 세로 방향인 경우가 많다. 독자가 과

---

1 옮긴이_ 미국의 종이 규격(216mm × 279mm)

연 세로로 종이에 인쇄된 다이어그램을 볼까? 요즘에는 더더욱 없을 것이다.

어쩌면 독자는 마이크로소프트 워드Microsoft Word 또는 오픈 오피스 라이터Open Office Writer(기본값은 A4 또는 레터, 세로)의 문서 내에서 다이어그램을 사용할 수도 있다. 그런 경우 세로 캔버스에 다이어그램을 만들었다면 독자는 화면을 축소하지 않는 한 컴퓨터 화면(가로)에서 전체 내용을 볼 수 없을 것이다. 그 과정에서 텍스트나 기타 세부 정보를 읽지 못할 위험이 있다.

draw.io 및 비지오를 포함한 대부분의 다이어그램 툴에서는 캔버스 크기를 선택할 수 있는데, 특히 draw.io는 16:9 또는 16:10 비율[2]을 선택할 수 있다(플랫폼별로 수많은 옵션이 있다. [그림 6-1] 참고). 다이어그램을 처음부터 새로 만든다면 가장 먼저 해야 할 일은 적절한 캔버스/페이지 크기와 비율을 선택하는 것이다. 그러면 draw.io와 같은 툴은 사용자의 기본 설정을 기억한다.

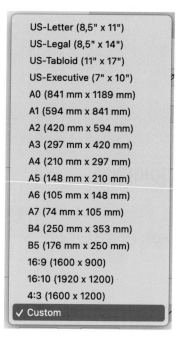

그림 6-1 Draw.io의 캔버스/페이지 옵션 예시

---

2   가로 옵션을 선택하여 16이 가로 비율이 되도록 하자.

TIP 대부분의 다이어그램은 컴퓨터나 프레젠테이션 화면에서 사용하므로 종이책, 포스터 또는 문서용 다이어그램을 만드는 등 특정 형식을 준수해야 하는 경우가 아니라면 16:9 또는 16:10(대부분의 화면에서 일반적으로 사용되는 비율[3])의 보기 비율에 맞게 다이어그램을 만들어야 한다.

독자가 여러분의 다이어그램을 볼 때 계속해서 비율을 변경하고 이동하면서 눈을 찡그리지 않도록 다이어그램 디자인을 독자의 포맷과 필요에 맞추는 것이 좋다. [그림 6-2]의 데이터 흐름도는 세로 방향으로 구성되어 모니터나 프로젝터에 최적화되지 않았으며, 화면의 약 3분의 2가 공백으로 남는다. 이로 인해 소중한 화면 공간이 낭비되고 다이어그램의 텍스트나 기타 세부 정보를 읽을 수 없는 독자가 있을 수 있다.

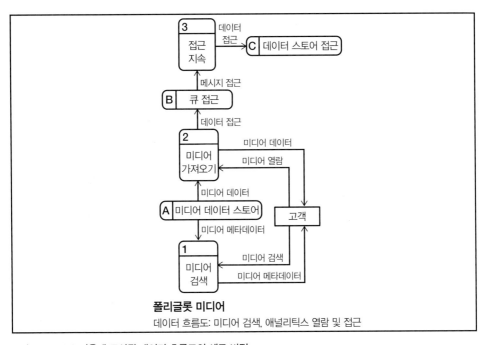

그림 6-2 16:9 비율에 표시된 데이터 흐름도의 세로 버전

[그림 6-3]은 [그림 6-2]의 가로 버전을 16:9 비율에 표시한 것이다. 세부 정보를 훨씬 더 쉽게 읽을 수 있다.

----
3 과거에는 4:3이 일반적인 화면 비율이었다.

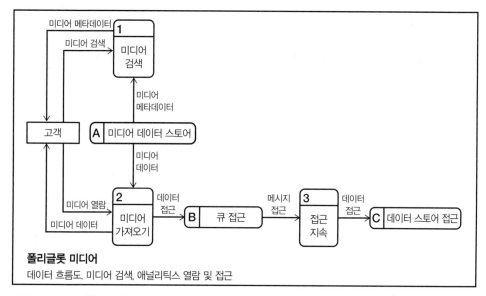

그림 6-3 16:9 비율에 표시된 데이터 흐름도의 가로 버전

때로는 잘못된 방향의 기존 다이어그램을 사용해야 하는데, 편집하거나 다시 만들 시간이 없는 경우가 있다. 이러한 상황에 사용할 수 있는 기술이 있다.

방향이 잘못되었거나(아니면 슬라이드에 넣기에는 너무 큰) 다이어그램 또는 이미지를 프레젠테이션에서 사용할 때는 [그림 6-4]와 같이 개요를 보여줄 수 있다. 그리고 이후 슬라이드에 다이어그램에서 강조하고자 하는 부분을 확대한 버전을 삽입한다.

다이어그램을 잘라낼 때는 범례와 같은 필수 정보를 포함하고, 이전에 잘라낸 요소의 반복을 통해 컨텍스트를 제공해야 한다. [그림 6-5]는 [그림 6-4]의 잘라낸 버전을 보여준다. 독자는 다이어그램의 이 부분을 읽는 데 필요한 모든 정보를 가진다.

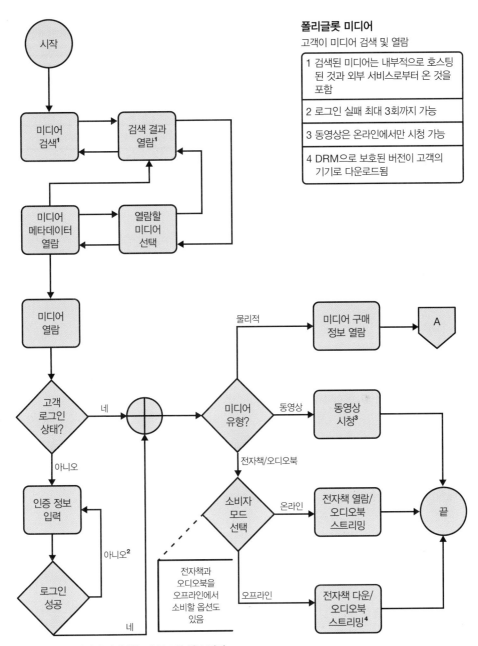

폴리글롯 미디어

고객이 미디어 검색 및 열람

1 검색된 미디어는 내부적으로 호스팅된 것과 외부 서비스로부터 온 것을 포함
2 로그인 실패 최대 3회까지 가능
3 동영상은 온라인에서만 시청 가능
4 DRM으로 보호된 버전이 고객의 기기로 다운로드됨

그림 6-4 가로 화면에 맞지 않는 흐름도의 세로 버전

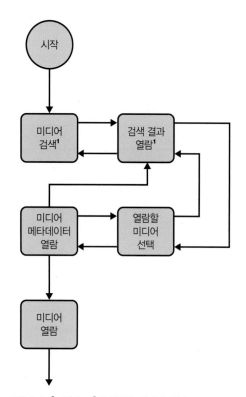

폴리글롯 미디어
고객이 미디어 검색 및 열람

1 검색된 미디어는 내부적으로 호스팅된 것과 외부 서비스로부터 온 것을 포함
2 로그인 실패 최대 3회까지 가능
3 동영상은 온라인에서만 시청 가능
4 DRM으로 보호된 버전이 고객의 기기로 다운로드됨

그림 6-5 [그림 6-4]의 잘라낸 이미지 예시

[그림 6-4]와 [그림 6-5]처럼 전체 다이어그램과 잘라낸 다이어그램의 레이블을 구분할 수 있다. 검정 텍스트를 회색으로 변경하는 것도 한 가지 방법이다. 예를 들어 상단에 흰색 상자를 배치하고 불투명도를 낮추는 것이다(물론 가독성이 괜찮은지 확인하자).

[그림 6-6]은 [그림 6-4]의 두 번째로 잘라낸 마지막 부분이다(일부 다이어그램에는 두 개 이상이 필요할 수도 있다). 독자의 이해를 돕기 위해 제목은 그대로 유지한다.

TIP 다이어그램을 만들 때 따라야 할 일반적인 규칙은 세로 형식이 특별히 필요한 경우가 아니라면 가로 형식으로 만드는 것이다. 가로 형식은 문서를 세로로 인쇄하는 경우 문서에 맞게 회전할 수 있다.

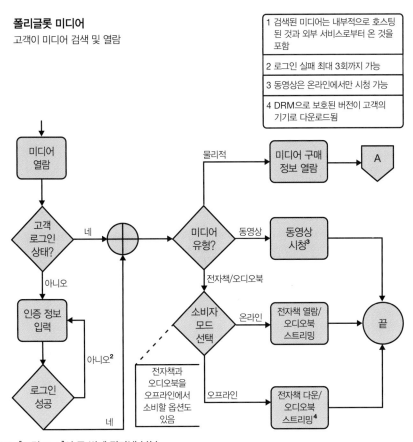

폴리글롯 미디어
고객이 미디어 검색 및 열람

1	검색된 미디어는 내부적으로 호스팅된 것과 외부 서비스로부터 온 것을 포함
2	로그인 실패 최대 3회까지 가능
3	동영상은 온라인에서만 시청 가능
4	DRM으로 보호된 버전이 고객의 기기로 다운로드됨

미디어 열람

고객 로그인 상태? — 네 — 미디어 유형?

물리적 → 미디어 구매 정보 열람 → A

동영상 → 동영상 시청[3]

전자책/오디오북

아니오 → 인증 정보 입력

아니오[2] ← 로그인 성공 — 네

소비자 모드 선택

온라인 → 전자책 열람/오디오북 스트리밍

전자책과 오디오북을 오프라인에서 소비할 옵션도 있음

오프라인 → 전자책 다운/오디오북 스트리밍[4]

끝

그림 6-6 [그림 6-4]의 두 번째 잘라낸 부분

보통 프레젠테이션을 볼 때 눈으로 보거나 귀로 듣는다. 대부분의 사람은 두 가지를 한 번에 할 수 없으므로, 독자가 더 오래 집중하고 메시지를 받아들일 수 있도록 가능한 한 명확하게 설명해야 한다.

스타일 커뮤니케이션

스타일 커뮤니케이션 패턴style communication pattern은 메타스타일Metastyle이라고 부른다. 메타데이터 (이미지 파일 크기, 카테고리 또는 작성자 이름과 같은 다른 데이터에 대한 정보를 제공하는 데이터)는 익숙한데 메타스타일은 무엇일까?

우리는 브랜딩과 광고를 통해 항상 시각적 메타 메시지를 접고 있다. 좋아하는 음료를 떠올려보자. 브랜딩은 특정한 감정이나 생각을 유발하면서 사람들에게 어필하도록 설계되었다. 포장의 디자인과 브랜드는 우리가 글자를 읽지 않아도 이미 커뮤니케이션을 하고 있다.

아키텍트라는 직함을 가진 사람이 소프트웨어를 개발하든 그렇지 않든 간에 소프트웨어 아키텍처가 발생하는 것처럼, 소프트웨어의 다이어그램과 시각적 요소는 의식적으로 설계하든 그렇지 않든 커뮤니케이션을 한다. [그림 6-7]의 상단 및 하단 다이어그램을 살펴보자. 서로 다른 스타일이 프로젝트의 현재 단계에 대해 말해주는가? 초기인가, 후반인가? 디자인과 사고 프로세스에 대해 어떤 생각을 하게 하는가? 이러한 시각 자료는 독자에게 소통하고 영향력을 행사하는 마케팅 자료가 된다.

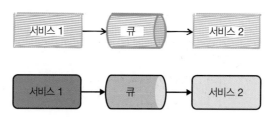

그림 6-7 스케치와 솔리드 라인 스타일 비교

다이어그램의 형식은 독자가 다이어그램을 어떻게 인식할지에 대한 의식적인 생각보다는 개인 취향과 사용하는 애플리케이션에 따라 결정되는 경우가 많다. 선호하는 다이어그램 작성 애플리케이션(예: Draw.io 또는 비지오)을 열고 기본 설정을 사용하여 비슷한 것을 만들어보자. 이제 [그림 6-7] 앞에 제시된 질문과 함께 자문해본다. 기본 설정은 독자에게 무엇을 전달하는가? 여러분이 독자에게 진정으로 전달하고 싶은 내용은 무엇인가?

메타스타일의 경우 어느 한 스타일이 다른 스타일보다 항상 더 낫다고 말할 수 없다. 이는 특정 아키텍처 스타일이나 다이어그램이 어떤 프로젝트에 항상 최선의 선택이라고 말할 수 없는 것과 마찬가지다.

스타일 선택은 일하는 영역이나 회사에 따라 영향을 받을 수 있다. 테마파크용 시스템을 설계하는 경우 [그림 6-7]의 두 가지 스타일 중 어떤 스타일을 선택할지 생각해보자. 병원이나 은행을 위한 시스템을 설계하는 경우에도 같은 스타일을 선택하겠는가?

독자에게 전달하려는 내용을 생각하고, 이를 뒷받침하는 다이어그램 스타일을 선택해야 한다.

사례　　**내용보다 스타일**

폴리글롯 미디어의 아키텍트인 니키Nikki(가상 인물)는 아키텍처 변경에 대한 승인이 필요하여 의사결정권자인 캐스퍼Kaspar(가상 인물)와 회의를 잡았지만, 순조롭게 진행되지 않았다. 다이어그램으로 뒷받침한 제안서를 제출했지만 캐스퍼는 전혀 관심이 없었다. 그는 제안된 아키텍처의 거의 모든 측면에 대해 반대했다. 단호한 거절이었다.

회의가 끝난 후 캐스퍼는 니키에게 몇 가지 아이디어를 제시해주면서 매우 독특한 시각적 스타일로 다이어그램을 몇 개 그려주었다. 다음 날 니키는 똑같이 독특한 스타일로 제안 다이어그램을 다시 그렸고, 일주일 후 캐스퍼의 스타일을 적용한 다이어그램으로 제안서를 제시했다. 내용은 동일했지만 열렬한 찬성이라는 완전히 다른 반응이 돌아왔다.

캐스퍼가 제안서를 더 잘 이해했던 것일까? 니키가 제안한 다이어그램이 자신의 다이어그램과 잘 어울린다고 상상할 수 있었을까? 그는 자신이 보고 싶은 것을 보았고, 그것은 내용보다 스타일이었다.

불분명한 문장 구성

소프트웨어 아키텍처에서는 의도치 않게 오해를 야기할 수 있다. 의도적이든 의도적이지 않든 독자를 오도해왔다는 사실을 인지하면 차트와 다이어그램을 만들 때 이를 방지할 수 있다.

기준선을 변경하는 것은 차트를 조작하는 한 가지 방법이다. [그림 6-8]은 선거에서 투표한 투표 수를 보여준다. 기준선이 450으로 설정된 이 차트는 **멋지당**cool party 정당에서 숫자 차이를 과장하여 지지자들의 재투표를 유도하는 데 사용되었다. 특히 자신의 투표가 영향력을 행사할 수 있도록 다른 두 당 중 한 곳에 투표하려는 **실수당**bloop party 정당의 지지자를 겨냥하고 있다.

TIP 기준선은 항상 0에 두는 것이 좋다. 예외도 있을 수 있지만, 그런 경우에는 차트나 다이어그램 보다는 테이블 등 다른 유형의 시각 자료가 나을 수 있다.

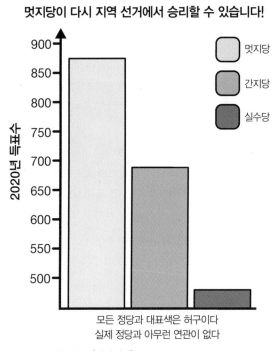

그림 6-8 450에서 기준선이 시작되는 차트 (안티패턴)

이제 [그림 6-9]를 살펴보자. 이것은 **멋지당**과 동일한 수치를 보여 주지만 [그림 6-8]만큼 승률이 높아 보이지는 않는다.

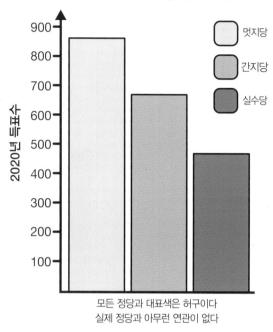

멋지당이 다시 지역 선거에서 승리할 수 있을까요?

멋지당
간지당
실수당

2020년 득표수

900
800
700
600
500
400
300
200
100

모든 정당과 대표색은 허구이다
실제 정당과 아무런 연관이 없다

그림 6-9 0에서 기준선이 시작되는 차트

두 정당은 동일한 통계를 가지고도 기준선을 조작함으로써 각자의 메시지를 보여줄 수 있다. [그림 6-10]을 살펴보자. [그림 6-9]와 동일한 수치와 기준선을 사용하지만 상대 정당이 사용하도록 변경되었다. **간지당**^{funky party}은 이 차트를 사용하여 **실수당**의 지지자들 또는 투표할 가능성이 낮은 유권자들이 **멋지당**이 다시 승리하지 못하게끔 **간지당**에 투표하도록 설득할 수 있다.

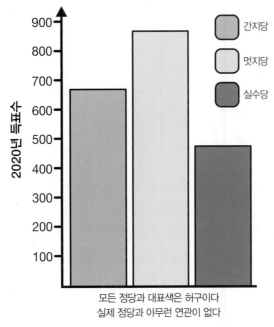

간지당이 지역 선거에서 승리할 수 있습니다!

	간지당
	멋지당
	실수당

2020년 득표수

모든 정당과 대표색은 허구이다
실제 정당과 아무런 연관이 없다

그림 6-10 [그림 6-9]와 기준선이 동일하지만 다른 당의 선전에 부합하게 배치된 차트

[그림 6-11]은 비교를 사용하여 의도적이든 의도적이지 않든 오해를 불러일으키는 예시를 보여준다. 두 차트를 나란히 배치하면 독자는 각 차트의 막대가 동일한 척도를 나타낸다고 오해할 수 있지만, 실제로는 그렇지 않다. 오른쪽 오스트레일리아/뉴질랜드 차트의 막대는 실제로 왼쪽 차트의 약 절반 값에 해당한다. 독자는 오스트레일리아와 뉴질랜드의 매출이 미국 및 캐나다의 매출과 비슷하다고 오해할 수 있지만, 실제로는 뉴질랜드의 매출이 미국의 절반 정도이다.

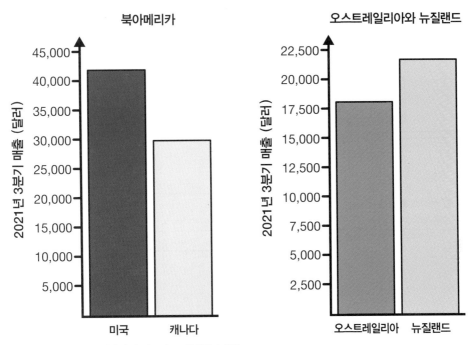

그림 6-11 독자를 오해하게 만드는 차트 예시(안티패턴)

차트와 다이어그램이 가까이 있는 경우 동일한 눈금을 사용하거나 분명하게 다른 눈금을 사용하여 독자가 명확하게 알 수 있도록 하자. 소프트웨어 다이어그램을 만들 때는 포함되는 정보의 정확성뿐만 아니라 독자가 어떻게 읽을지도 고려해야 한다.

TIP 다이어그램은 현실의 추상화인데, 현실은 대개 너무 복잡해서 전달하기 어렵기 때문이다. '모델은 모두 틀렸지만, 일부는 유용하다'는 격언을 기반으로 **유용성**useful을 목표로 삼아 추상성과 정확성 간의 균형을 맞춰야 한다.

[그림 6-12]는 배포 다이어그램이 독자에게 진정한 메시지를 전달하지 못하는 경우의 예를 보여준다. 이 C4 배포 다이어그램은 각 컨테이너 또는 컨테이너 그룹 인스턴스의 **수평적 확장**horizontal scaling을 설명한다(폴리글롯 미디어 클라우드 인프라 상자 안에 포함된 세 상자 우측 상단에 x3과 같은 숫자를 보자). 하지만 [그림 6-13]에서 확장scaling의 실제 모습을 볼 수 있다.

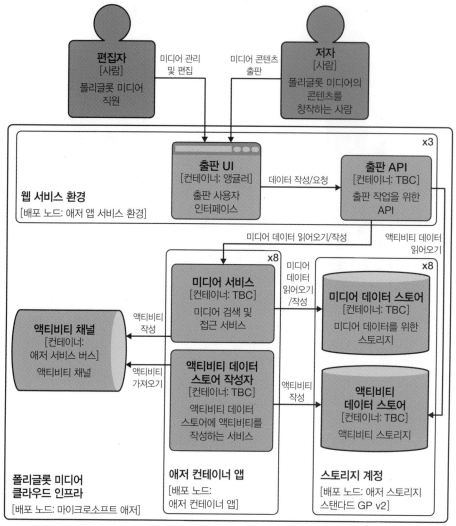

폴리글롯 미디어 배포 다이어그램 | 제작 | 출판
폴리글롯 미디어 제작 환경 배포 시나리오 다이어그램

그림 6-12 혼동을 주는 배포 다이어그램

[그림 6-12]에서는 각 그룹의 확장이 나타나고 컨테이너의 최대 개수가 명시되어 있는데 마치 항상 그렇게 많은 인스턴스가 있을 것 같다는 인상을 준다. 반면 실제로는 [그림 6-13]처럼 인스턴스 수가 더 적거나 그룹의 요소마다 확장 규모가 다를 수 있다.

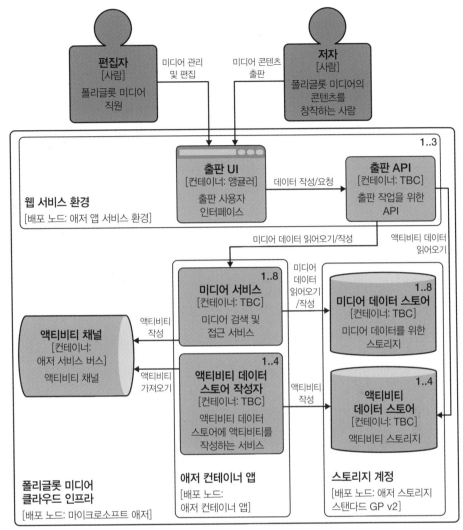

폴리글롯 미디어 배포 다이어그램 | 제작 | 출판
폴리글롯 미디어 제작 환경 배포 시나리오 다이어그램

그림 6-13 실제 배포 다이어그램

[그림 6-14]를 보는 독자는 다이어그램의 **엔터프라이즈 서비스 버스**enterprise service bus가 더 많은 리소스나 하드웨어를 가지고 있거나, 확장성이 더 뛰어나거나 용량이 더 크다고 생각할 수 있다.

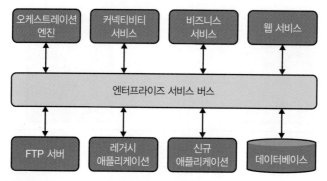

그림 6-14 오도되기 쉬운 서비스 버스 다이어그램

[그림 6-15]같이 엔터프라이즈 서비스 버스의 크기를 다른 요소와 동일하게 변경하면 독자가 잘못 해석할 가능성이 낮아진다. 다른 용량을 표시하는 등 특별한 이유가 없는 한 논리 다이어그램에서는 요소의 크기를 동일하게 유지하는 것이 좋다. 물론 [그림 6-15]의 균일한 상자 크기에는 단점도 있다. 상자의 크기가 작아서 화살표와 선을 읽기 어렵다는 점이다. 이런 경우 다이어그램을 여러 유형의 서비스로 나누거나 특정 문제에 초점을 맞추는 등의 방법을 고려할 수 있다.

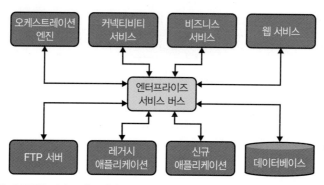

그림 6-15 현실에 더 근접한 서비스 버스 다이어그램

시각적 균형 만들기

시각적 균형 패턴visual balance pattern은 종종 간과되는 패턴이지만 다른 다이어그램과 차별화할 수 있다. 균형은 시각 디자인의 핵심 요소이며 다이어그램뿐만 아니라 사진 및 기타 시각 자료에도 적용된다. **균형**balance은 인간의 타고난 기대치이며, 독자의 기대치이기도 하다. 독자가 원하는 것을 제공하는 것은 성공적인 커뮤니케이션의 기본이다. (물론 모든 규칙에는 예외가 있다. 독자가 원한다고 생각하는 것이 실제 그들이 필요한 것이 아닐 수도 있다.)

균형의 한 가지 요소는 대칭이다. 균형을 맞춘다고 해서 나쁜 다이어그램이 좋은 다이어그램이 되는 것은 아니지만, 좋은 다이어그램을 훌륭한 다이어그램으로 만들 수는 있다. [그림 6-16]의 다이어그램은 완벽하게 합당한 C4 컨테이너 다이어그램이지만, [그림 6-17]의 만족스러운 효과에는 미치지 못한다. 두 가지를 비교해보면 양쪽 대칭을 이루는 균형 잡힌 버전에 더 끌릴 것이다.

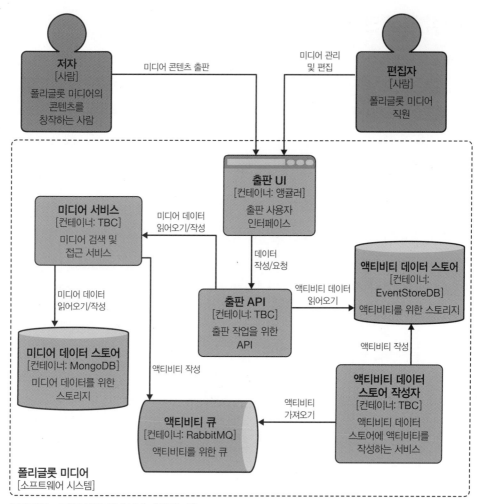

폴리글롯 미디어 출판 컨테이너 다이어그램
폴리글롯 미디어의 하이레벨 인터랙션을 보여줌

그림 6-16 균형이 안 맞는 C4 컨테이너 다이어그램 (안티패턴)

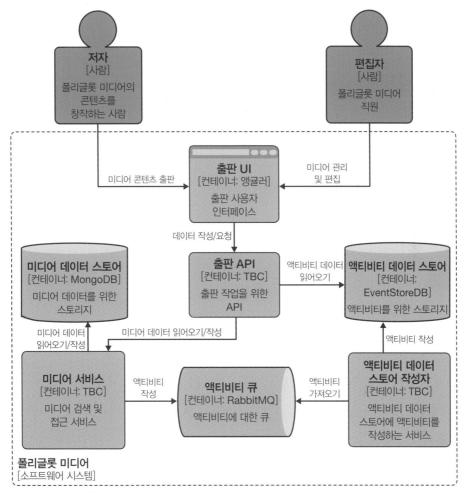

폴리글롯 미디어 출판 컨테이너 다이어그램
폴리글롯 미디어의 하이레벨 인터랙션을 보여줌

그림 6-17 균형이 맞는 C4 컨테이너 다이어그램

[그림 6-16]과 [그림 6-17]의 두 다이어그램에는 캔버스의 위치만 다를 뿐 동일한 정보 및 요소가 모두 포함되어 있다. **좌우 대칭**^{bilateral symmetry}으로 만들 필요는 없지만(항상 그럴 수 있는 것도 아니다), [그림 6-17]과 같이 **근사 대칭**^{approximate symmetry}(작은 차이가 있는 경우)과 같은 다른 유형의 대칭을 적용할 수 있다.

가독성을 위해 전체 대칭이 아닌 부분 대칭을 적용할 수 있다. 예를 들어 요소가 확장 또는 축소되는 다이어그램에서 요소가 정렬될 때 확장/축소 지점에만 대칭을 사용한다.

대칭을 사용할 수 없는 경우에는 비대칭을 사용하여 비슷한 효과를 얻을 수 있다. 이 경우 위치, 가중치/크기 등을 사용하여 다양한 요소의 균형을 맞춰야 한다. 다이어그램 캔버스를 시소와 같이 생각해서 주어진 축 또는 받침대에 대한 균형을 맞추는 것을 목표로 하면 된다.

TIP 다이어그램이 반드시 예뻐야 할 필요는 없지만, 다이어그램과 다이어그램 세트 내에서 일관성을 유지하면 눈에 더 잘 들어온다.

요약

이 장에는 스타일과 정보를 통해 읽기 쉽고, 정직하며, 균형 잡힌 다이어그램을 만드는 도구를 소개했다.

시각적 커뮤니케이션에 대해 다루었던 1부를 마치면서 다이어그램 및 기타 시각 자료를 만들고 사용할 수 있는 도구들을 가지게 되었다. 1장에서 튼튼한 기초를 제공했다면, 본 장의 구성 기법은 지붕에 반짝이는 타일을 더하는 것이다.

하지만 소프트웨어 아키텍처와 설계를 전달할 때 다이어그램만으로는 필요한 모든 것을 전달할 수 없다. 기술 문서 작성은 그 자체로 하나의 기술이며, 시각적 커뮤니케이션과 분리된 부분도, 겹치는 부분도 있다. 언어적 및 비언어적 커뮤니케이션은 대면이든 원격이든 서면 및 시각적 커뮤니케이션을 더욱 보완한다.

2부에서는 기술적인 서면, 언어적, 비언어적 커뮤니케이션과 이 세 가지 영역에 모두 적용할 수 있는 기법, 그리고 독자가 여러분과 여러분의 말을 신뢰하게 만드는 기법에 대해 살펴볼 것이다.

PART

02

멀티모달 커뮤니케이션

2부에서는 서면, 언어적 및 비언어적 커뮤니케이션의 패턴과 기법을 다룬다. 원격 근무를 하든, 사무실에서 근무하든, 아니면 이 두 가지가 혼합되어 있든, 여러분은 이러한 유형의 커뮤니케이션을 정기적으로 사용한다. 글을 쓰고, 말하고, 보디 랭귀지 및 기타 비언어적 커뮤니케이션을 사용하는 방식에 대해 조금만 더 신중하게 생각한다면 메시지의 이해도를 높이고 목적을 달성할 수 있는 가능성을 높일 수 있다.

2부는 다양한 패턴과 안티패턴의 집합들로 구성되어 있다. 문서 패턴은 이메일, 문서, 메신저 앱 등 글을 쓰는 모든 곳에 적용할 수 있다. 언어적 및 비언어적 기법은 사람(또는 집단)과 직접 대면하거나 원격으로 대화할 때 모두 적용할 수 있다.

2부의 마지막 장에서는 모든 유형의 커뮤니케이션에 적용할 수 있는 수사학 사용 패턴과 기법을 설명한다. 2천 년 전 아리스토텔레스가 처음 소개한 이 기법이 현대 기술 세계의 커뮤니케이션에 적합하지 않다고 생각할 수도 있지만, 에토스Ethos, 파토스Pathos, 로고스Logos는 오랜 세월 동안 그 가치를 인정받아 왔다. 어떤 형식(또는 다수의 형식)을 사용하든 2부에서 소개하는 패턴과 기법을 적용하면 여러분의 메시지를 강화할 수 있다.

PART 02

멀티모달 커뮤니케이션

CHAPTER
07

서면 커뮤니케이션

전문가라면 명확하고 효과적인 **서면 커뮤니케이션**written communication의 중요성을 잘 알고 있을 것이다. 동료에게 이메일을 보내거나 요구 사항을 문서화하거나 보고서를 작성하는 등 서면 커뮤니케이션은 업무에서 매우 중요한 부분을 차지한다.

이 장에서는 명확하고 간결하며 영향력 있는 서면 커뮤니케이션에 도움이 되는 다양한 팁과 기법을 살펴볼 것이다. 글쓰기를 개선하는 데 도움이 되는 패턴과 일반적인 함정을 피하는 데 도움이 되는 안티패턴도 함께 알아본다. 마지막으로 노련한 작가든 이제 막 글을 쓰기 시작한 사람이든 글쓰기 실력을 한 단계 끌어올리는 데 도움이 되는 실용적인 지침을 소개하며 이 장을 마무리한다.

단순한 언어

명확한 언어를 사용하기 위해서는 고려해야 할 사항이 많다. **단순한 언어 패턴**simple language pattern 을 사용하면 단순성과 간결성을 유지하는 것이 도움이 된다. 자신이 사용하는 모든 단어를 모두가 이해한다는 생각에 빠져서는 안 된다. 똑똑하게 보이기 위해 복잡한 어휘를 사용하는 것은 혼란을 초래할 뿐이다. 복잡한 언어를 사용하면 사람들은 여러분을 높게 평가하는 것이 아니라, 내용을 이해하지 못했기 때문에 여러분을 낮게 평가할 가능성이 높다.

난독증이나 ADHD(주의력 결핍 과잉행동 장애)와 같이 시각적 처리에 어려움을 겪는 사람들에게는 복잡한 단어와 문장이 신경전형인neurotypical[1]에 비해 더 큰 어려움이 된다. 많은 양의 텍스트를 함께 그룹화한 경우, 특히 공백이 거의 없는 경우에도 문제를 일으킬 수 있다. 자폐증 환자는 풍자와 관용구를 이해하는 데 어려움을 겪는 경우가 많으므로 다이어그램과 프레젠테이션에서 이러한 내용을 제외하는 것이 가장 좋다.

신경다양성

아래는 몇 가지 간단한 정의다.

- **신경다양인**neurodivergent : 자폐 스펙트럼 장애(ASC), 주의력 결핍 과잉행동 장애(ADHD), 난독증을 앓고 있는 사람을 포함하여 신경전형인이 아닌 사람. 이러한 질환은 일반적으로 의사소통과 사회적 상호작용, 학습 방식에 영향을 미친다.

- **신경전형인**neurotypical : 인지 기능이 일반인의 전형적인 수준으로 간주되는 사람

특정 언어가 모국어가 아닌 사람은 일반적으로 약 15,000~20,000개의 어휘군을 사용하는 모국어 구사자에 비해 아는 어휘가 더 적다. 2022년에 발표한 연구[2]에 따르면, 영어로 작성된 뉴스 기사의 약 95%를 이해하려면 약 4000개의 단어군word family[3]이 필요하다고 한다. 특히 요즘 같이 국제화되어 인터넷 연결이 강한 사회에서는 모든 독자의 모국어가 영어가 아닐 수도 있다는 점을 고려해야 한다.

> **TIP** 일부 독자는 글을 읽을 때 번역기를 사용할 수 있으므로, 관용구 없이 간단한 언어를 사용하면 번역이 더 원활해진다.

어휘 이해력은 사람마다 다르다. 연령(노년층은 오랜 기간 동안 더 많은 어휘에 노출되었고,

---

1 옮긴이_ 자폐가 없는 사람, 또는 신경질환이 없는 사람을 지칭하는 말
2 https://oreil.ly/a8Uiq
3 단어군이란 공통의 어근에 접두사와 접미사가 붙는 단어들의 집합이다. 예를 들어 write, writer, written, writing, writes, rewrite는 같은 단어군에 속한다.

자신이 속한 세대만의 전문 용어나 어휘를 사용하는 집단도 있다), 교육 수준 또는 사회적 지위에 따라 달라질 수 있다. 어휘 수준은 관심사, 문화, 지리 등의 요인으로 인해 매우 다양한 양상을 보인다. 또한 일반적인 어휘와 비즈니스, **도메인**domain[4] 및 기술 어휘 사이에는 차이가 있으며, 이는 사람의 경험에 따라 달라질 수 있다. 인구통계학적으로 같이 분류가 되더라도 개개인의 어휘는 다양하다.

축약어acronym[5]와 마찬가지로 다이어그램과 문서에 비즈니스, 기술 및 도메인 어휘에 대한 용어집을 포함하는 것이 좋다. 모든 사람이 **주문 세부정보**order detail라는 말의 정확한 정의를 알고 있다면 의미의 불일치가 발생할 가능성이 훨씬 줄어든다. 예컨대, 코드 베이스의 다른 부분에서 어떤 이름이 전혀 다른 의미로 사용되는 경우가 있다. 이름을 짓는 것은 어려운 일이며, 용어집과 유비쿼터스 언어ubiquitous language가 도움이 된다.

[표 7-1]은 글쓰기를 단순화할 수 있는 몇 가지 방법을 보여준다. 도메인 중심 설계domain-driven design[6] (이하 DDD)를 사용하면 모델링하는 도메인 내에서 사용할 수 있는 유비쿼터스 어휘ubiquitous vocabulary를 구축하게 된다. 유비쿼터스 언어는 기술팀이 아닌 비즈니스 쪽에서 만들어지기 때문에 여러분의 통제력은 사실상 한정되어 있다. 어휘집을 만들어 필요한 만큼 추가하자.

표 7-1 어휘와 문구 단순화하기

complex / less-used	simple / regularly used
acquire	buy
toward	to
adopt	use
dispatch	send
locate	find

---

4 옮긴이_ 특정 분야 또는 주제

5 더 자세한 내용은 7장의 '축약어 지옥'을 참고하라.

6 옮긴이_ 유비쿼터스 언어란 에릭 에반스가 도메인 중심 디자인에서 개발자와 사용자 간에 공통의 엄격한 언어를 구축하는 관행에 사용하는 용어다. 이 언어는 소프트웨어에서 사용되는 도메인 모델을 기반으로 해야 하며, 소프트웨어는 모호성에 잘 대처하지 못하기 때문에 엄격해야 한다.

patron	customer
a majority of	most
as a result of	because of/due to
is able to	can
determine the location of	find
for the purpose of	for
have a tendency to	tend to
on two occasions	twice
make decisions about	decide on
is of the opinion	thinks/believes
in order to	to

도메인 어휘에 익숙하지 않은 독자를 대상으로 이야기하거나 프레젠테이션을 할 때는 그들이 이해할 수 있는 용어의 의미를 설명해야 한다. 즉 해당 용어를 구체적으로 정의하거나, 그들이 이해할 수 있는 다른 단어를 알려준다(예: 영어가 모국어가 아닌 사람은 'locate'를 이해하지 못하지만 'find'는 이해할 수 있다).

TIP 언어를 단순하게 유지하고 복잡하지만 필요한 어휘나 도메인 어휘를 정의하여 독자의 학습 곡선을 부드럽게 만들자.

축약어 지옥

다이어그램, 표 또는 첨부된 텍스트에 정의되지 않은 축약어가 포함되어 있으면 이른바 **축약어 지옥**Acronym Hell 상태에 빠질 수 있다. 여러분이 의도한 대로 독자가 약어를 이해할 것이라고 섣불리 가정해서는 안 된다. 독자가 설명하는 문맥을 알고 있더라도 사람마다 알고 있는 축약어의 의미가 다를 수 있다.

다른 사람들도 나와 같은 수준으로 이해할 것이라고 생각하기 쉽다. 이를 흔히 **지식의 저주**the curse of knowledge라고 부른다. 여러분은 자신도 모르게 참조하고 있는 정보가 많다. 하지만 모든 독자가 이 정보를 알고 있는 것은 아니다.

지식의 저주

한 주제에 대해 전문가가 될수록 전문가가 아닐 때의 모습이 희미해져 비전문가와의 소통이 어려워진다.

지식의 저주의 한 예로, 어떤 개념을 다른 사람에게 언급했는데 그 사람이 설명을 요청하는 경우를 들 수 있다. 설명할 때 상대방이 설명에서 언급한 다른 내용을 모른다는 사실을 알게 되고, 부족한 지식이 꼬리에 꼬리를 물고 드러난다. 원래의 개념을 설명하는 데 단순 몇 분만의 대화로는 충분하지 않은 것이다.

독자 중 일부가 이해하지 못할 수도 있다는 사실을 모른 채 관용구를 사용하는 것도 지식의 저주를 보여주는 또 다른 예다.

축약어를 정의하지 않으면 정확한 해석이 어려워지며, 이는 성공적인 커뮤니케이션에 전혀 도움이 되지 않는다. 독자가 축약어를 전혀 이해하지 못하거나 오해한다면 여러분과 동일한 이해 수준에 도달하기는 어려울 것이다. 모든 산업이나 도메인에는 고유한 약어가 있으며, 같은 도메인 내에서도 특정 약어에 대한 비즈니스 담당자와 기술 담당자의 이해도에는 큰 차이가 있을 수 있다.

> **NOTE** 일부 단어는 너무 보편화되어 원래 약어였다는 사실을 잊어버릴 정도이다. 몇 가지 예로는 전파이용 탐지 및 거리 측정RAdio Detection And Ranging(RADAR), 방사선 유도 방출에 의한 광 증폭Light Amplification by Stimulated Emission of Radiation(LASER), 자급 수중 호흡기Self-Contained Underwater Breathing Apparatus(SCUBA) 등이 있다. JCBJoseph Cyril Bamford[7], BMWBayerische Motoren Werke와 같이 실제로 무엇을 의미하는지에 대해 생각하지 않고 일반적으로 사용되는 약어들도 있다.

---

7 조셉 시릴 뱀포드는 JCB의 생산자, 조셉 시릴 뱀포드 Excavators Ltd.의 창업자이자 회장이었다.

도메인 중심 설계domain-driven design (DDD)[8]는 성공적인 커뮤니케이션을 가능하게 하는 유비쿼터스 언어를 만드는 방법을 제공한다. DDD를 사용하지 않더라도 사용하는 모든 약어를 정의하여 유비쿼터스 언어를 만드는 데 도움을 줄 수 있다.

축약어 지옥 안티패턴acronym hell antipattern을 피하는 가장 좋은 방법은 약어를 정의하는 것이다. 예를 들어 약어와 전체 단어를 함께 언급하는 것이다(이렇게 하면 약어에 대한 정의가 없을 때 독자가 약어를 익히는 데 도움이 된다). 텍스트에서는 일반적으로 약어를 최초로 사용할 때 (또는 각 섹션이나 장에서 약어를 최초로 사용할 때) 괄호 안에 약어를 정의한다.

> **TIP** 독자가 쉽게 볼 수 있는 위치에 축약어의 정의를 포함하자.

축약어는 다이어그램이나 기타 시각 자료에 사용되는 경우 범례 또는 각주에 표기할 수 있다. 또한 문서, 슬라이드 자료 또는 문서의 용어집에 다른 단어(유비쿼터스 언어)의 정의와 함께 포함된다.

많은 의미

축약어는 다양한 의미를 가질 수 있다. 다음 예시를 살펴보자.

- **DFD**: 데이터 흐름도Data Flow Diagram, 배포 흐름 다이어그램Deployment Flow Diagram, 문서 자유의 날Document Freedom Day, 디스크 오류 진단Disk Failure Diagnostic, 개발 금융 부문Development Finance Division, 의사결정 피드백 감지Decision Feedback Detection, 상세한 기능 설계Detailed Functional Design, 폐기를 위한 디자인Design For Discard, 개발을 위한 디자인Design For Development…

- **SPA**: 단일 페이지 애플리케이션Single Page Application, 단일 액세스 포인트Single Point of Access, 특수 프로토콜 평가Special Protocol Assessment, 직렬 포트 어댑터Serial Port Adapter, 스마트 프로세스 애플리케이션Smart Process Application, 판매 및 구매 계약Sales & Purchase Agreement, 솔루션 제공자 계약Solution Provider Agreement, 소프트웨어 프로세스 평가Software Process Assessment, 시스템 및 프로세스 보증Systems & Process Assurance, 확장 가능한 처리 아키텍처Scalable Processing Architecture, 서비스 제공자 아키텍처Service Provider Architecture, 단순 처리 애플리케이션Simple Processing Application, 시스템 성능 분석System Performance Analysis…

---

8 축약어를 언급한 후 정의한 것에 주목하라.

- **BLT**: 비즈니스 리더십 팀Business Leadership Team, 기본 언어 번역기Basic Language Translator, 대량 로딩 도구
Bulk Loading Tool, 비즈니스 연락 팀Business Liaison Team, 결론 기술Bottom Line Technology, 빌드 로드 테스트Build
Load Test, 이진 대형 객체Binary Large Object, 비트 레벨 추적Bit-Level Tracing, 베이컨 양상추 & 토마토Bacon Lettuce
& Tomato

구조화하기

대부분의 글쓰기는 계획적이고 구조화되어 있을 때 가장 효과적이며, **기술 문서 작성**technical writing도 예외가 아니다. 복잡한 개념을 전달하거나 다양한 개념이 서로 어떻게 어울리는지 보여줘야 하는 경우가 많은데, 글의 구조를 고려하지 않으면 효과적으로 작성할 수 없다.

기술 문서 작성의 구조화를 컴퓨터 프로그램의 구조화로 생각하면 이해하는 데 도움이 된다. 예를 들어 컴퓨터 프로그램은 트리 또는 피라미드 구조의 형식의 논리 구조를 취하는 경우가 많다.

그래프 데이터는 이제 훨씬 더 보편화되었지만 경로가 많은 그래프를 탐색하는 것과 트리 구조를 탐색하는 것은 매우 다르다. 기술 문서 작성에서는 피라미드 구조가 훨씬 더 효율적이다(연관도가 높은 데이터 검색 등 다른 시나리오에서는 그래프 구조가 더 효율적이다).

1960년대에 바바라 민토Barbara Minto가 개발한 민토 피라미드 원칙Minto Pyramid Principle은 정보를 순서화하고 구조화하는 방법으로, 기술 문서 작성에 유용한 도구다. 이 원칙은 민토가 이 원칙을 개발할 당시 근무했던 글로벌 컨설팅 회사 맥킨지McKinsey에서 표준으로 사용되고 있다.

민토 피라미드 원칙은 핵심 아이디어 또는 메시지의 파악에서 시작한다. 이를 논점으로 세분화하고 논리적으로 순서를 정하고, 말하고자 하는 내용의 모든 요소를 세분화할 때까지 반복한다.

독자가 가장 쉽게 이해할 수 있는 순서는 보다 추상적인 주요 아이디어를 먼저 접한 후 부수적인 아이디어를 받아들이는 것이다. 그리고 주요 아이디어는 항상 부차적인 아이디어에서 파생되기 때문에, 이상적인 아이디어 구조는 항상 하나의 전체적인 생각으로 묶여 있는 아이디어 그룹의 피라미드다.

— 바바라 민토, 민토 피라미드 원칙

이런 식으로 글의 각 아이디어나 요소는 그 위에 있는 아이디어와 수직으로 연결되며, 항상 그 아래에 있는 아이디어를 요약하고 있다. 수평으로는 논거를 구성하는 다른 아이디어와 연결되어 있다.

피라미드 또는 트리의 다리를 따라 내려가다 보면 다음과 같은 패턴이 생긴다. 주요 아이디어를 말하고, 다음 단계로 내려가면서 그 아이디어에 대한 독자의 질문에 답한다. 이 구조의 예는 [그림 7-1]에 표시되어 있으며, 트리를 관통하는 핵심 메시지가 처음으로 명시되고, 그 아래에 첫 번째 논거가 표시된다. 그리고 첫 번째 논거에 대한 보충 데이터 또는 논거가 이어지며, 그 다음 단계로 두 번째 보충 논거가 나온다.

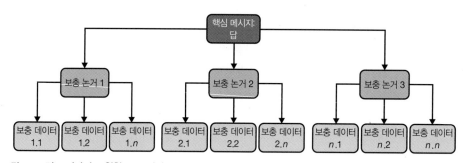

그림 7-1 민토 피라미드 원칙 구조 예시

피라미드 구조는 기술 문서 작성뿐만 아니라 일상적인 커뮤니케이션에도 유용하다. [예시 7-1]은 작성자의 머릿속에 떠오르는 대로 정보가 구조화된 이메일을 보여준다. [예시 7-2]는 동일한 정보이지만 피라미드 또는 트리로 구조화된 이메일을 보여준다.

예시 7-1 머릿속에 떠오르는 대로 작성된 이메일

> 모두에게,
> 우리의 외부 공급업체가 예정된 킥오프 미팅에 참석할 수 없다고 공지해왔습니다. 금요일이나 월요일 오후 3시 전에도 안 된다고 하더군요. 일정표를 보니 일부 개발팀 멤버들이 수요일에 휴가를 쓴 것 같네요.
> 자녀 등원과 하원 문제가 있는 사람들도 있으니, 현재로서는 화요일 오전 10시가 가장 좋아 보입니다. 이 일정이 괜찮으실까요? 최대한 빨리 회신 부탁드립니다.
>
> *XXX* 드림

예시 7-2 피라미드 또는 트리로 구조화된 이메일

> 모두에게,
> 프로젝트 킥오프 미팅 일정을 변경해야 합니다. 화요일 오전 10시가 괜찮은지 최대한 빨리 답장 부탁드립니다.
> 우리 외부 공급업체가 예정된 일정이 불가하다고 하며, 수요일에서 금요일까지는 우리 개발팀 두 명이 휴가입니다. 학교 등원, 하원 시간이 문제가 되는 인원도 몇 명 있는 만큼, 해당 시간이 겹치지 않게 하고자 합니다.
>
> *XXX* 드림

이 예시는 피라미드 구조의 강점을 보여준다. [예시 7-2]에서는 이메일의 의도가 무엇이고 독자로부터 무엇을 원하는지 처음부터 명확히 알 수 있으며, 그 후에 회의 일정을 변경해야 하는 이유에 대한 설명으로 이어진다. 이 이유에 대한 답변이 필요하지 않은 독자라면 첫 단락 이후의 정보를 무시하고 요청을 따르면 된다.

[예시 7-2]는 이 피라미드 구조를 간단한 이메일에 적용하는 방법이다. 모든 기술 문서(및 슬라이드 덱의 구조)에 적용하려면 연습이 필요하지만, 커뮤니케이션을 개선하는 데 큰 도움이 될 것이다.

[예시 7-3]은 프로젝트 소개의 간단한 예를 보여준다. [예시 7-4]와 비교하여 피라미드 구조를 적용하면 소개의 가독성과 이해도가 어떻게 향상되는지에 주목해보자. 가독성을 더욱 향

상시키려면 이 구조를 어떻게 다르게 구성할 수 있을까?

예시 7-3 구조가 없는 프로그램 소개

폴리글롯 미디어의 시스템과 프로세스에서의 문제 영역 또는 병목지점을 규명하기 위해 현 시스템과 프로세스에 이벤트 스토밍*EventStorming*과 같은 협동 모델링이 사용된다.

최초의 교차 기능*cross-functional* 워킹 그룹이 맵을 만들고, 이후 지속적 반복 프로세스에서 발견된 문제와 디자인 최적화를 해결하기 위해 추가 워킹 그룹들이 배정된다.

이를 통해 시스템과 프로세스의 최적화가 개선되어 빠르게 증가하는 고객 베이스(내부 고객 포함)의 요구를 더 잘 충족할 수 있을 것이다.

예시 7-4 트리/피라미드 구조 프로그램 소개

예상을 뛰어넘은 지난 회계 연도 폴리글롯 미디어의 성장으로 빠르게 증가하는 고객 베이스의 요구를 더 잘 충족할 수 있는, 최적화된 시스템과 프로세스의 필요성이 대두되었다.

이러한 요구 사항을 충족하기 위해서는 기존 시스템과 프로세스의 문제점과 병목점을 나타내는 맵이 필요하다. 이것이 최초 교차 기능 워킹 그룹의 업무이며, 이들은 이벤트 스토밍이나 다른 협업 모델링 기술을 이용하여 현 상태를 분석할 것이다.

최적화 프로세스는 지속적이며 반복적일 것으로 기대되며, 발견된 기존의 문제 영역들에 대한 해결책을 모색하고 내외부 고객들을 위해 최적화를 지속할 것이다.

글쓰기 및 문서, 프레젠테이션의 전반적인 구조에 적용하기 시작할 수 있는 피라미드 또는 트리 구조에 대한 하이레벨 개요를 살펴봤다. 자세한 내용은『바바라 민토 논리의 기술』(더난 출판사, 2019) 및 바바라 민토의 공식 웹사이트[9]를 참고하자.

TIP 피라미드 원리는 신문의 헤드라인과 기사 구조에 비유할 수 있다. 헤드라인을 통해 전체 스토리를 파악할 수 있다. 각 문장과 단락을 읽을 때마다 더 자세한 내용을 알 수 있는데, 언제든 멈춰도 기사의 요점은 알 수 있다.

---

9 *https://www.barbaraminto.com/*

기술 문서 작성 구문

기술 문서 작성은 창조적인 글쓰기와 다르다. 기술 문서는 특정 대상(예: 프로덕트의 개발자 또는 고객)을 위해 작성되는 반면, 창작 글은 일반적으로 연령대 및 장르 선호도를 제외하고는 특정 대상을 염두에 두지 않는다. 기술 문서 작성의 목적은 정보를 제공하거나 지시하는 것이지만, 창조적인 글쓰기는 즐거움을 주기 위해 존재한다.

이 두 가지의 주요 차이점은 기술 문서와 창작 글의 형식, 스타일 및 구조가 매우 다르다는 것을 의미한다. 기술 문서 작성의 문법은 명확하고 유익한 글을 작성하는 데 중요하다. 명확성은 기술 문서 작성의 가장 기본적인 규칙이다.

강동사

강하고 정확한 동사를 선택하자. **be**, **was**, **happen**과 같은 동사는 약동사^{weak verb}다. 기술 문서에서는 이러한 동사를 약동사보다는 제한하고 신중하게 선택한 강동사^{strong verb}를 사용하면 글이 더 구체적이고 명확해진다.

독자의 친숙도를 고려하여 강동사를 사용하자. 글에서 약동사를 모두 제거할 필요는 없다. 독자가 강동사를 이해하지 못할 수 있는 경우에는 약동사를 사용해도 좋다. 아래는 동사를 바꾸거나 이동하여 보다 정확하고 간결한 문장을 만든 예시다.

전) *The error notification **happens** when…*

후) *The error notification is **generated** when…*

전) *There are three things that have **made** us decide to…*

후) *Three things **convinced** us to decide to…*

전) *I **am** very careful to ensure…*

후) *I carefully **ensure**…*

전) Once the vector **is entered** it **is changed**

후) Once the service **receives** the vector, it **transforms**…

강동사는 다음과 같다.

govern, amend, extract, realize, notify, convince, inspect, guide, scan, serve, transform, raise, generate, ensure

TIP '있다'의 사용 빈도를 줄이자. 문장을 조금만 바꾸면 삭제할 수 있는 경우가 많다. **'클라우드 컴퓨팅에 대해 세 가지 중요한 사항을 알아야 한다'**가 **'클라우드 컴퓨팅에 대해 알아야 할 세 가지 중요한 사항이 있다'**보다 훨씬 더 명확하고 설득력이 있다.

짧은 문장

짧은 문장이 읽기에 더 좋다. 불필요한 단어를 제거하면 문장의 크기와 문서의 전체 분량도 줄어들어 더 빨리 읽을 수 있다.

코드와 마찬가지로 짧은 문서는 유지 관리가 더 쉬우며 작성 시 버그(실수)가 발생할 가능성이 적다.

또한 짧은 문장은 더 읽기 쉽고 강력한 메시지를 전달할 수 있다. 이것은 단일 책임 원칙의 또 다른 적용이다. **한 문장에는 단 하나의 메시지만 있어야 한다.**

명확한 문단

단락에서 가장 중요한 것은 첫 문장이다. 독자는 글을 훑어보고 첫 문장을 기준으로 읽을 부분을 선택할 수 있다. 따라서 첫 문장은 단락의 핵심을 다루거나(7.3절에서 설명한 대로) 수사학적 질문과 같은 기법을 사용하여 독자의 주의를 끌어야 한다.

단락은 단일 책임 원칙을 적용해야 하는 또 다른 예시다. 단락의 내용은 한 문장 이상이지만 단락이 존재해야 하는 이유는 하나만 있어야 한다. 코드에서 문장을 메서드에, 단락을 클래스에 비유할 수 있다.

단락은 하나의 주제를 다루어야 하며, 일반적으로 독자에게 무엇을 말하고 있는지, 말하는 내용이 왜 중요한지, 독자가 그 지식을 어떻게 사용하거나 사실임을 알 수 있는지를 포함한다. 때로는 이러한 내용을 두 단락 이상으로 나누어 작성할 수도 있다.

일반적으로 문장은 짧아야 하지만 단락이 너무 짧거나 너무 길어도 안 된다. 적당한 문장은 3~5줄 사이다. 7줄이 넘어가면 독자의 거부감이 커진다. 독자가 피로하지 않도록 단락을 재배열하고 분할하자. 글에 짧은 단락이 많다면 작성한 내용을 일관성 있게 한 단락을 3~5줄로 재구성하거나, 단락을 목록으로 변경하는 것이 좋다.

일관적인 어휘

작성 중인 문서, 프레젠테이션, 기사 등 전체에 걸쳐 일관된 어휘를 사용하자. 의미가 동일한데 다른 단어로 바꾸는 것은 메서드 중간에 변수 이름을 바꾸는 것과 다름없다. 이것이 코드라면 컴파일되지 않을 것이고, 글이라면 독자가 이해할 수 없을 것이다.

기술 문서에는 실제로 정확히 같은 의미가 아니더라도 같은 의미로 사용되는 단어가 많이 있다(애플리케이션, 프로그램 또는 소프트웨어, 엔지니어 또는 개발자, 사용자, 클라이언트 또는 고객). 같은 의미일 때는 한 가지를 골라서 일관되게 사용하고, 비슷한 단어를 사용하여 다른 것을 가리킬 때는 그 차이점을 명시하자.

상당히 긴 이름을 처음 언급할 때는 줄임말이나 약어를 소개한 다음, 이후에 짧은 버전을 사용할 수도 있다. 일단 짧은 버전을 사용하기 시작하면 긴 버전과 짧은 버전 사이를 왔다 갔다 해선 안 된다. 둘 중 하나만 일관되게 사용하자.

긴 버전을 많이 사용하지 않는다면 짧은 버전을 따로 정의하지 않아도 된다. 독자가 새로운 약어를 기꺼이 배울 것인지 고려해야 한다.

TIP 사용하는 약어는 항상 정의해야 하며, 그렇지 않으면 축약어 지옥에 빠지게 된다(7장의 '축약어 지옥' 참고).

독자와의 공감

1.1절에서 설명한 대로 독자를 고려하는 것은 커뮤니케이션의 기본 중 하나다. 독자가 누구인지에 따라 글을 쓰는 방법과 글의 구조가 달라진다.

독자의 지식 수준에 대해 스스로에게 질문하면 글쓰기에서 구축할 기준을 마련하는 데 도움이 된다.

독자는 내가 글을 쓰는 주제에 대해 얼마나 알고 있는가?

독자가 글의 주제에 대해 어느 정도 알고 있는지를 고려해 글을 작성한다. 이미 알고 있는 기본적인 내용을 언급하면 독자가 글을 읽지 않을 수 있다.

독자가 비슷한 내용을 알고 있는가?

독자가 이미 비슷한 내용을 알고 있는 경우 비교를 통해 글의 내용을 이해하는 데 도움을 줄 수 있다.

독자가 오랫동안 사용하지 않은 지식을 가지고 있는가?

독자가 오랫동안 사용하지 않은 지식(10년 전에 대학교에서 배운 지식일 수도 있음)을 가지고 있다면 필요에 따라 참고할 수 있도록 더 자세한 정보와 함께 개요를 제공해야 한다.

독자가 뒤떨어진 지식을 가지고 있는가?

기술은 엄청나게 빠르게 움직인다. 정보가 바뀐 경우 새로운 정보와 오래된 정보를 비교하고, 이러한 변화에 따른 장단점을 비교하라. 필요에 따라 다른 정보에 대한 설명도 제공해야 한다.

아울러 독자가 무엇을 필요로 하는지 스스로에게 질문을 던져보면 글이나 문서를 작성하고 구성하는 데 도움이 된다.

독자가 달성하고자 하는 목표는 무엇인가?

글을 통해 독자가 달성할 수 있는 것이 무엇인가? 아키텍처 구현법을 알고 싶어 하는 개발자인가? 소프트웨어의 새로운 기능 사용법을 배우고자 하는 고객인가? 다음 문장을 완성함으로써 이 질문에 답할 수 있다. **이 글을 읽은 후 독자는 …를 수행할 수 있다.**

독자는 목표를 달성하기 위해 무엇을 배워야 하는가?

이것은 독자의 현재 지식 수준, 그리고 독자가 목표를 달성하기 위해 알아야 할 수준(이전 질문에 대한 답변) 간의 차이다. 이 질문에 대한 답이 여러분의 글에서 전달해야 하는 내용이다. 이 질문에 대한 답은 다음과 같이 구성할 수 있다. 이 문장을 완성해보자. **독자는 이 글을 읽은 후 …를 배우게 될 것이다.**

독자가 특정 순서로 이 작업을 수행해야 하는가?

여기에 대한 답에 따라 글의 구조가 결정된다. 독자가 특정 순서대로 단계를 따라야 하는 경우, 번호가 매겨진 목록을 사용하고 올바른 순서로 지침을 넣어야 한다. 한 가지를 알아야 다른 것을 배울 수 있는 경우라면 그 순서대로 글을 작성해야 한다.

위의 질문에 대한 답을 바탕으로 독자의 요구를 충족시키기 위해 글을 어떻게 구조화하고 어떤 정보를 포함할 것인지 결정할 수 있다.

기술 문서 작성 팁

문서 작성에 적용할 수 있는 팁과 기술 외에도, 기술 문서에 포함해야 할 몇 가지 팁이 있다.

- **요점부터 시작하자**: 요점이나 핵심 사항을 맨 앞에 배치하라. 독자가 첫 페이지나 처음 몇 단락만 읽더라도 가장 중요한 정보를 얻을 수 있어야 한다.

- **범위를 표시하자**: 기술 문서의 범위를 명시하면 독자가 다음 페이지를 읽을 때 어떤 내용이 있을지 예상할 수 있다. 이렇게 하면 독자가 원하는 정보가 포함된 문서를 쉽게 찾을 수 있고, 관심 없는 문서를 읽지 않게 되어 시간을 절약할 수 있다.

- **범위가 아닌 것을 명시하자**: 독자가 포함될 것으로 예상했지만 포함되지 않은 주제가 있는 경우 처음부터 알려주면 시간 낭비나 실망을 방지할 수 있다. 다루지 않은 주제가 다른 곳에서 제공되는 경우 참조할 수 있도록 링크를 제공한다.

- **대상 독자를 분명히 하자**: 독자는 이 정보를 사용하여 문서를 읽어야 하는지 여부를 결정할 수 있다. 이 항목이 없으면 일부 독자는 문서를 건너뛸 수 있고 다른 독자는 자신이 필요하지 않은 내용을 읽느라 시간을 낭비할 수 있다.

- **필요한 사전 지식 또는 읽어야 할 내용을 명시하자**: 문서의 범위를 벗어나는 내용 중 미리 알아야 하거나 이해해야 할 내용이 있으면 독자에게 알려주자. 가능하면 참고자료에 대한 링크를 제공하자.

요약

이 장에서 배운 기법은 이메일과 기타 커뮤니케이션, 문서, 다이어그램의 레이블과 기타 텍스트를 포함한 모든 글쓰기에 적용할 수 있다. 글쓰기를 개선하는 것은 생각보다 커뮤니케이션에 훨씬 더 많은 영향을 미친다.

의사소통의 다른 방법으로는 언어적(말하기)과 비언어적(보디 랭귀지, 표정 등)이 있는데, 글쓰기 능력과 상호보완 관계에 있다. 다음 장에서는 여러분과 타인 간의 상호 이해 과정에서 언어적 및 비언어적 의사소통을 개선하는 기술을 알아보자.

CHAPTER
08 | 언어적 및 비언어적 커뮤니케이션

대면이든 원격이든 기술 전문가의 역할에서 언어적 및 비언어적 커뮤니케이션은 큰 비중을 차지한다. 비언어적 커뮤니케이션에는 보디 랭귀지, 제스처, 표정뿐만 아니라 눈맞춤, 목소리 톤, 개인 공간personal space, 터치, 외모, 도구 및 소품 사용 등을 포함한다.

커뮤니케이션은 기본적으로 메시지를 **인코딩**encoding하여 전송하고 수신한 메시지를 **디코딩**decoding하는 작업이다. 소프트웨어 시스템과 마찬가지로, 인코딩된 메시지와 디코딩된 메시지가 동일해야 커뮤니케이션이 성공적으로 이루어진다. 8장의 패턴은 인코딩 및 디코딩 기술과 함께 커뮤니케이션의 목표인 설득 및 영향력의 기술을 향상시킬 수 있다.

메시지 인코딩하기

커뮤니케이션은 응답이 필요하지 않은 단방향일 수도 있고, 수신자가 어떤 식으로든 최초 메시지에 응답하는 양방향일 수도 있다. 두 경우 모두 수신자가 해독할 수 있도록 항상 메시지를 인코딩하거나 패키징해야 한다. 메시지가 의도한 대로 이해할 수 있도록 인코딩을 올바르게 하는 것이 관건이다.

수용 예언

커뮤니케이션을 시작하기 전에 수신자가 이해할 수 있도록 메시지를 어떻게 포장할지 생각해보자. **수용 예언**acceptance prophecy은 가장 먼저 실천할 수 있는 수 있는 패턴 중 하나다. 다른 사람들이 나를 좋아할 것이라고 생각하면 상대방에게 더 따뜻하게 행동하게 되고, 상대방도 나를 더 좋아하게 된다는 것이다. 그 반대의 경우도 마찬가지다. 상대방이 나를 좋아하지 않을 것이라고 생각하면 상대방에게 차갑게 행동하게 되고, 상대방도 나를 좋아하지 않을 가능성이 높아진다.

이는 일종의 **자기충족적 예언**self-fulfilling prophecy인데, 친구나 적이 서로에게 어떻게 행동하는지 생각해보면 이해하기가 더 쉽다. 어떤 사람들은 다른 사람들의 인정을 받는 것에 더 신경을 쓰고, 어떤 사람들은 자연스럽게 인정을 주는 편이다. 연구에 따르면 사람들은 진정으로 자신을 따뜻하게 대해주는 사람들에게 더 잘 반응하고,[1] 다른 사람들의 수용을 기대하는 사람들이 더 따뜻하게 행동한다는 사실이 밝혀졌다.[2]

자신의 신뢰도를 높이고 커뮤니케이션 목표를 달성할 가능성을 높일 수 있는 기술은 사회적 비관주의자가 아닌 **사회적 낙관주의자**social optimist가 되는 것이다. 여러분의 아키텍처 디자인에 대해 이해관계자에게 발표할 때는 상대가 내 친구이고 나의 디자인을 승인할 것이라고 스스로 확신하는 것부터 시작해야 한다(물론 그들이 가질 수 있는 질문이나 의문에 대비하는 것도 중요하다). 프리세일즈Pre-sales[3]에서 고객과 대화하는 경우에도 동일한 패턴을 따라 고객이 제품을 좋아하고 구매하고 싶어 할 것이라고 스스로 확신할 수 있다.

이는 자연스럽게 할 수 있는 것도 아니고 하룻밤 사이에 가능한 일도 아니지만, 계속 연습하다 보면 자기충족적 예언이 일상적으로 실현될 것이다.

---

1 Ambady et al. "Toward a Histology of Social Behavior: Judgmental Accuracy from Thin Slices of the Behavioral Stream," Advances in Experimental Social Psychology 32 (2000): 201-71, https://doi.org/10.1016/S0065-2601(00)80006-4

2 Danu Stinson et al., "Deconstructing the Reign of Error: Interpersonal Warmth Explains the Serl-Fulfilling prophecy of Anticipated Acceptance," Personality and Social Psychology Bulletin 35, no. 9 (July 2009), https://doi.org/10.1177/0146167209338629

3 옮긴이_ IT 업계에서 제품을 실제 판매하기 전에 고객의 요구를 파악하며 기술적 지원을 제공하는 과정

온전히 집중하기

대화하는 상대방과 친밀감을 형성하는 또 다른 방법은 온전히 집중하는 것이다. 이렇게 하면 상대방은 존중과 인정을 받는다고 느끼고(제안한 코드나 아키텍처 변경에 동의하거나 원하는 대로 디자인을 구현할 가능성이 높아진다), 역으로 여러분과 여러분이 말하는 내용에 온전히 집중할 가능성이 높아지는 등(여러분의 메시지를 이해할 가능성이 높아진다) 여러 가지 이점이 있다. 그리고 신뢰도를 높이고 상대방과 정서적 유대감을 형성할 수 있다. 또한 상대방의 보디 랭귀지 및 기타 신호와 직접 말하는 내용을 더 많이 파악할 수 있다는 점에서도 도움이 된다.

이 기법은 관리자 또는 직속 상사와 1:1 미팅할 때 미팅의 목표를 달성하는 데 특히 유용하다. 예컨대 필요한 지원을 제공하거나 받는 일일 수도 있고, 승진과 관련해서 관리자를 설득하는 일일 수도 있다.

- 눈 마주치기(상대방이 원하지 않는 경우 제외)

- 시선을 다른 곳으로 돌리지 않기

- 대화하는 동안 휴대폰이나 노트북 사용하지 않기

- 펜과 종이 또는 태블릿을 사용하여 메모하기

- 전자 기기에 메모를 해야 하는 경우 메모 중이라고 언급하여 집중하고 있음을 알리기

- 전자기기 알림 끄기

- 상대방이 말할 때 끼어들지 않기

- 필요한 경우 명확하게 질문하기

- 이해했는지 확인하기 위해 이해한 내용을 다시 반복해서 말하기

이 기법이 특히 유용한 다른 상황으로는 이해관계자나 고객의 요구 사항에 대해 이야기할 때, 잠재적 투자자와 이야기할 때, 고객을 상대로 프리세일즈 활동을 할 때 등이 있다.

보디 랭귀지와 제스처 사용

보디 랭귀지^{body language}는 상대가 우리를 볼 수 있는 상황에서 전달하는 내용의 상당 부분을 차지한다. 이 점을 염두에 두고 의도적인 보디 랭귀지를 사용하여 전달하고자 하는 메시지에 힘을 더할 수 있다. 보디 랭귀지에는 얼굴 표정뿐만 아니라 자세와 제스처도 포함된다.

제스처는 보디 랭귀지 중 가장 쉽게 제어하고 적절히 사용할 수 있는 부분이며, 대부분 손을 사용한다. 손 제스처는 자연스럽고 시각장애인이 다른 시각장애인과 대화할 때 사용한다. 제스처는 자신이 말한 내용을 기억하는 데 도움을 줄 뿐만 아니라 다른 사람들이 자신의 말을 듣도록 유도할 수 있다.

TIP 자신을 표현하기 위해 보디 랭귀지를 사용하는 것 외에도 다른 사람의 보디 랭귀지를 지속적으로 관찰하고 이에 맞춰야 한다. 예를 들어 상대가 불안한 반응을 보이면 상대방을 안심시키고 더 자세히 설명하는 것이다.

설명하는 제스처^{explanatory gesture}(예: 무언가가 크다는 내용을 전달할 때 손을 크게 벌리는 동작)는 상대방이 우리의 말을 더 잘 이해할 수 있도록 도와준다. 힘 있는 제스처(예: 손가락을 앞으로 찔러 강조하는 동작)는 화자의 지배력과 권위를 나타낸다. 모든 제스처를 신중하게 사용하여 목표 달성에 방해되는 것이 아니라, 도움이 되도록 하는 것이 중요하다.

- 제스처를 가슴 위쪽에서 엉덩이까지, 그리고 양쪽으로 몸 너비의 절반 정도 되는 직사각형 공간 안에서 유지하자(그림 8-1 참조). 이 범위를 벗어나는 제스처는 지나치거나 공격적이거나 통제 불능으로 보일 수 있다.
- 말하고자 하는 내용과 일치하는, 목적이 있는 제스처를 사용하자.
- 손 제스처가 지닌 다양한 문화적 의미에 주의하자.
- 제스처를 너무 뻣뻣하게, 빠르게, 자주 사용하지 않도록 하자.
- 원격으로 제스처를 사용할 때는 카메라의 프레임을 고려해야 한다.
- 화면에서 제스처가 과장되어 보일 수 있으므로 대면할 때보다 제스처를 더 작게 사용하자.

그림 8-1 가슴 윗부분부터 골반, 양쪽으로는 몸통의 절반 정도 너비로 이루어진 직사각형 영역에서 제스처를 유지하자

다음은 사용할 수 있는 몇 가지 제스처와 이러한 제스처를 사용할 수 있는 상황의 예시다([그림 8-2]에 처음 세 가지가 설명되어 있다).

- 주먹을 꽉 쥐면 강렬함을 나타낸다. 프로젝트의 성공이나 잘 진행되고 있는 일에 대한 기쁨을 전달할 때 이 제스처를 사용할 수 있다. 하지만 공격적으로 보일 수 있으므로 사용할 때 주의하자.

- 검지와 엄지를 사용하여 짧은 길이를 나타내는 것은 어떤 것이 작거나, 효과가 거의 없거나, '매우 가까웠다'는 것을 강조하는 좋은 방법이다. 작은 문제나 트레이드오프를 강조하거나 목표를 거의 달성할 뻔했거나, 큰 문제를 겪을 뻔했지만 겨우 면했을 때 사용한다.

- 항목을 나열할 때 손가락으로 숫자를 셀 수 있다. '우리는 세 가지 중요한 이점을 발견했습니다...'와 같이 말할 때 특히 좋다.

- 양손으로 몸의 한 쪽에서 다른 쪽으로 쓸어내리는 동작은 다시 백지부터 시작하기 위해 깨끗이 닦는다는 의미로 사용할 수 있다. 예를 들면 프로덕트를 클라우드로 이전할 때 재설계 필요성을 전달하면서 이 동작을 사용할 수 있다.

- 양손을 위로 올리는 동작은 양보나 사과의 표시로 사용할 수 있다. 이 제스처는 양보나 사과의 진정성을 보여주고 싶을 때 유용하며, 비꼬는 말을 할 때는 이 제스처와 눈을 크게 뜨는 동작을 함께 사용하면 좋다.

강렬함, 성공, 공격성   작거나 미미한 결과   숫자 세기

그림 8-2 손 제스처 예시

TIP 전화 통화나 음성만으로 진행하는 회의같이 다른 사람이 나를 볼 수 없는 상황에서도 제스처를 사용해야 한다. 몸의 움직임은 목소리 소리에 영향을 미치므로 제스처를 사용하면 더 자연스러운 소리를 낼 수 있어 의미를 더 잘 전달할 수 있다.

제시된 예시를 한 번에 1~2개씩 행동하는 것을 목표로 해보자. 연습을 많이 할수록 자연스러워진다.

메시지 디코딩하기

메시지를 받는 것만으로는 충분하지 않다. 메시지를 이해하려면 디코딩, 즉 해독해야 한다. 그러기 위해서는 감각과 두뇌를 사용해야 한다.

대니얼 카너먼^{Daniel Kahneman}은 『생각에 관한 생각』(김영사, 2018)에서 뇌에는 시스템 1과 시스템 2라는 두 가지 시스템이 있다고 설명한다.[4] 시스템 1은 의식적으로 아무것도 하지 않아도 경험과 본능에 따라 대부분의 사고를 수행하며, 이 시스템은 수신된 메시지를 처리하고 해독하여 그 결과를 시스템 2로 전달한다. 시스템 2는 이성적이고 논리적인 뇌의 일부이지만 시스템 1에서 내린 결정에 영향을 받는다.

실시간 의사소통을 하거나 메시지를 더 빨리 해독해서 응답해야 한다면, 시스템 2가 그렇게 많이 관여하지 않은 상태에서 시스템 1의 결정을 따른다. 실시간 의사소통이 아니라면 시스템 2의 개입 시간이 늘어나고, 보다 합리적인 대응이 가능해진다.

NOTE 시스템 1에 지나치게 의존하면 편견과 판단 오류가 발생할 수 있고, 시스템 2를 과도하게 사용하면 **분석 마비**^{analysis paralysis}(과잉 분석 또는 과잉 사고)가 발생할 수 있다. 두 시스템 모두 인간이 잘 기능하기 위해 필요하다.

....

4 두 시스템 모델은 더 복잡하고 섬세한 인간의 인지 시스템을 추상화한 것이다.

편견과 싸우기

인지 편향cognitive bias은 시스템 2를 사용하더라도 의사결정과 추론에 영향을 미칠 수 있지만, 시스템 1만 사용하는 경우 심각한 영향을 미칠 수 있다. 다양한 인지 편향은 무의식적인 사고의 오류이며, 코드의 초기 최적화가 나중에 오류를 유발하는 것과 마찬가지로 단순화 오류다. 이러한 편견은 다른 사람과의 상호작용, 판단, 심지어 자신의 안전에도 영향을 준다.

인지 편향으로부터 자유로울 수는 없지만, 편향을 인식함으로써 의사결정에 미치는 영향을 줄이는 첫걸음을 내딛을 수 있다. 새로운 사고 패턴을 사용하도록 스스로 훈련할 수 있다.

- 편견에 대해 생각해보고 스스로도 편견이 있다는 것을 인지하자. 다양한 유형의 인지 편향과 그것이 사람들에게 어떤 영향을 미치는지 조사하자.[5]

- 의사결정 속도를 늦추자. 예를 들어 중요한 결정은 **아키텍처 결정 레코드**architecture decision record(ADR)[6]를 사용하여, 템플릿을 통해 성급하게 결정하지 않고 신중하게 생각할 수 있도록 한다.

- 편견이 영향을 미칠 수 있는 시점을 고려하고, 잠시 멈춰서 어떤 영향을 받고 있는지 생각해보라는 지시를 추가하자(예: 지원자를 면접할 때 작성하는 ADR 템플릿 또는 양식에).

- 팟캐스트를 들으면서 이메일을 읽지 않는 등 결정을 내리거나 메시지를 해독할 때 방해 요소를 최소화하자.

- 다른 사람의 피드백과 조언을 구하여 다른 관점을 고려하자(단, 다른 사람들도 인지 편향을 가지고 있으며 이러한 편견은 자신과 동일할 수 있다는 점을 기억해야 한다!).

> **CAUTION** 다른 사람의 피드백이나 조언을 고려할 때는 그들도 인지 편향을 가지고 있다는 점을 기억하자. 다른 사람의 의견이 우리와 같다면 둘 다 확증 편향의 희생양이 될 수 있다!

다양한 인지 편향에 대해 자세히 알아보는 것도 좋지만, 가장 일반적인 인지 편향 세 가지에 대해 간략히 살펴보겠다.

---

5 인지 편향에 관한 몇 가지 추천 도서: 『생각에 관한 생각』(김영사, 2018), 『스마트한 생각들』(걷는나무, 2012), 『넛지』(리더스북, 2022).

6 더 자세한 내용은 12장을 참고하길 바란다.

확증 편향

확증 편향confirmation bias은 새로운 정보를 기존의 신념과 의견에 대한 확증으로 해석하는 편향이다. 우리의 뇌는 자신의 신념을 뒷받침하는 정보를 처리하여 사실로 분류할 가능성이 높다. 많은 검색 및 소셜 미디어 알고리즘이 사용자가 보고 싶은 것만 정확하게 보여주도록 개발되어 **검색 버블**search bubble[7]이나 **에코 체임버**Echo chamber[8]가 형성된다. 사용자가 이미 믿고 있는 것과 반대되는 정보는 거의 볼 수 없기 때문에 온라인에서는 매우 주의해야 한다. 잘못된 정보가 사방에서 울려 퍼지는 상황에서 사람들이 어떻게 속는지 쉽게 알 수 있다.

> **TIP** 새로운 기술을 조사하거나 ADR을 작성하거나 콘퍼런스에 참석할 때는 확증 편향에 유의해야 한다. 콘퍼런스가 에코 체임버가 될 수 있다는 사실을 인식하는 것만으로도 받아들이는 정보에 대한 분별력을 키울 수 있다. 동의하지 않는 내용을 찾아서 메모해두자. 그것이 여러분에게 새로운 방향이 될 수도 있다.

사후 확신 편향

사후 확신 편향hindsight bias은 일어난 일에 대해 원래 모두 알고 있었다는듯이 말하거나 생각하는 경향을 의미한다. 이러한 편향은 다음과 같이 다양한 강도로 나타난다.

- '업그레이드가 상황을 악화시킬 줄 알았다'(예측 가능성)
- '그 업그레이드는 상황을 더 악화시킬 수밖에 없었다'(불가피성)
- '그 업그레이드를 적용하면 상황이 더 나빠질 거라고 했어'(기억 왜곡 – 잘못된 기억)

일이 심각하게 잘못되거나 믿을 수 없을 정도로 잘 풀릴 때, 또는 고객이 무언가에 대해 마음을 바꿀 때 이러한 편견에 빠지기 쉽다.

집단사고

집단사고Groupthink는 조화와 순응에 대한 욕구로 인해 결함이 있거나 비합리적인 의사결정 결

---

7 옮긴이_ 인터넷 검색과 소셜 미디어 의존해 정보 편식을 하는 사람들이 자신만의 울타리에 점점 갇히는 현상
8 옮긴이_ 자신과 유사한 입장의 정보만 수용하면서 기존의 신념이 계속 강화되는 현상

과를 초래하는 집단 내에서 발생한다. 집단 구성원들은 합의에 도달하기 위해 반대 견해를 표현하지 않거나, 대안을 비판적으로 분석하지 않고 외부의 관점을 무시할 수 있다. 집단사고는 창의성과 혁신을 저해할 수 있으며 잘못된 의사결정으로 이어지기도 한다.

> **NOTE** 대규모 언어 모델large language model(LLM)의 학습은 편향의 영향을 매우 쉽게 받는다. 이러한 모델은 학습된 것만 알기 때문에 학습 데이터에 편향이 있으면 모델의 출력에 편향이 생길 수 있다.

사례   **의견 불일치를 포용하는 지노**

폴리글롯 미디어에서 ADR을 작성할 때 **지노**Gino(가상 인물)는 항상 **논의**라는 헤딩을 추가하고 ADR의 나머지 콘텐츠에 대해 다양한 사람들의 의견을 구한다.

그는 편견을 최소화하기 위해 다양한 사람들을 선정하지만, 결정 유형에 따라 누구를 선정하는지가 달라진다. 다양성에는 소프트웨어 아키텍트, 프로덕트 오너, 개발자 등의 직업뿐만 아니라 나이, 성별, 경력, 조직 내 재직 기간과 같은 차이도 포함된다.

지노는 이러한 요소들이 어떻게 기술에 대한 새로운 관점을 만들어내는지, 어떤 결정이 하위 팀에 어떤 영향을 미치는지 여러 번 목격했다. 그에게 있어서 최악의 상황은 모두가 자신의 의견에 동의하는 것이라고 말한다.

현재에 집중하기

메시지를 잘 해독하기 위해서는 그 순간에 집중하고 자신의 견해와 편견을 버려야 한다(예를 들면 특정 아키텍처 스타일에 대한 불호 또는 앞서 언급한 자신의 인지 편향을 인식하고 있는 것). 이는 연습이 필요한 기술이지만 다른 사람을 이해해야 할 때 매우 유용하다.

현재에 집중한다는 것은 다음을 뜻한다.

- 상대방이 무슨 말을 할지 다 안다고 가정하지 말자. 그러면 상대방이 실제로 하는 말을 놓칠 수 있고 속단에 빠질 수도 있다.
- 상대방의 의도에 대한 생각이나 판단은 잠시 접어두자. 이렇게 하면 확증 편향을 피할 수 있다.

- 고개를 끄덕이거나 미소를 짓거나 고개를 한쪽으로 돌리는 등의 보디 랭귀지나 '음'과 같은 소리를 사용하여 주의 깊게 듣고 있다는 점을 강조하자.

- 자신의 관점과 자아를 내려놓고 상대방과 상대방의 메시지에 더 집중하자.

- 상대방의 말에 끼어들거나 이의를 제기하지 말고, 상대방이 말을 마친 후에 질문하여 이해하지 못하거나 놓친 부분을 정리하자. 질문을 던지고 상대방의 생각을 충분히 탐색함으로써 상대방도 우리의 주장을 뒷받침하는 사고 과정을 겪게 할 수 있다.

- 상대방의 보디 랭귀지에 주의를 기울여 메시지를 더 명확하게 이해하고, 상대방의 말과 일치하지 않는 부분을 찾아 사실과 다르거나 진실이 아닐 수 있는 부분을 파악하자. 이는 상대방이 교묘하게 속이거나 무언가를 말하는 것을 두려워하는 경우일 수 있다.

- 상대방의 말이 끝나고 명확한 질문을 한 후에는 상대방이 한 말을 요약하여 제대로 이해했는지 확인하자.

- 마지막으로, 받은 메시지에 따라 다음 단계를 결정한다.

> **NOTE** 이러한 기법 중 다수는 단순히 듣는 것을 넘어 **능동적 경청**active listening에 속한다. 적극적인 참여자가 되어 화자가 말하는 내용의 의미를 이해하려고 노력하는 것이 능동적 경청이다. 능동적 경청을 사용하면 자신뿐 아니라 모든 참가자의 이해력을 향상시킬 수 있다.

문화 차이 인식하기

언어적 및 비언어적 의사소통을 올바르게 해독(이해)하는 데 방해가 되는 요소 중 하나는 **문화 차이**cultural difference다. 모든 사람이 나와 같지 않으며, 같은 국적이어도 문화적 배경이 매우 다를 수 있다는 사실을 인지하기 어렵다. 나이, 성별, 성 정체성, 섹슈얼리티, 인종 등이 우리를 서로 다르게 만드는 요인들이다.

이러한 배경과 요소들은 사람들이 메시지를 전달하고 해석하는 방식, 즉 의사소통 방식에 영향을 미친다. 단어나 제스처를 해석하는 방법의 차이는 커뮤니케이션의 성공 여부에 큰 차이를 만들 수 있다.

인력이 점점 더 분산되고 다양해짐에 따라 자신과 다른 배경을 가진 사람들과 소통하는 경우가 많아지고 있다. 이 경우 중요한 차이점과 의도치 않게 불쾌감을 줄 수 있는 사항을 알아보는 것이 좋다. 이는 조사를 통해서도 할 수 있지만, 대화 상대에게 질문하면 더 빨리 알 수 있는 경우가 많다.

일부 문화권에서는 공공장소에서 대립하거나 의견 차이를 표현하는 것은 무례하거나 공격적인 행동이지만, 다른 문화권에서는 지극히 정상적인 행동이다. 또 다른 예시로는 모든 단계에서 상사를 지지하고 절대 반박하지 않는 문화가 있는 반면, 자신의 의견을 말하는 것을 장려하는 수평적 위계질서가 있는 문화도 있다.

이런 사례를 보면 마치 다양성이 팀과 팀의 성과에 부정적인 영향을 미친다고 생각할 수 있다. 하버드 비즈니스 리뷰Harvard Business Review[9]의 연구 및 분석에 따르면 '맥락적 다양성이 업무 성과에 긍정적인 영향을 미칠 수 있다.' (예를 들어 '팀원들이 서로 다른 제도, 경제, 정치 시스템을 가진 국가 출신인 경우'). 그들은 '맥락적 다양성은 더 많은 견해와 관점을 허용하여 창의성, 의사결정, 문제 해결에 도움이 된다.'

반면, 같은 연구에서 '개인적 다양성이 팀 분위기에 부정적인 영향을 미칠 수 있다'는 결과가 나왔다(예: '팀원들이 다른 문화권에서 왔거나, 연령대가 다르거나, 팀의 업무 언어에 유창하지 않거나, 개인적 수준에서 다른 점이 있는 경우'). 이는 성공적인 커뮤니케이션을 위해서는 문화 및 기타 개인적 다양성을 고려해야 하지만, 경험의 다양성은 전반적으로 긍정적이라는 것을 보여준다.

해외 팀, 다른 국가의 동료, 자신과 다른 동료와 관계를 맺어 서로를 이해하는 환경을 조성하는 것을 목표로 하자. 문화적 차이는 팀 성공에 영향을 줄 수 있다. 서로의 문화에 대해 배움으로써 이런 문제를 완화할 수 있다.

다양성은 창의성을 향상시키고 회사의 수익에도 긍정적인 영향을 주는 것으로 나타났다. 따라서 우리와 다른 배경을 가진 다른 사람들과 오해의 소지를 피하는 것은 장기적으로 회사에 도움이 될 것이다. 회사를 다양성이 존중받을 수 있는 곳으로 만들면 장기적으로 도움이 된다.

----

9 Vasyl Taras et al. "Research: How Cultural Differences Can Impact Global Teams," Harvard Business Review, June 9, 2021. https://oreil.ly/5y22b.

영향력과 설득

영향력influence과 **설득**persuasion의 기술은 영업이나 마케팅에만 유용한 것이 아니다. 이해관계자, 고객 및 동료와 소통할 때 영향을 미치거나 무언가를 설득하는 것을 목표로 한다. 무언가를 변경해야 한다고 생각하거나, 디자인이 그들의 요구 사항을 충족하거나, 그들의 요구 사항을 변경해야 한다고 생각할 수도 있다. 지지를 얻고, 아이디어를 구현하고, 목표를 달성하려면 다른 사람을 설득하고 영향을 주어야 한다. 역으로 상대방이 여러분을 설득하고 영향을 미치려는 경우도 있을 것이다.

설득의 기술에는 여러 가지가 있지만, 한 가지 중요한 사실은 여기서 설명하는 요소들을 적용할 때는 가치를 입증하고, 사람들의 요구와 피드백을 경청하고, 유용한 아이디어와 타협안을 제시하는 것이 토대가 되어야 한다. 여러분의 아이디어와 솔루션에 사람들이 동의할 수 있도록 그들의 목표와 일치해야 한다. 프로젝트, 프로그램 등의 목표를 다른 사람들의 목표에 일치시키면 특별한 설득 전략 없이도 사람들이 동의하도록 유도할 수 있다.

TIP 청중들과 실제 마주하는 상황 이전에 충분한 사전 조사를 통해 생각을 정리해두는 것이 좋다.

사람들은 일반적으로 상대가 자신의 문제와 요구를 이해하지 못했다고 생각하면 상대의 제안에 거부감을 보인다. 그들의 문제나 요구를 이해했다면 이해했다는 것을 표현해야 한다. 여러분의 요청(여러분의 소프트웨어를 구매하거나 기술적 부채를 줄이기 위해 리소스에 투자하는 등)을 통해 그들이 무엇을 얻을 수 있는지 보여줘야 한다.

설득은 한번 하고 끝나는 것이 아니라 과정이라는 점을 기억하자. 경청하고 해결책이나 아이디어를 도출하고, 청중과 목표 및 추구 가치를 공유함을 보여주는 것은 대화, 미팅, 프레젠테이션을 통해 이루어지는 것이다. 영향력과 설득 기법을 활용하여 청중의 승인이나 동의를 얻을 가능성을 높이자.

가장 중요한 메시지를 헤드라인 문장의 형태로 먼저 제시하는 것은 좋은 기법이다. 신문 헤드라인과 비슷한 길이로 작성하면 된다. 이 문장을 대화나 미팅을 시작할 때 사용하거나, 강연이나 프레젠테이션에서 제목 슬라이드 바로 뒤에 사용하면 좋다. 이메일의 제목이나 안건의 최상단에 적을 수도 있다.

TIP '우리 소프트웨어는 매년 수천 명의 생명을 구합니다'나 '이번 릴리즈로 트랜잭션 처리량이 150% 증가했습니다'와 같이 놀라운 통계나 사실을 포함하여 임팩트를 더 높일 수도 있다.

또 다른 기법은 강력한 단어와 문장을 사용하는 것이다. 여러분의 믿음을 설득하기 위해 명시적인 약속을 하고 확고한 신념과 확신을 보여줘야 한다.

- 강력한 문장은 '우리의 계획은…' 및 '우리는…'과 같은 문구로 시작하며 **영향력**, **최적화** 등의 단어를 포함한다.
- '노력하다', '아마도', '…했으면 좋겠다' 등의 표현은 지양하자.
- 간결한 문장을 사용하고 '음', '어'와 같이 생각할 때 내는 소리는 내지 말고 의도적으로 잠시 멈추자.

이해관계자에게 디자인을 설명할 때는 '내년 2분기까지 결과를 볼 수 있기를 바랍니다'가 아니라 '내년 2분기까지 결과를 확인할 계획입니다'라고 하자.

청중의 신뢰를 얻기 위해 신뢰도를 높이자. 이를 위한 한 가지 도구는 **신뢰성 진술**credibility statement or credibility position이다. 링크드인LinkedIn이나 마스토돈Mastodon과 같은 사이트에서 사람들의 프로필에서 이러한 형식의 글을 볼 수 있다. 네트워킹이나 외부 미팅, 프레젠테이션[10]에서는 구두로 이루어질 수도 있다.

이름과 직책을 언급한 다음 전문 분야를 강조한다. **전문가**, **경험이 풍부한**, **국제 공인** 등의 강력한 표현을 사용하자(신뢰성 진술의 시작 예는 [예시 8-1] 참조). 네트워킹이나 회의 중일 때는 10초 정도, 이벤트나 콘퍼런스에서 자신을 소개할 때는 최대 60초 정도를 목표로 한다.

예시 8-1 신뢰성 진술 도입부

제 이름은 재퀴 리드Jacqui Read이고, 국제 공인 소프트웨어 아키텍트 컨설턴트이자 오라일리 저자이

---

10 신뢰성 진술은 내부 미팅이나 프레젠테이션에서는 과하지만, 여러분을 잘 모르는 (임원급 등) 시니어들과 함께 하는 중요한 미팅에서는 짧은 버전이 유용할 수 있다.

기도 합니다. 다양한 도메인에서 15년이 넘는 소프트웨어 아키텍처와 개발 경력이 있습니다.

설득을 위한 커뮤니케이션을 할 때는 청중이 반발할 수 있는 몇 가지 질문을 파악하고 어떻게 대응할지 미리 계획을 세우는 것이 좋다. 예상하지 못한 질문을 받을 수 있으므로 대비책을 세우는 것이 중요하다. 생각할 시간을 갖기 위해 할 수 있는 몇 가지 방법이 있다.

- 잠시 멈추고 숨을 고르며 모든 사람이 질문을 처리할 시간을 갖도록 하자.
- 질문을 해준 것에 대해 감사를 표한다. '감사합니다, 중요한 질문인데…', '그 주제를 꺼내 주셔서 다행입니다…' 등 몇 가지 표현 방법을 연습해보자. (질문이 많을 경우 무리하지 말자.)
- 질문을 다시 반복하여 본인과 다른 청중이 모두 들었는지 확인한다.
- 필요한 경우 '어떤 복구 시간 목표를 달성하려고 하셨나요?'와 같이 질문을 이해하기 위한 재질문을 하여 답변을 개선할 수 있다.

그런 다음 간결한 답변을 하고, 짜증이나 방어적인 태도를 보이지 않도록 주의한다. 답을 모르는 경우에는 나중에 알아보고 다시 연락하겠다고 말하자. 이 약속을 반드시 지키는 것도 잊지 않아야 한다.

다음은 동료, 이해관계자 및 고객에게 영향을 미치고 설득하기 위한 몇 가지 추가 기술이다.

호혜성

사람들은 이타적인 행동으로 보답 받기를 기대한다. 이를 내적인 동기로 느끼기도 하지만, 외부적으로도 보답한다는 것을 타인에게 보여야 할 필요성을 느끼기도 한다. 다른 사람을 돕거나 무언가를 제공함으로써 이러한 동기를 활용할 수 있다. 소프트웨어 프로덕트에 대한 무료 평가판을 제공하여 고객이 대가로 무언가를 제공해야 한다고 느끼도록 하거나(구독 또는 결제), 동료나 관리자의 프레젠테이션 검토를 도와줄 수도 있다.

의도적 침묵

많은 사람이 침묵을 불편하게 느끼며 그 침묵을 깨려고 한다. 잠시 멈추어 보라. 그 침묵이 여러분에게 유용한 정보나 자신이 말한 내용에 대한 동의로 채워지는 것을 발견할 수 있을 것이다. 또한 침묵은 청중에게 말한 내용을 소화할 시간을 주며 요점을 강조하는 데에도 사용할 수 있다.

선택지 제공하기

'예/아니오(전부 또는 전무)' 대신, 어떤 옵션을 선택하든 상관없도록 전부 이득이 되는 선택지를 제공하자. 많은 소프트웨어 라이선싱 모델은 여러 티어를 통해 고객에게 옵션을 제공한다. 설계에 대한 이해관계자의 동의를 얻을 때 한 가지가 아닌 두 가지 선택지를 제공할 수 있다. 이렇게 하면 대상자로 하여금 통제감을 느끼게 할 수 있지만, 옵션이 과도할 경우 선택에 대한 만족도가 떨어지므로 적당히 제공해야 한다.

반복

사람들은 무언가를 더 많이 듣거나 생각할수록 그것을 사실이라고 더 많이 믿게 된다. 이는 확증 편향과 관련이 있다. 예를 들어 자신의 능력(신뢰도를 높이기 위해) 또는 소프트웨어의 장점(고객을 설득하기 위해)에 대해 다른 사람들이 믿기를 바라는 내용을 계속 반복하자. 자신의 입장을 부드럽게 소개한 후 다시 반복해서 소개함으로써 반복적으로 입장을 구축할 수 있다.

인지 재구성

인지 재구성cognitive reframing은 치료사들도 사용하는 기법으로, 사고방식을 전환하여 다른 관점에서 무언가를 바라보는 기법이다. 사고와 행동도 바꾸는 것이 목표다. 인지 재구성을 사용하여 불쾌하거나 불만족스러울 수 있는 사건이나 상황을 다른 사람들이 다르게 생각하도록 유도하여 발전을 도모하거나 새로운 아이디어를 창출할 수 있다. 예를 들어, '서버리스가 우리의 요구 사항을 충족하지 못한다는 사실을 알게 되었습니다. 이 결론에 도달하는 데 오랜 시간이 걸렸지만, 우리의 요구 사항을 충족하는 것을 찾는데 어떤 것이 도움이 될 수 있을까요?'와 같은 질문이 있다. 상황을 요약하고 상대가 다음 단계가 무엇인지 생각해보도록 유도하자.

재정의

인지 재구성과 유사하지만 대화 상대가 우려하는 것으로부터 여러분이 원하는 방향으로 유도한다. 이해관계자가 '그 옵션은 우리 예산의 막대한 부분을 차지할 것입니다'라고 한다면 이에 대해 '예, 이 옵션은 비용이 많이 들지만 이 상황에서는 그것이 우선 순위가 아닙니다. 다른 옵션으로는 보안 및 규정 준수 요구 사항을 완전히 충족할 수 없으므로, 고객 데이터를 보호하지 못해 공격에 노출될 수 있고 법적 처벌을 받을 수도 있습니다'라고 반박할 수 있다.

> **NOTE** 때때로 영향력을 행사하고 설득하려는 노력이 효과가 없을 수 있는데, 여기에는 여러분이 통제할 수 없는 이유가 있을 수 있다. 입찰에서 여러분의 노력에도 불구하고 배점 방식에 따라 최고 점수를 받지 못하거나, 의사결정권자가 여러분이 원하는 것과 상충되는 연말 목표를 설정했을 수 있다. 또는 올바른 제안이지만 시기가 잘못되었을 수도 있다.

이 장에서 다룬 다양한 기법을 함께 적용한다면 존경받는 커뮤니케이터로서 조직 내외부로 큰 영향력을 가질 수 있다. 다음 장에서는 아리스토텔레스의 수사학 삼각형을 통해 제시된 서면, 언어적 및 비언어적 커뮤니케이션에 모두 적용되는 추가 기술을 통해 이러한 기술을 향상시킬 것이다.

요약

관리 책임이 없는 실무자라도 언어적, 비언어적 커뮤니케이션은 모두 중요하다. 이 장에서 다룬 기법들을 통해 커뮤니케이션 스킬을 향상시킴으로써 채용, 승진, 정리 해고 등에 있어 두각을 나타낼 수 있을 것이다. 여러분은 7장과 8장을 통해 강력한 서면, 언어적, 비언어적 커뮤니케이션 도구를 손에 쥐게 되었다. 9장에서는 여러분 커뮤니케이션 전반에 적용할 수 있는 추가적인 기법을 소개한다.

CHAPTER 09

수사학 3요소

아리스토텔레스의 수사학 3요소인 **에토스**^{Ethos}(인품·인격), **파토스**^{Pathos}(감성), **로고스** ^{Logos}(이성)에 대해 들어봤을 것이다. 이 세 개념은 설득의 기술에 대한 아리스토텔레스의 가르침의 핵심이었으며 고대 그리스부터 효과적인 커뮤니케이션을 위한 기본 도구로 간주해왔다. 그렇다면 이것이 아키텍트나 개발자와는 어떤 관련이 있을까?

수사학 삼각형^{rhetoric triangle}(그림 9-1)은 설득의 세 가지 핵심 요소인 에토스, 파토스, 로고스를 이해하기 위한 기초다. **에토스**는 화자의 신뢰성와 신빙성, **파토스**는 청중을 몰입시키기 위한 감정적 호소, **로고스**는 논리적이고 이성적인 논거를 의미한다. 이 세 가지 요소 간의 균형과 상호작용을 마스터하면 청중을 효과적으로 설득하고 원하는 결과를 얻을 수 있다. 수사학 3요소에 대한 연구는 고대 그리스 학생들에게 필수였으며, 거의 2,500년이 지난 지금도 설득력 있는 커뮤니케이션 능력을 향상시키고자 하는 모든 사람이 유용하게 사용하고 있다.

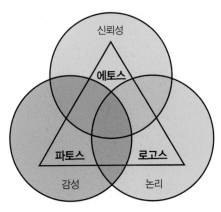

그림 9-1 아리스토텔레스의 수사학 3요소

에토스

에토스Ethos는 화자 또는 저자의 신뢰성, 신빙성을 의미한다. 서면 및 언어적 커뮤니케이션에서 에토스는 청중이 화자라는 인물과 그의 메시지를 인식하는 방식에 영향을 미친다.

전문성 입증하기

말하기와 글쓰기에서 에토스를 사용하는 한 가지 방법은 청중에게 신뢰성을 전달하는 것이다. 여기에 다양한 방법이 있는데, 관련 자격증, 경험, 수상 경력, 출판물 등을 보여주는 것이 있다.

일반적으로 회사 내에서 커뮤니케이션할 때는 굳이 별도의 진술(8.3절에서 설명한 대로)을 통해 신뢰성을 전달할 필요는 없다. 여러분의 직책 자체로 상대가 알아야 할 대부분의 내용이 전달되기 때문이다. 내부적으로 신뢰를 구축하는 방법으로는 사소한 행동이나 말, 예를 들어 여러분이 참여한 프로젝트의 결과 혹은 콘퍼런스에서 읽어본 기술에 대해 이야기하는 것 등이 있다.

자랑하거나 유명 인사 이름을 떠벌리는 것처럼 보이지 않도록 선을 지키는 것이 중요하다. 어떤 프로덕트를 담당했다거나 특정 회사에서 일했다는 직접적인 표현보다는 일의 진행 방식이나 결과에 대해 이야기하는 간접적인 표현이 여러분에 대해 더 좋은 인상을 줄 수 있다.

사례　　**폴리글롯 미디어에서 전문성 입증하기**

니키[Nikki](가상 인물)가 소프트웨어 아키텍트로 폴리글롯 미디어에 처음 입사했을 때 아무도 니키에 대해 알지 못했다. 면접을 봤던 직속 상사만이 니키의 경력을 알고 있었다.

회의와 대화에서 정보를 습득하면서 니키는 소소한 의견을 추가하기 시작했다. 팀 회의에서 한 동료가 일부 데이터 스토어 확장에 문제가 있다고 언급하자, 니키는 이전 직장에서 비슷한 문제를 해결하기 위해 사용한 방법을 언급하며 적극적으로 이야기했다. 사내망에서 니키는 대화 주제와 관련있는 몇 가지 읽을 거리를 추천하기도 했다.

니키는 이러한 작은 정보를 계속 제공함으로써 공식적으로 표현하지 않고도 동료들에게 자신의 경험과 지식 수준을 전달할 수 있었다.

발표할 때 약력을 통해 전문성을 입증할 수 있으며, 직접 소개하거나 남이 대신 소개할 수 있다. 공식 강연이나 콘퍼런스에서 발표하는 경우, 해당 약력은 웹사이트나 참고 문서에도 포함될 것이다. 남이 대신 소개해주는 경우, 발표 시 해당 내용을 간단하게 반복할 수 있다.

공개 여부를 떠나서 소셜 미디어에 사용할 수 있는 짧은 약력은 작성해두는 것이 좋다.[1] 자신에 대한 헤드라인과 한 단락 분량의 정보, 수직선(|)으로 구분한 경력 등의 형태가 될 수 있다. 인터넷 검색을 통해서도 소셜 미디어 소개글을 작성하는 방법에 대한 많은 조언을 찾을 수 있다.

전문성은 단순 학력만을 의미하는 것이 아니다. 기술 분야에서는 모두가 평생 학습자이다. 전문성을 입증하기 위해 제시할 수 있는 경력 사항은 다음과 같다.

- 전문 자격

1　개인용 SNS 계정은 프로페셔널 계정과 분리시키는 것이 좋다. 예를 들어 링크드인에는 프로페셔널한 소개문을 사용하고, 마스토돈에는 완전히 다른 소개를 추가할 수 있다.

- 작성한 블로그 게시물

- 사용자 그룹, 밋업 또는 콘퍼런스에서 연설한 내용

- 참여한 멘토링 제도(멘토 또는 멘티)

- 운영하거나 조직을 도운 그룹 또는 이벤트

- 기여한 오픈 소스 프로젝트

- 참여한 자원 봉사

- 다른 사람의 추천 및 피드백

- 장학, 대회 수상 내역

- 출간물

TIP 1:1 또는 소규모 그룹으로 네트워킹하는 경우, 간단한 자기소개를 미리 준비하고 리허설을 해두면 좋다. 자기소개를 작성할 때 다른 사람들이 나를 어떻게 인식하길 바라는지 고민하는 것이 도움이 될 수 있다.

글의 내용에 따라 말하기뿐 아니라 글쓰기에서도 독자에게 신뢰성을 전달할 수 있다. 블로그 게시물이나 기사에는 일반적으로 저자의 짧은 약력이 있다. 일반적으로 책의 서문이나 뒤표지에 저자의 약력이나 소개가 있어 서점에서 책을 훑어볼 때 저자의 정보를 확인할 수 있다. 온라인에서 책을 검색할 때도 책에 대한 다른 정보와 함께 짧은 소개를 볼 수 있다.

신뢰할 수 있는 출처 사용

신뢰를 구축하는 또 다른 방법은 정보에 신뢰할 수 있는 출처를 사용하고 인용하는 것이다. 이 경우 원하는 사람은 더 많은 정보를 쉽게 찾을 수 있다는 이점도 있다(또한 더 많은 가치를 제공하여 더 긍정적인 인상을 줄 수 있다).

CAUTION 출처를 인용할 때 '내가 당신이 귀찮지 않게 이 출처를 읽고 해석했다'는 식의 태도는 자칫 거만해 보일 수 있다. 이를 방지하려면 개인적인 경험이나 일화, 그리고 이것이 현재 상황에 어떻게 적용되는지 설명한 다음 '인용문/통계/참조'로 뒷받침한다. 또한 독자가 더 읽어보도록 유도하고 출처의 제목을 **참고 자료**가 아닌 **더 읽을 거리**로 지정할 수도 있다. 반대 의견과 협업에 열려 있음을 보여주는 것이다.

신뢰할 수 있는 출처로는 학술지, 해당 분야의 평판이 좋은 전문가, 정부 기관 등으로, 몇 가지 예시를 들면 다음과 같다.

- 존경받는 저자가 집필하고 평판이 좋은 출판사에서 출간한 책(종이책 또는 전자책)

- 공신력 있는 언론사나 뉴스 웹사이트에서 제공하는 뉴스 기사

- 무역 협회 또는 전문 학회와 같은 전문 조직

- ProQuest[2] 또는 JSTOR[3]와 같은 온라인 데이터베이스(학술 및 학술 논문, 역사 문서 및 데이터)

- 백서 또는 연례 보고서와 같은 정부 보고서 및 간행물(예: 영국 통계청)

- 콘퍼런스 또는 학술 행사에서 발표된 논문 또는 프레젠테이션 슬라이드

- 평판이 좋은 사람이 작성한 블로그 또는 기사

- 본인 또는 지인이 직접 경험한 실제 사례

TIP 다양한 출처를 사용하여 메시지를 뒷받침하는 것도 신뢰성을 높이는 또 다른 방법이다. 여러분의 주장을 뒷받침하는 출처 자료가 두 개 이상 있다면 독자는 더 큰 신뢰를 갖게 될 것이다.

프레젠테이션할 때 출처를 인용하려면 적절한 장표에 각주를 추가하고 발표 시 출처를 직접 언급하면 된다. 청중이 여러분이 발표하는 동안에 신뢰성을 느끼는 것이 장표를 읽은 이후보다 낫기 때문에(만약 청중이 자료를 읽기라도 한다면 말이다), 부록에 출처를 추가하는 것보다 좋은 방법이다.

글에서 인용은 각주를 통해 할 수도 있고, 발표할 때와 마찬가지로 본문 자체(본문 또는 괄호 안 등)에 언급할 수도 있다. 글을 온라인에 게시하는 경우 인용문으로 직접 링크를 거는 것이 좋다.

----

2 *https://www.proquest.com*
3 *https://www.jstor.org*

TIP 온라인 출처는 바뀔 수 있지만 한번 출간된 책이나 과학 논문은 변하지 않는다. 인용문이 바뀌거나 사라지는 것을 방지하려면 웨이백 머신Wayback Machine[4]과 같은 툴을 사용하면 된다. 인용하는 웹사이트의 구 버전을 저장하려면(크롤러가 허용하는 한) *archive.org/web*을 방문하여 '**Save Page Now**' 아래에 주소를 입력하면 된다. 아카이브에 보존된 웹 페이지 주소로 링크를 업데이트할 수 있다. Archive.is[5]도 비슷한 서비스다.

일화나 실제 사례는 아이디어, 디자인 또는 경고를 효과적으로 전달할 수 있는 방법이다. 사람들은 내러티브와 스토리를 팩트나 글머리 기호보다 훨씬 더 잘 받아들인다.[6]

투명성 유지

여러분의 동기, 편견 및 이해 충돌에 대해 투명하게 밝히는 것이 청중과의 신뢰를 구축하는 데 도움이 된다. 이득을 얻을 수 있는 경우에만 이해관계를 밝히면 된다고 생각할 수 있지만, 입장을 투명하게 밝히면 청중의 이해도는 높아진다. 예를 들어, 나 또는 나와 가까운 사람이 내가 말하는 내용으로 인해 어떤 영향을 받았는지 공개함으로써 메시지의 신뢰성을 높일 수 있다.

투명성은 조직 외부 사람들과 소통할 때 더 유의미하지만, 내부적으로도 중요하다. 예를 들어 현재 조달 프로세스에서 추천하거나 후보지로 선정한 회사가 과거에 근무했던 곳인 경우 명확히 밝혀야 한다.

말하거나 글을 쓸 때는 메시지나 주장에 대한 동기를 청중 또는 독자에게 전달해야 한다. 전달하는 내용의 배경을 알게 되면 그 정보를 바탕으로 화자와 메시지를 신뢰할 수 있기 때문이다.

인용은 투명성을 높이기 위해 사용할 수 있다. 견해를 뒷받침하는 정보뿐 아니라, 메시지나 주장에 반대되는 정보를 인용할 수도 있다. 이를 통해 청중을 주체적으로 판단이 가능한 지

---

4 *http://web.archive.org*

5 *https://archive.is*

6 내러티브에 대한 자세한 내용은 4장을 참고하라.

성적인 존재로서 간주한다는 점을 전달할 수 있다. 청중 스스로 의견을 가질 수 있도록 하고, 청중이 반대 의견을 내더라도 자신의 입장에 동의할 것이라는 자신감을 심어줄 수 있다.

말하기든 쓰기든, 도입부에서 동기를 전달하는 것은 청중이나 독자의 관심을 끌기 위한 좋은 방법이다. 하지만 경우에 따라 후반부로 미루는 것이 더 깊은 인상을 주거나 몰입을 유도할 수도 있다. 내러티브 속 주인공이나 악당이 여러분 또는 지인이라는 사실을 밝힌다고 상상해 보자. 그러면 동기가 더 강력하게 드러날 것이다.

공정성이나 이해 충돌의 가능성을 청중에게 알리는 것은 매우 중요하다. 여러분이 특정 입장을 주장하는 데 금전적 또는 기타 유인이 있다는 사실을 나중에라도 알게 되면 청중이나 독자는 여러분에 대한 신뢰를 잃게 될 것이다.

> **CAUTION** 비즈니스, 금융, 정치 분야에서는 이해 충돌을 고지해야 하는 법적 요건이 많으므로 주의해야 한다.

편견이나 이해 충돌을 고지하는 한 가지 방법은 자기소개에서 또는 초반에 미리 밝히는 것이다. 이렇게 하면 자신의 관계를 밝히기 전에 메시지나 주장에 대해 잘못된 생각을 갖지 않도록 할 수 있다. 그렇지 않으면 청중이 이미 잘못 이끌렸다고 느낄 수 있으며, 신뢰를 잃을 수 있다.

> **TIP** 이해관계가 충돌하는 상황을 굳이 밝히는 것보다는 피하는 것이 가장 좋을 수 있다. 청중은 너무 편향되어 있다고 판단하면 여러분의 말을 받아들이지 않을 수 있다. 블로그 글이나 프레젠테이션을 다른 사람이 맡는 것이 낫겠다는 생각을 할 수 있다.

글이나 프레젠테이션에 여러 주제 또는 하위 섹션이 있는 상황에서 이해 충돌이 특정 부분에만 해당된다면 문제가 드러나기 전에 미리 밝히는 것이 좋다. 이렇게 하면 공정성이나 이해 충돌이 어디에 해당되는지 정확히 알 수 있다. 특히 글과 같이 독자가 내용을 건너뛰고 이해 충돌 고지를 놓칠 수 있는 상황에서는 더욱 중요하다.

공정성이나 이해 충돌 가능성은 약력을 통해 전달할 수도 있다. 콘텐츠(블로그 게시글에 있는 제품 링크를 클릭하면 소액의 수수료를 받는다는 고지)에 추가할 수도 있고, 소개글(본인 또는 가까운 가족 구성원의 소속을 명시)에 추가할 수도 있다.

공정성 및 이해 충돌

다음과 같은 사항에 대해 편견이나 이해 충돌을 고지해야 할 수 있다.

고용 또는 고용 관계

토론 주제와 관련된 조직, 회사 또는 개인과 현재 또는 과거 고용 관계인 경우 이를 고지해야 한다. 예를 들어 제품을 홍보하는 경우 해당 제품을 만드는 회사에서 근무하고 있다면 고용 관계를 밝혀야 한다.

재정적 이해관계

논의 주제에 영향을 받을 수 있는 재정적 이해관계가 있는 경우 이를 밝혀야 한다. 예를 들어 진행 중인 입찰에 관련된 회사의 주식을 소유하고 있는 경우다.

개인적인 관계

토론 중인 주제와 관련된 사람 또는 조직과 개인적인 관계가 있는 경우 이를 밝혀야 한다. 예를 들어 친구의 사업과 관련된 주제에 대해 발표하는 경우다.

이념적 또는 정치적 입장

프레젠테이션이나 글의 공정성에 영향을 미칠 수 있는 강한 이념적 또는 정치적 의견이 있는 경우 이를 밝혀야 한다. 예를 들어 비정치적인 주제를 논의할 때 특정 당파적 성향이 강한 경우다.

전문 협회

토론 중인 주제와 관련이 있는 전문 협회에 소속되어 있는 경우 이를 언급해야 한다. 예

를 들어 보안 프레임워크에 대해 논의하는 자리에서 SABSA^Sherwood Applied Business Security Architecture 회원인 경우 해당 사실을 밝혀야 한다.

지식 드러내기

해당 주제에 대한 이해력을 증명하면 신뢰를 확보하고 해당 분야의 전문가임을 보여줄 수 있다. 구체적인 예시나 사례 연구를 사용하여 메시지나 주장을 뒷받침하거나 실제로 지식을 어떻게 적용했는지 보여주는 것도 한 가지 방법이다. 단순히 이론을 인용하는 것과 실제 세계에서 이론이 작동하는 것을 보여주는 것은 완전히 다른 영역이다.

기술 용어는 올바르게 사용해야 한다. 다른 사람에게 글이나 슬라이드 자료의 기술적 검토를 의뢰하여 프레임워크와 라이브러리를 혼동하거나 잘못된 약어를 쓰지 않았는지 확인받는 것도 좋은 방법이다.

복잡한 개념을 청중이 이해할 수 있게 설명함으로써 기술 정보를 쉽게 풀어 쓸 수 있는 능력을 보여줄 수 있다. 해당 기술 정보를 이해하기 쉬운 용어로 재구성할 수 있을 만큼 깊이 이해하고 있다는 것을 증명하는 것이기 때문이다. 단순히 청중에게 똑똑해 보이기 위해 어려운 전문 용어와 개념을 사용하는 것은 의사소통을 방해하고 잘못된 결정을 초래할 수 있다.

기술 전문가로서 여러분은 업무 수행을 위해 최신 기술과 지식의 중요성을 잘 알고 있다. 해당 분야의 동향과 업무에 미치는 영향에 대해 논의하는 등 청중에게 지식을 드러내자. 지속적인 학습과 전문성을 개발하는 노력을 보여줌으로써 자신이 어떤 사람인지 보여주고, 대화, 발표, 슬라이드 자료, 글에 최신 정보에 대한 참조와 예를 넣어서 최신 주제를 파악하고 있다는 것을 보여줄 수 있다.

CAUTION 주제에 대해 피상적인 지식만 가지고 있다면 실제로도 그렇게 보일 가능성이 높다. 주제에 대한 지식이 많지 않을 때는 더 많이 아는 것처럼 보이려고 노력하기보다는 질문하고 비교하는 것이 더 나을 수 있다.

콘퍼런스와 사용자 그룹은 최신 지식을 얻는 데 도움이 될 뿐만 아니라, 신뢰성을 향상시키고 지식을 보여줄 수 있는 또 다른 방법이다. 관련 행사에 참여하고 다른 사람들과 교류하여 새로운 동향과 트렌드에 대한 지식을 많이 얻고 퍼스널 브랜드를 구축할 수 있다. 그리고 참석자들에게도 자신을 발전시키는 사람으로 비추어질 것이다. 참석했던 강연이나 나누었던 대화를 참조하고 인용할 수도 있다. 행사는 말하기와 글쓰기에 활용할 수 있는 일화와 이야기의 좋은 원천이 된다. 이것은 대면 행사에만 국한되지 않는다. 온라인 행사에서도 동일하게 많은 것을 얻을 수 있다. 온라인 콘퍼런스 및 밋업은 하나의 예시일 뿐(프레젠테이션 여정을 시작하기에 적합하기도 하다), 링크드인[7]이나 드리블[8]과 같은 플랫폼도 있다.

파토스

파토스[Pathos]는 청중과 공감대 형성을 위해 사용할 수 있는 정서적 호소력을 일컫는다. 서면 및 언어적 커뮤니케이션에서 파토스는 메시지를 더 기억에 남고, 공감이 가고, 설득력 있게 만드는 데 중요한 역할을 한다.

스토리 전달

스토리텔링은 메시지를 더욱 공감하고 기억에 남게 하는 동시에, 청중과 정서적으로 소통하는 방법이다. 스토리가 기술적인 글쓰기나 말하기와 어울리지 않는다고 생각할 수도 있지만, 청중의 주의를 끌고 관심을 집중시키며 개념을 전달하는 데 매우 효과적이다. 페르소나는 배경 스토리를 제공하기 때문에 사용자 스토리와 함께 자주 사용된다.

여러분의 메시지를 뒷받침하는 실제 사례를 제공하기 위해 스토리를 사용할 수 있다. 다른 회사에서 여러분이 제안하는 기술을 사용한 성공 사례, 파이프라인을 개선한 사례를 소개할

---

7 *https://www.linkedin.com*
8 *https://dribbble.com*

수도 있고, 스토리를 사용하여 이점을 설명하고 단점을 어떻게 극복했는지 보여줄 수 있다.

스토리는 복잡한 개념을 설명하는 데에도 사용한다. 비유를 사용하듯 스토리를 사용하여 아이디어를 명확히 하고 단순화할 수 있다. 잘 짜여진 스토리는 기술 개념을 더 공감하게 만들거나 기억에 남는 맥락에 배치하여 청중이 더 잘 이해할 수 있도록 도와준다.

TIP 프레젠테이션에서 스토리텔링을 활용하는 좋은 예시는 테드TED 강연[9]에서 찾을 수 있다. 기술 및 소프트웨어를 비롯해 매우 다양한 주제를 다룬다. 대부분 강의가 짧아서 바쁜 일과 중에도 틈틈이 들을 수 있다.

스토리를 사용하여 메시지의 맥락과 배경을 제공할 수도 있다. 기술적인 내용의 배경이 되는 스토리를 제공함으로써 청중은 제시되는 정보의 중요성과 관련성을 더 잘 이해할 수 있다. 청중과 소통하는 이유는 무엇인가? 문제를 해결하고 있는가? 그 문제가 어떻게 발생했는가? 청중이나 다른 사람들에게 어떤 영향을 미치는가? 청중에게 맥락을 제공했다면, 기술적인 내용으로 넘어가서 문제 해결에 초점을 맞추자.

스토리텔링을 사용하면 공감을 형성할 수 있다. 사용자, 개발자 또는 기타 이해관계자의 어려움과 고충을 드러내는 스토리를 공유해보자. 이러한 방식으로 기술 정보에 인간성을 부여하면 청중에게 더 친근하게 다가갈 수 있다.

스토리는 청중을 몰입시키고 영감을 주어야 한다. 메시지가 세상과 비즈니스에 미치는 영향을 설명하면서 청중이 원하는 행동을 취하도록 유도하자. 예를 들면 의사결정에 대한 서명, 자금 요청에 대한 승인, 제품 구매 등이 될 수 있다. 스토리는 청중으로부터 필요한 것을 얻는 데 유용한 도구가 된다.

아래에서 사용할 수 있는 스토리 유형을 몇 가지 소개한다.

- **성공 사례**는 다른 팀이나 회사에서 특정 솔루션이나 기술을 성공적으로 구현한 방법을 보여준다. 이러한 성공 스토리를 공유함으로써 신뢰성을 쌓고, 여러분의 추천이 경험과 실적을 바탕으로 한다는 것을 보여줄 수 있다.

---

9 *https://www.ted.com/talks*

- **실패 사례**는 프로젝트나 솔루션이 어떻게 실패했는지 설명하고, 그 경험에서 얻은 교훈을 제공한다. 이러한 유형의 스토리를 사용하여 청중이 잘못된 솔루션에서 벗어나도록 유도하거나 교훈적인 세션에 활용할 수 있다. 청중이 실패의 원인을 명확히 이해할 수 있도록 실패의 원인을 전달하자.

- **사용 사례 시나리오**는 해당 기술이나 솔루션을 사용할 수 있는 일반적인 사용 사례를 설명한다. 이와 같은 스토리를 사용하면 청중이 실제 상황(가급적이면 비즈니스 등에 기술을 적용하려는 상황)에서 기술을 어떻게 적용할지 시각화할 수 있다.

- **명확한 설명**은 어떤 결정이 내려진 이유를 설명하는 데 사용되며, 네 가지 부분으로 구성할 수 있다.
  1. 이전에 일어난 일
  2. 변화가 필요하게 된 순간
  3. 앞으로 할 일
  4. 앞으로 일어날 일

사례 ┃ **폴리글롯 미디어에서 배운 교훈**

폴리글롯 미디어의 주요 소프트웨어 시스템은 한때 하나의 거대한 관계형 데이터베이스 위에 유기적으로 성장한 하나의 모놀리식^{monolithic} 시스템으로, 커다란 진흙덩어리로 묘사된다. 폴리글롯 미디어 시스템은 병목 현상에 취약했고 응답 속도가 고객들에게 문제가 되었다. 개발팀은 모든 버그를 해결하고 합리적인 시간 내에 새로운 기능을 프로덕션에 적용하기 위해 고군분투했다.

당시 아키텍트였던 블라드^{Vlad}와 리비^{Libby}는 마이크로서비스 아키텍처로 전환하는 것이 만병통치약이 아니라는 것을 독서와 콘퍼런스를 통해 알게 되었다. 많은 연구와 프로토타이핑을 거친 후, 그들은 서버리스가 **다국어 지속성**^{polyglot persistence}(여러 유형의 데이터베이스)과 함께 자신들의 요구 사항을 충족할 것이라고 결정했다. 엄청난 작업이었지만, 큰 덩어리가 여러 개의 작은 기능으로 세분화되었고 관계형 데이터베이스는 다양한 유형의 작은 데이터 스토어 8개가 되었다.

새로운 기능을 개발하는 것을 중단하지 않기 위해 스트랭글러 무화과^{Strangler Fig}**10** 방법론을 사용하여 새 시스템으로 마이그레이션했다. 처음에는 개발자가 변경이 필요한 부분을 빠르게 식별하고 변경된 코드만 배포할 수 있어서 개발 프로세스가 훨씬 쉬워 보였다. 하지만 팀들은 머지 문제, 호환성이 손상되는 변경을 조율하는 데 어려움을 겪기 시작했다.

서버리스 덕분에 리소스 비용을 절감할 수 있었지만, 각 기능이 다른 많은 기능과 통신하면서 거미줄처럼 얽힌 종속성(**서버리스 핀볼**^{serverless pinball}이라고 알려진 안티패턴)이 발생한다는 사실이 드러났다. 시스템은 분산되었지만 여전히 긴밀하게 연결되어 있었고 응답성 문제도 해결되지 않았다. 폴리글롯 미디어는 이제

---

10 레거시 시스템을 점진적으로 교체하여 단계적으로 없애는 방식

분산된 진흙덩어리를 갖게 된 것이다.

니키가 아키텍처팀을 강화하기 위해 폴리글롯 미디어에 합류했을 때 블라드와 리비는 이미 새로운 문제와 기존 문제를 해결하기 위한 아이디어를 연구하고 있었다. 니키는 **팀 토폴로지**[team topology][11]에 대한 새로운 아이디어를 가져왔고 가능한 한 커플링을 줄이는 것이 좋은 생각이라는 데 동의했다.

아직 진행 중인 과정이지만, 아키텍처팀은 마이크로서비스가 만병통치약이 아닌 것처럼 서버리스도 만병통치약이 아니라는 것을 깨달았다. 기능이 너무 작고 너무 많은 다른 기능과 통신해야 했기 때문이다. 개발팀은 폴리글롯 미디어에서 팀 토폴로지를 적용하기 위한 프로토타입이 되었으며, 서비스별 하나의 교차 기능 팀이 유지 관리하는 더 큰 서비스로 기능을 구성하기 위해 **역 콘웨이 전략**[Inverse Conway Manoeuvre][12]을 적용했다. 서비스 및 데이터 스토어는 종속성, 확장 필요성, 기타 통합자 및 분해자를 기반으로 구성했다.

서비스 간의 결합 수준을 줄이고 응답성을 높이기 위해 큐를 사용하는 이벤트 기반 아키텍처[13]를 배포하기 시작했다. 이 접근 방식을 사용하여 해결해야 할 첫 번째 응답성 병목 현상은 미디어 서비스에서 필요한 리소스를 잡아먹는 미디어 액티비티 로깅이었다.

진심을 말하기

말하거나 글을 쓸 때 **진심에서 우러나온다는 것**은 진정성 있고 진솔하게 말하는 것을 의미한다. 여기에는 청중과 감정적인 수준에서 소통하고, 열정과 확신을 가지고 메시지를 전달하는 것이 포함된다.

청중과 정서적으로 소통하는 매우 효과적인 방법은 개인적인 이야기를 활용하는 것이다. 인간에게 스토리는 중요하며, 개인적이면서도 메시지와 연관성이 있는 스토리를 공유하면 정서적으로 연결되는 동시에 진정성을 보여줄 수 있다. 스토리는 나와 직접적으로 관련될 필요는 없지만 연관은 있어야 한다. 여기서 기억해야 할 한 가지 중요한 사실은 무언가를 거짓으로 지어내어 사실인 것처럼 전달하면 안 된다. 이는 청중의 신뢰를 잃게 만든다.

---

11 더 자세한 정보는 teamtopologies.com를 참고하라.

12 콘웨이의 법칙에 따르면 '(광범위하게 정의한) 시스템을 설계하는 모든 조직은 조직의 커뮤니케이션 구조를 모방한 설계를 만들어낼 것이다.' 역 콘웨이 기법은 시스템을 디자인하고 싶은 방식대로 팀과 커뮤니케이션 구조를 만들어, 팀이 만들어내는 시스템이 디자인한 대로 될 수 있도록 하는 것이다.

13 이 결정에 대한 ADR은 [그림 12-3]을 참고하라.

목소리, 보디 랭귀지 또는 글을 사용하여 청중에게 감정을 표현하거나 인간적인 모습을 전달할 수 있다. 여러분이 자신의 메시지나 주장에 대해 어떻게 느끼는지, 어떤 영향을 받았는지 보여주면 청중은 더 강한 유대감을 느낀다. 가장 강력한 메시지는 기분을 좋게 하거나 멋지게 보이게 하는 메시지가 아닌, 인간적인 모습이나 실패를 보여주는 메시지다.

TIP 어떤 사람들은 메시지를 전달하기 위해 말을 하거나 글을 쓸 때 자신이 아닌 다른 사람이 되려고 한다. 그러나 청중이나 독자는 이를 쉽게 알아차릴 수 있으며, 그로 인해 메시지의 진정성이 상실된다. 청중과 공감대를 형성하려면 나 자신의 목소리로 말하고, 자신의 성격과 맞지 않는 대본이나 미리 연습한 대사를 사용하지 말아라.

구체적인 예시나 일화를 사용하는 것도 좋은 방법이다. 이를 통해 메시지에 생동감을 불어넣고, 우리가 말하거나 쓰는 내용에 더 쉽게 공감을 유도할 수 있다. 이 기법을 감정 전달과 함께 사용하면 정말 강력한 메시지를 전달할 수 있다.

말할 때 **적극적으로 경청**하는 연습을 하면 좋다. 이는 대화, 회의 또는 청중 앞에서 연설할 때 적용된다. 딴 생각을 하거나 휴대폰을 들여다보거나 노트북으로 이메일을 확인하지 말고 온전히 집중해야 한다. 대화 또는 미팅 참가자(또는 청중)의 말을 적극적으로 경청하고 있다는 것을 보여 주면 메시지의 진정성을 전달하고 상대방의 말에 관심을 갖고 있다는 것을 보여줄 수 있다.

적극적으로 경청하고 있다는 것을 보여주는 방법은 다음과 같다.

1 말을 끊지 않고 끝까지 경청한다(응답하기보다는 이해하기 위해 경청하기).
2 상대방의 말이 끝나면 명확하게 질문한다.
3 상대방의 견해를 요약하고, 오해한 부분이 있으면 상대가 바로잡아 주게끔 한다.
4 해야 할 일과 대응 방법을 결정한다.

더 적극적인 경청 팁은 다음과 같다.

• 경청하는 소리(아, 음 등)를 내고 경청하는 보디 랭귀지(고개를 끄덕이고 눈을 마주치는 등)를 사용하기

• 상대방과의 침묵을 깨지 말고 말할 때까지 기다리기

- 상대방의 보디 랭귀지를 읽기

- 상대방의 보디 랭귀지를 미러링하기(모방하기)

- 얼굴을 찡그리면서 '네'라고 말하는 등 언행불일치되는 부분 발견하기

생생한 언어와 강렬한 이미지 사용

생생한 언어와 강렬한 이미지를 사용하면 청중의 머릿속에 그림을 그리고 감정을 불러일으켜 메시지나 주장의 정서적 호소력을 더하고 기억에 남는 데 도움을 준다.

한 가지 기법은 오감(시각, 청각, 후각, 미각, 촉각)에 호소하는 감각적 언어를 사용하는 것이다. 청중이 각각의 감각을 통해 메시지를 경험하면 감각의 자극이 없는 메시지보다 더 현실적이고 훨씬 더 기억에 남는다. 프레젠테이션을 할 때는 감각 언어와 함께 소리와 시각 자료를 사용할 수 있다.

어떤 것을 다른 것과 비교하는 은유, 직유, 비유는 또 다른 유용한 도구다. 이해관계자와 소통할 때 강력한 아이디어, 느낌 또는 복잡한 개념을 전달해야 하는 경우가 있다. 이때 말하기, 글쓰기 또는 시각자료에 은유, 직유, 비유를 사용하는 것이 효과적인 방법이다. 문맥과 청중을 고려하여 의미가 적절한지, 의도한 아이디어를 전달할 수 있는지 확인하는 것이 중요하다.

은유, 직유 및 비유

은유metaphor는 '개발팀은 기름칠이 잘 된 기계다'와 같이 어떤 것을 다른 것과 같다고 말하며, 청중이 모르는 것을 아는 것과 비교함으로써 상상력을 자극한다.

직유simile는 '마이크로서비스 간의 연결이 거미줄과 같다'거나 '거미줄처럼 얽혀 있다'와 같이 서로 다른 두 가지를 비교하여 어떤 것이 다른 것과 같다고 말한다.

비유analogy는 '소프트웨어를 유지 관리하는 것은 자동차를 관리하는 것과 같다. 소프트웨어를 원활하게 실행하고, 문제가 더 크게 번지지 않게 하기 위해서는 정기적인 유지 관리 작업을 수행해야 하기 때문이다.' 와 같이 두 가지를 비교하여 요점을 설명한다.

또 다른 방법으로 시각적 보조 도구를 사용할 수 있다. 발표할 때는 동영상과 애니메이션을 포함한 슬라이드의 시각 자료뿐만 아니라 실제 소품을 사용하여 개념을 설명할 수 있다. 사람은 말보다 시각적인 것을 더 잘 기억하므로 사진, 동영상, GIF 또는 기타 시각 자료를 사용하는 것이 더 효과적이다.

TIP 프레젠테이션을 할 때는 애니메이션이나 동영상보다 실제 소품을 활용하는 것이 훨씬 더 효과적일 수 있다. 예를 들면 양자 컴퓨터의 작동 원리를 설명하기 위해 실제 공과 막대기를 사용한 줄스 메이[Jules May][14]의 강연은 상당히 인상 깊다.

생생한 언어와 강렬한 이미지를 만드는 데 유용한 도구는 다음과 같다.

의인화

인간이 아닌 사물에 인간의 특성을 부여하면 공감대를 높일 수 있다.
'서버가 과부하에 걸려서 쉬게 해달라고 애원하고 있다.'

과장

과장된 언어는 강한 감정을 불러일으킨다.
'이 코드는 인터넷보다 더 오래되었네!'

강력한 동작 단어

'일하다', '만들다', '보여주다', '시도하다'와 같은 약한 동작 동사 대신 '구현하다', '구축하다', '테스트하다', '디버깅하다', '최적화하다', '통합하다'와 같은 강력한 동작 동사는 다양한 방식으로 청중의 관심을 끌 뿐만 아니라 의미를 명확하게 전달할 수 있다.

---

[14] *https://julesmay.co.uk*

감정적인 단어

'삶을 바꾸는', '혁신적', '최첨단', '경이로운', '타의 추종을 불허하는', '견줄 데 없는'과 같이 강한 감정적 의미가 담긴 단어는 청중의 감정을 이끌어내고, 여러분의 요청에 더 반응하게 한다.

로고스

로고스^{Logos}는 이성과 논리에 호소하는 것을 의미하며, 메시지를 더욱 설득력 있게 만든다. 서면 및 언어적 커뮤니케이션에서 로고스는 강력한 논거를 구축하고 메시지를 더욱 신뢰성 있게 만드는 데 중요한 역할을 한다.

데이터와 사실 사용

메시지나 주장을 제시할 때는 데이터나 사실을 통해 견해를 뒷받침해야 한다. 신뢰할 수 있는 연구 조사 데이터나 믿을만한 출처에서 발표한 통계, 역사적 사실과 수치와 같은 구체적인 데이터를 사용한다.

> **CAUTION** 여러분의 메시지나 의견을 뒷받침하는 데이터나 사실이 신뢰할 수 있는 출처에 기반한 것인지 확인하고, 편견, 한계 또는 문제점이 있다면 명시해야 한다(9장의 '전문성 입증하기' 참고).

사실이나 데이터를 언급할 때는 출처를 명시해야 한다. 말할 때는 사실이나 데이터만 언급하지만, 슬라이드와 같은 시각 자료를 사용할 때는 내용을 말하는 동시에 관련 그림이나 삽화를 보여주면 큰 효과를 얻을 수 있다.

글을 작성할 때는 본문이나 슬라이드에 사실을 서술하고 각주에 데이터나 인용문을 추가하거나(예제 9-1 참조), 예시, 그림 또는 부록에서 참조할 수 있다. 데이터의 양이 많은 경우 독자가 참조할 수 있는 부록을 작성하는 것이 본문의 흐름을 끊지 않는 좋은 방법이다.

예제 9-1 각주를 사용하여 본문에서 데이터의 출처 인용

> A journal article published in 2020 proposes the creation of a "Phish Scale" to rate the difficulty of phishing training exercises.[1] As a company, we can...
>
> ——
>
> [1] Michelle Steves et. al, "Categorizing Human Phishing Difficulty: A Phish Scale," Journal of Cybersecurity, 6, no. 1. 2020, https://doi.org/10.1093/cybsec/tyaa009

주장을 뒷받침하는 데이터와 사실을 제시하면 메시지의 신뢰도가 높아진다.

논리적 연결

서로 다른 요점을 논리적으로 연결하면 강력한 논거를 구축하고 메시지의 신뢰도를 높일 수 있다. 신뢰할 수 있는 다양한 정보의 소스를 메시지 또는 주장의 근거로 사용하고, 이러한 소스 또는 데이터 포인트, 메시지 또는 텍스트의 주제나 요점을 연결해야 한다. 이는 그래프에서 데이터 포인트를 연결하여 패턴을 표시하는 것과 유사한 개념이다.

이러한 연결을 통해 사고 과정과 주장의 근거가 단순히 많은 정보의 집합이 아니라 탄탄한 정보 네트워크라는 것을 보여줄 수 있다. 청중을 대신하여 점을 이어주는 것이다.

여러분이 연결하는 점들을 청중이 논리적으로 이해할 수 있어야 한다. 그렇지 않으면 청중은 여러분의 메시지뿐만 아니라 여러분에 대한 믿음을 잃게 된다. 이를 위한 몇 가지 방법이 있다.

- 내용을 체계적이고 논리적인 방식으로 구성하면 청중이 서로 다른 아이디어들 사이의 연결과 서로의 연관성을 이해할 수 있다.

- 전환 단어와 문구는 서로 다른 아이디어를 연결하고 서로 어떻게 관련이 있는지 보여주는 데 도움이 된다. 예를 들어, '따라서', '결과적으로', '결론적으로'를 사용하여 서로 다른 아이디어 간의 논리적 연결을 보여줄 수 있다.

- 예시를 통해 서로 다른 아이디어 간의 논리적 연결을 설명하면, 내용에 대한 공감대를 높일 수 있다. 여기에 내러티브와 스토리텔링을 사용할 수 있다.

- 다이어그램과 순서도와 같은 시각 자료는 서로 다른 아이디어 간의 논리적 연결을 보여주고 내용을 더 쉽게 이해할 수 있도록 돕는다. 슬라이드에 애니메이션 전환을 사용하여 다른 시각 자료와 함께 연결성을 보여줄 수 있다.

추론 및 논거 사용

명확한 추론과 논거를 사용하면 메시지의 합리성을 보여줄 수 있다. 청중에게 자신의 견해를 뒷받침하는 데이터를 제시하는 것도 중요하지만, 그 데이터에는 설명도 필요하다. 청중은 여러분의 논리를 이해해야 한다.

아키텍처 결정과 같은 중요한 선택을 정당화하는 데 있어서 논거는 중요하다. 이를 위해 유용한 몇 가지 기법은 아래와 같다.

트레이드오프 분석

솔루션에 대한 다양한 선택지를 비교할 때는 각각에 대한 장단점이 있다. 이를 청중에게 전달함으로써 선택한 이점과 이 선택의 결과로 생긴 트레이드오프, 그리고 고려했던 다른 선택지가 최선이 아니었던 이유도 보여줄 수 있다.

ADR

ADR(아키텍처 결정 레코드)은 트레이드오프 분석을 문서화하기 좋을 뿐 아니라, 더 많은 추론과 논거를 전달할 수 있는 방법이다. ADR을 사용하면 선택지와 결과를 포함해 결정을 문서화할 수 있으며, 결정을 내리기 전에 의견을 받을 수 있다. 서면으로 작성할 때는 전체 ADR에 대한 링크를 포함할 수 있고, 말로 할 때는 ADR에 대해 이야기하거나 슬라이드에서 부분적으로 보여줄 수 있다. 개인적인 경험과 다른 사람들의 경험을 바탕으로 만든 ADR을 구성하는 방법에 대한 예는 9장의 '추론 및 논거 사용'을 참고하라(ADR의 전체 예시는 12장의 '아키텍처 결정 레코드'를 참고하면 된다).

예시 9-2 ADR 구조

\# 식별자 & 제목- 결정 사항에 대한 진술

\#\# 상태
초안/결정/ADR-XXX로 대체

\#\# 맥락
결정을 내려야 하는 이유. 추정, 제약 사항, 결정 동인.

\#\# 평가 기준
이 결정을 내리는 데 중요했던 것이 무엇인가?
이 결정을 내리는 데 적용된 아키텍처 특성은 무엇인가?
기준이 될 제약 사항이나 결정 동인이 있는가?

\#\# 선택 사항
평가 기준(점수나 등급을 이용한)에 따른 선택지, 평가 기준 이외의 트레이드오프에 대한 설명

\#\# 결정
내려진 결정과 이유

\#\# 예상 결과
내려진 결정의 긍정적 및 부정적 결과

\#\# 논의
다른 사람들의 의견을 받을 때 이곳에 기입한다. 의견을 제시했는지 여부와 관계 없이
초대받은 사람들에 대한 정보를 기록할 수도 있다. 결정이 내려지기 전에 논의가
이루어지지만, 너무 길어지면 결정 자체가 묻힐 수 있으므로
끝부분에 기록한다.

이러한 기법은 반론을 제기하고 이의 제기에 대응하는 데에도 유용하다. 이렇게 하면 해당 주제에 대한 철저한 이해를 보여주고 메시지의 신뢰도를 높일 수 있다.

> **TIP** 말하거나 글을 쓸 때는 청중이 가질 수 있는 반대 의견과 반론을 고려하고 추론과 논거를 통해 이에 대비해야 한다. 제기되는 모든 이슈를 항상 예측할 수는 없지만, 대부분의 이슈에 대비하면 미처 준비하지 못한 이슈에 대해 생각할 수 있는 여유가 생긴다. 이러한 방식으로 준비하는 데 소요되는 시간은 결정의 중요도와 규모에 따라 달라진다.

ADR 및 트레이드오프 분석은 외부에서 반론이나 문제를 제기하지 않고도 청중에게 반론이나 문제를 강조할 수 있다. 이를 통해 탈락한 선택지들이 왜 선정되지 않았는지 보여줌으로써 논리를 강화할 수 있다. ADR은 결정된 후에도 오랫동안 가치가 있다. 결정에 대한 이야기로써, 이를 이해해야 하는 모든 사람에게 몇 번이고 다시 이야기할 수 있다.

앞서 언급한 트레이드오프 분석과 ADR을 사용하여 반론에 서면으로 대응할 수 있다. 또 다른 옵션은 예상되는 질문과 이의 제기에 대한 반론과 함께 FAQ(자주 묻는 질문)를 포함하는 것이다. 이렇게 하면 같은 질문에 반복해서 대답하지 않아도 되는 장점이 있다.

발표할 때는 예상되는 이의 제기에 대한 답변을 스크립트로 작성하여 리허설해야 한다. 얼마나 많은 준비를 하느냐는 결과의 중요도에 따라 달라진다.

> **NOTE** 이의 제기는 주관적일 수 있다. '구현하는 데 너무 느리다'와 같은 이의 제기가 있다면 결정 기준을 다시 검토해볼 수 있다. 이는 잘못된 것이 아니라 단순한 의견 차이다.

요약

이제 독자와 청중의 눈높이에서 신뢰성과 전달 내용의 가치를 높일 수 있는 기술을 갖추게 되었다. 이 장을 읽기 전에 2천 년 전의 지식이 오늘날에도 도움이 될 수 있다고 상상이나 했겠는가? 지식의 기록과 공유는 인류 문명 발전의 핵심이었지만, 소프트웨어를 설계하고 작성하는 데 있어서는 간과하곤 한다.

문서화documentation라는 단어만 들어도 사람들은 종종 무의식적으로 몸서리치곤 한다(2부를 읽었다면 더 잘 관찰할 수 있을 것이다). 3부의 내용은 여러분 본인과 다른 사람들의 이러한 거부감을 완화하고, 문서화 방법, 문서화할 내용, 유용하고 접근하기 쉬운 지식의 저장소를 만드는 방법에 대한 불안감을 줄이는 데 도움이 될 것이다.

03

지식 전달하기

대부분의 경우 조직과 기술팀의 지식 관리가 문서화를 의미한다고 생각하지만, 이는 지식 전달에 있어서 일부일 뿐이다. 프로덕트나 프로젝트에 대한 지식을 비롯한 여러분의 팀이나 조직의 집단 지식은 최신 상태로 유지하고, 지식 유실을 방지하며, 적절한 사람들이 접근할 수 있도록 관리하고 공유해야 한다.

3부에서는 지식 생산 및 관리의 전반적인 원칙을 배운다. 지식을 올바르게 수집 및 유지하고 사람을 적절히 활용함으로써 지식과 문서를 잘 활용할 수 있다.

10장에서는 지식 관리 및 문서화를 개선할 수 있는 하이레벨 패턴에 대해 소개한다. 11장에서는 지식 생산 및 관리 개선을 위해 사람을 활용할 수 있는 패턴 및 기술을 알아볼 것이다. 12장에서는 도움을 받지 못한 채 그저 행위만 반복하는 일이 없도록 현재 사용하고 있는 아키텍처 관행을 더욱 효과적으로 만들기 위한 패턴과 방법을 제시할 것이다.

3부의 패턴, 원칙 및 사례를 팀, 부서 및 조직에 적용하면 집단 지식을 최적화하고 생산성과 혁신을 개선할 수 있을 것이다.

PART 03

지식 전달하기

CHAPTER 10

지식 관리의 원칙

소프트웨어 아키텍처를 만들 때는 명시적 또는 암묵적으로 원칙을 준수해야 한다. 회사에는 보안 원칙, 아키텍처 원칙 등 준수해야 할 다양한 명시적 원칙이 있고, 애저^Azure, AWS^Amazon Web Services, GCP^Google Cloud Platform와 같이 잘 설계된 프레임워크[1]를 따를 수도 있다. 다른 원칙은 암묵적인 것으로, 프로덕트나 프로젝트에 참여하는 모든 사람이 준수하지 않거나 심지어 모를 수도 있다. 이러한 원칙은 이를 학습한 사람들이 의식적 또는 무의식적으로 준수하는 경향이 있다.

이 장에서는 지식 관리와 문서화를 개선하기 위한 몇 가지 원칙에 대해 설명하며, 여러분도 이를 업무에 명시적으로 적용하길 바란다.

프로젝트보다 프로덕트

많은 회사에서 프로젝트를 중심으로 인력을 구성하고 업무를 진행하는 것을 봤을 것이다. 예산은 프로젝트에 할당되고 지식 관리도 프로젝트를 기반으로 이루어진다. 하지만 프로젝트는 프로덕트보다 훨씬 더 일시적이며, 시간이 지남에 따라 하나의 프로덕트에 한 개 이상의

---

[1] 이를 통해 클라우드 모범 사례와 비교하여 아키텍처를 일관되게 평가할 수 있으며, 클라우드 공급업체에서 유지 관리한다.

프로젝트가 기여하는 경우가 많다.

프로젝트가 종료되면 프로젝트와 관련된 모든 지식은 어떻게 될까? 프로젝트별로 정리된 지식이라면 찾기가 쉽지 않다. 심지어 잊어버리거나 잃어버릴 수도 있다. 하지만 프로덕트별로 정리된 지식이라면 쉽게 찾을 수 있고, 다른 프로젝트에서 참조하거나 재사용할 수 있다. 이것이 **프로젝트 마인드셋**project mindset과 **프로덕트 마인드셋**product mindset의 가장 큰 차이점이다.

프로젝트 마인드셋

프로덕트나 기능의 최초 개발 단계에서는 하이레벨 요구 사항, 도메인 분석, ADR 등 중요한 정보를 포함하는 아티팩트를 수집하게 된다.

이제 이 프로덕트에 대한 이터레이션iteration[2]과 변경 사항을 위해 새 프로젝트를 만들었다고 가정해보자. 그리고 그 후에 또 다른 프로젝트를 만든다. 지식이 프로젝트별로 저장되어 있다면 몇 가지 문제가 발생할 수 있다.

문서 찾기

최소한 이전 프로젝트에 대한 문서를 찾아야 한다. 회사의 문서 저장 방식에 따라 몇 분에서 몇 주까지 걸릴 수도 있다.

이전 문서 파악하기

새 프로젝트를 진행하는 팀은 과거 프로젝트의 문서가 있는지, 심지어 프로젝트가 존재했는지조차 모를 수 있다. 특히 프로덕트가 세 번 이상 이터레이션을 하면 더욱 그렇다. 찾아야 할 지식이 있다는 것을 어떻게 알 수 있을까?

---

2 옮긴이_ 사용자의 요구를 수용하여 반복해서 개발이 진행되는 프로젝트의 단위를 뜻한다.

이제 새 프로젝트에서 프로덕트를 변경하지만, 팀에는 특정 결정이 내려진 이유, 원래 요구 사항이 무엇인지, CI/CD 파이프라인이 어떻게 작동하는지 등에 대한 정보가 없다. 이 때문에 새 프로젝트는 코드 기반이든, 요구 사항 기반이든 간에 모르는 새 무언가 잘못될 가능성이 높다.

> **NOTE** 일부 지식과 문서는 특정 프로젝트에만 관련이 있다. 이러한 유형의 정보는 언제 참고하거나 다른 프로젝트의 템플릿 기초가 될지 모르기 때문에 프로덕트와 함께 저장해야 한다. 필요할 때 이리저리 헤매고 다니고 싶지 않으면 말이다.

프로덕트 마인드

프로덕트 중심으로 사고방식을 전환하고 프로덕트별로 지식을 정리하면 문서의 검색 가능성이 향상된다. 새 프로젝트 작업팀은 작업 중인 프로덕트의 이전 문서를 모두 찾을 수 있다.

프로덕트 중심의 지식 정리에는 검색 가능성 향상 외에도 몇 가지 다른 장점이 있다.

장기적인 집중

프로덕트 중심 접근 방식은 당면한 프로젝트를 넘어 장기적인 관점으로 사고하도록 장려한다. 이는 변화하는 요구 사항을 더 잘 충족하도록 소프트웨어를 설계한다는 것을 의미한다. 당면한 프로젝트의 경우 마감일을 맞추는 데 더 중점을 둔다. 다음 프로젝트의 작업을 본인이 하게 될 수 있으므로, 나중에 스스로에게 감사하게 될 수 있다.

협업과 재사용성 향상

한 프로덕트에 대해 두 개 이상의 프로젝트를 동시에 진행하는 경우 특히 그러하지만, 순차적인 프로젝트나 프로덕트 자체에서도 협업과 재사용성을 개선할 수 있다. 프로덕트별 지식이 여러 프로젝트에 흩어져 있는 것이 아니라 한 곳에 있기 때문에 프로덕트 외부의 사람들이 더 쉽게 참조할 수 있다.

프로젝트뿐만 아니라 프로덕트 전반에서 일관성 유지

프로덕트별로 지식이 정리되어 있으므로 각 프로덕트에서 일하는 사람들이 다른 프로덕트에 대한 지식에 더 쉽게 접근할 수 있다. 그러면 모범 사례에서 템플릿과 표준을 도출할 수 있다. 이는 제품과 프로젝트 전반에서 일관성을 유지하여 사람들이 프로덕트 간 이동 시 학습 곡선과 솔루션 및 도구 재사용을 통한 비용을 줄인다.

가시성

프로덕트별로 지식을 정리하면 장기적인 관점을 제공할 뿐만 아니라, 프로젝트 중심 접근 방식에서 얻을 수 있는 단편적인 스냅샷(또는 아티팩트 중복)이 아닌 전체 프로덕트에 대한 관점을 얻을 수 있다. 이를 통해 변경의 영향을 더 잘 파악하고 개선이 필요한 영역을 파악할 수 있다.

고객 중심성

프로덕트에 집중하면 사용하는 고객에게도 집중할 수 있다. 프로젝트가 종료되어도 고객의 요구 사항에 대한 지식은 잊혀지지 않으며, 프로덕트와 관련된 모든 프로젝트에 의해 포착된다.

지속적인 개선

프로덕트 중심 접근 방식은 정보의 총체적인 특성으로 인해 시간이 지남에 따라 소프트웨어의 지속적인 개선과 진화를 장려한다. 개선이 필요한 영역을 파악해 시간이 지남에 따라 점진적인 변경을 계획하고 실행하는 것이 더 쉽다.

프로덕트별로 지식을 정리하는 방법은 사용하는(또는 사용할 수 있는) 도구와 회사의 규모에 따라 다르다. 여기서 핵심은 관련된 모든 정보를 이용하고 최신 상태로 유지 관리하기 용이하도록 일관된 쉬운 방법을 마련하는 것이다.

지식 아티팩트를 프로덕트별로 정리해도 프로젝트와의 연결이 끊어지지 않는다. [그림 10-1]을 보면 프로덕트별로 정리된 몇 가지 아티팩트를 볼 수 있다. 이러한 아티팩트는 프로젝트에서도 참조하며 필요한 경우 둘 이상의 프로젝트에서 참조할 수 있다. 10장의 '텍스트보다 추상화'에서 참조 및 재사용에 대해 자세히 설명한다.

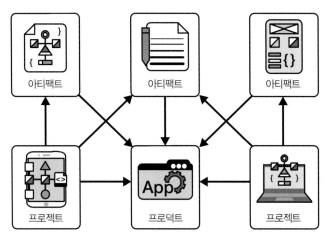

그림 10-1 프로덕트에 의해 정렬되고 프로젝트에 의해 참조된 지식 아티팩트

`TIP` 문서의 구조와 분류를 고려할 때는 조직 전체에서 사용하는 개념과 표준(예: 내부 프로덕트 ID 또는 ISO 인증의 용어)을 통합해야 한다.

다음은 프로덕트별로 지식을 정리하는 방법에 대한 몇 가지 제안 사항이다.

문서 중앙화

문서 중앙화 포털을 만들어 모든 지식을 함께 저장하고 이를 프로덕트별로 정리하자. 여기에 저장할 수 없는 지식이 있다면[3] 포털에서 연결하고, 포털 또한 외부 문서에서 연결한다.

---

3 저장소에 저장된 지식 베이스나 코드 문서, 또는 온라인에 발행된 사용자 문서 등이 포함될 수 있다.

태그

폴더는 하나의 아티팩트가 하나의 폴더나 카테고리에만 속할 수 있도록 허용하는 구식 시스템이다. 하나의 아티팩트가 여러 카테고리를 가질 수 있으므로 이를 구현하기 위해 여러 개의 태그를 사용할 수 있다. 프로덕트 태그를 추가하여 아티팩트를 프로덕트별로 그룹화할 수 있다. 그런 다음 프로젝트 이름이나 아티팩트 유형 등 다른 태그를 추가하여 다른 방식으로 아티팩트를 그룹화할 수 있다. 태그는 현재 사용 가능한 많은 지식 관리 시스템에서 사용할 수 있다. 폴더와 계층 구조만 허용하는 시스템은 피하는 것이 좋다.

폴더 및 계층 구조

폴더를 사용하거나 태그를 사용할 수 없는 경우에는 가능한 한 가장 높은 수준에서 프로덕트별로 정리하자. 이렇게 하면 프로덕트를 전체적으로 볼 수 있다. 부서별 등 다른 수준의 폴더로 프로젝트를 정리해야 하는 경우에는 전체적인 시각을 잃게 된다.

메타데이터

메타데이터는 다른 데이터를 설명하기 위한 정보다. 태그도 메타데이터의 한 유형이지만, 가능하면 다른 유형의 메타데이터와 함께 사용해야 한다. 프로덕트, 프로젝트, 작품 유형, 작성자 등 모든 항목에 태그만 사용하게 되면 엉망이 될 가능성이 생긴다. 이러한 정보를 키와 값으로 구체적으로 명시하는 메타데이터가 있으면 모든 정보가 무엇을 의미하는지 훨씬 더 명확해진다. 컨플루언스Confluence, 마이크로소프트 셰어포인트Microsoft SharePoint, 옵시디언Obsidian과 같은 다양한 지식관리 앱이나 위키, 파일 시스템에서도 뒷단에서 메타데이터를 사용하거나, 사용자가 직접 추가하거나 편집할 수 있도록 해준다(예시 10-1 참고).

관점 중심의 접근법

지식 아티팩트(문서)를 특정 이해관계자의 관심사를 다루는 관점 중심으로 정리하자(관점에 대한 자세한 내용은 10장의 '관점 중심 문서화'를 참고하자).

```
---
product: "My Cool Product"
author: "Kate"
project: "Project Trilby"
type: "requirements"
tags:
- tag1
- tag2
---
```

TIP 두 개 이상의 프로덕트를 다루는 프로젝트에서 작업하는 경우에도 태그 및 관점 중심 접근 방식(10장의 '관점 중심 문서' 참고)을 사용하여 **프로젝트보다 프로덕트**를 적용할 수 있다. 기본적인 수준에서 각 프로덕트의 지식으로 연결되는 프로젝트 대시보드를 만들 수 있다. 컨플루언스의 페이지, 마크다운 문서 링크, 셰어포인트 페이지 또는 폴더의 파일에 대한 링크가 될 수 있다.

텍스트보다 추상화

소프트웨어 아키텍처에 대해 설명할 때는 일반적으로 텍스트보다는 일부 정보를 추상화하여 시각적으로 제시하는 것이 더 효과적이다. 모든 정보를 텍스트로 작성할 수 있다고 해도 가장 효과적인 커뮤니케이션 방법은 아니다. 시각 자료가 모든 텍스트 정보를 대체할 수는 없지만, 사람이 시각 자료와 문자를 처리하는 방법은 매우 다르다.

NOTE 문서에서 모든 독자의 요구를 수용하는 것은 어렵다. 독자의 범위가 매우 좁은 경우에도 개인마다 다른 목표(예: 처음부터 배우기 또는 지식을 다시 익히기)를 가지고 있다. 추상적인 내용과 함께 선택적인 세부 내용을 포함함으로써 이러한 상황을 수용할 수 있다. 문서 콘텐츠에 대한 더 많은 팁은 142페이지의 '기술 문서 작성 팁'을 참고하자.

목록

정보를 **글머리 기호 목록**^{bullet point list} 또는 **번호 매기기 목록**^{ordered list}으로 표시하면 내용을 보다 효과적으로 전달할 수 있다. 목록 형식은 정보를 요약할 때 유용하며, 짧고 간결하게 핵심만 보여줄 수 있다.

본문 내용을 읽지 않고 목록 항목만 읽는 경우가 많다. 따라서 목록 항목은 핵심 아이디어를 전면에 내세우는 데 중요한 역할을 한다. 글머리 기호 목록은 독자가 주변 단락을 읽도록 설득할 수 있다. 또한 목록 항목 주변의 공간은 독자에게 시각적 휴식 시간을 제공하여 계속 읽도록 유도하므로, 백서와 같이 많은 정보를 전달해야 하고 독자의 관심을 유지해야 하는 경우 매우 유용할 수 있다.

다음은 글머리 기호 목록 사용에 대한 몇 가지 팁이다.

- **가장 중요한 요점부터 시작하자.** 독자가 목록을 다 읽지 않거나 텍스트를 훑어보더라도 가장 중요한 문장을 읽어야 한다.

- **같은 품사로 시작하자.** 명사, 동사, 형용사 중 어떤 것이든 상관없다. 하나로 통일하기만 하면 된다.

- **숫자에 의미가 있는 경우만 숫자를 사용하자.** 독자는 숫자에 의미를 부여하기 때문에, 프로세스나 레시피의 단계를 설명하는 것처럼 순서가 중요한 경우나 숫자를 세는 경우에만 숫자를 사용하는 게 좋다.

- **목록 항목의 길이를 균등하게 유지하자.** 한 목록 항목이 다른 목록 항목보다 훨씬 길면 독자의 주의를 산만하게 할 수 있다.

- **첫 번째 문장을 강조하자.** 예를 들어 문장이 긴 경우 첫 번째 문장을 굵게 표시하는 등 첫 번째 문장을 강조하면 한눈에 알아보기 쉽다.

- **목록 항목의 길이는 몇 문장으로 제한하자.** 그 이상이면 요약해서 더 짧게 만드는 것이 좋다.

- **목록에 두 개 이상의 항목이 있는 경우 목록 항목 주위에 공백을 추가한다.** 네거티브 스페이스^{negative space}[4]는 독자를 위한 시각적 휴식 공간으로, 목록이 길수록 필요하다.

- **목록 항목 사이에 일관된 대문자, 구두점 및 문법을 사용하자.** 그렇게 하지 않으면 독자가 정보를 얻기가 더 어려워진다.

---

4 옮긴이_ 물체 사이의 빈 공간

- **하위 목록은 독자에게 시각적으로 혼란을 줄 수 있으므로 신중하게 사용하자.** 사용 규칙은 다음과 같다.
  — 상위 목록과 동일한 규칙을 준수한다(위의 모든 팁 참고).
  — 상위 목록과 다른 기호 또는 번호 체계를 사용하거나 명확한 들여쓰기를 해야 한다.

TIP 목록에 대한 팁의 몇 가지 예를 보면 도움이 될 것이다. 글머리 기호를 더 주의 깊게 살펴보자. 목록과 각 글머리 기호는 첫 번째 문장을 강조하는 것을 제외하고는 주어진 모든 조언을 따르고 있다.

표

설명하는 데 많은 텍스트가 필요하거나, 다이어그램으로 만드는 것이 적절하지 않거나, 정보가 관계형일 때는 표를 사용하는 것이 유용하다. 또한 차트나 그래프 대신 사용할 수도 있다. 텍스트만 포함하는 단순한 표를 사용하는 대신 색상 또는 패턴으로 데이터를 강조하여 메시지를 추가하거나 강조할 수 있다.

NOTE 정보를 한 문장으로 매우 빠르게 요약할 수 있거나, 표에 들어갈 텍스트가 너무 길어져서 효율성이 떨어지는 경우에는 표를 사용하는 것이 부적절할 수 있다. 정보가 반복되는 경우에는 **표**를, 불규칙한(반복되지 않는) 내용에는 **단락**을 사용하는 것이 좋다.

표는 다음과 같은 상황에서 효율적이다.

- 차트나 그래프에서 세부 정보가 손실될 수 있는 데이터를 표시하는 경우
- 차트나 그래프에서 볼 수 없는 정확한 값을 표시하는 경우
- 독자가 나란히 비교 분석할 수 있는 데이터 포인트 비교
- 일부 독자가 그래프와 차트를 읽을 수 없는 경우 접근성을 위해

다음은 소프트웨어 아키텍처에서 표가 유용한 몇 가지 예시다.

요구 사항 추적성 매트릭스

요구 사항을 충족하는 컴포넌트에 요구 사항을 연결

컴포넌트 인터페이스 사양

디자인 컴포넌트 간의 인터페이스를 문서화

성능 지표 보고서

응답 시간, 리소스 사용률 등과 같은 데이터를 표시하려는 경우

테스트 매트릭스

각 컴포넌트 또는 하위 시스템에 대한 테스트 시나리오와 결과를 문서화

이해관계자 분석 매트릭스

관심사, 우려 사항 등을 포함한 이해관계자 기록

지표 전달

그룹 또는 여러 단위로 전달되는 지표 표시

다음은 표를 만들기 위한 몇 가지 팁이다.

- 독자에게 맥락을 알려주는 문장으로 표를 소개하고 콜론으로 끝맺는다.
- 각 열에 표 내용과 시각적으로 대비되는 의미 있고 간결한 머리글(예: 굵거나 큰 글꼴)을 부여한다. 필요한 경우 행 머리글에도 이를 적용한다.
- 각 열에는 한 가지 유형의 데이터(예: 가격, 국가 등)만 포함한다.
- 한 칸에 문장을 두 줄 이상 넣지 않는다(더 많은 문장을 포함해야 하는 경우 목록 사용을 고려하자).

시각적 추상화

시각 자료를 사용하는 이유는 정보를 추상화하여 전달하는 메시지를 더 쉽게 이해할 수 있도록 하기 위해서다. 예를 들면 숫자 점수와 함께 별 등급을 사용하는 것이 있다.

별은 일반적으로 [그림 10-2]같이 0~5의 정수 점수를 표시하는 데 사용되지만, 부분 별을 표시하여 소수점 점수(예: 3.6/5)를 표시하거나, 각 숫자를 별의 반으로 표시하여 10점 만점의 점수를 표시하도록 조정할 수 있다. 별 5개 이상을 표시하는 것은 숫자의 의미를 한눈에 파악하기 어렵기 때문에 효과적이지 않다.

그림 10-2 별 5개 중 4개

[그림 10-3]의 하비 볼^Harvey Ball은 점수 또는 5점 척도를 시각적으로 추상화하는 또 다른 방법이다. 일반적으로 어떤 항목이 기준을 충족하는 정도를 표시하는 데 사용되므로 아키텍처 결정 레코드와 같이 옵션을 평가할 때 유용한 도구가 될 수 있다. 하비 볼의 장점은 값을 전달

---

5 옮긴이_ 웹 표준기구 W3C에서 만든 웹 접근성 가이드라인
6 _https://www.w3.org/WAI/WCAG21/Understanding/non-text-contrast_

하는 데 단 하나만 사용한다는 것이다. 따라서 별 5개에 비해 테이블이나 기타 제한된 공간에 훨씬 쉽게 배치할 수 있다. 한 가지 염두에 둘 점은 어떤 색이 데이터를 나타내는지(검은색인지 흰색인지) 시각적으로 혼동될 수 있다는 것이다. 모호함을 줄이려면 [그림 10-3]처럼 시계 방향으로 공을 채우고 조직 전체에서 하비 볼을 일관되게 사용해야 한다.

그림 10-3 하비 볼

신호등은 부정적, 중립적, 긍정적 정보를 나타내는 일반적인 방법이다. 빨간색, 노란색, 녹색을 사용할 때는 실제 신호등과 같은 위치(영국이나 미국에서는 상단에 빨간색, 하단에 녹색[7])에 배치하거나 색상과 함께 다른 기호(예: 녹색에 +, 빨간색에 −)를 사용하여 독자가 색맹이거나 색상이 그레이스케일로 표시되는 경우라도 의미를 전달할 수 있어야 한다.

워드 클라우드

워드 클라우드Word cloud는 다양한 크기(일반적으로 색상)로 표시된 단어의 모음으로, 메시지를 보다 효율적으로 전달할 수 있는 또 하나의 표현 방법이다. 단어가 클수록(그리고 더 굵게 표시될수록) 소스 텍스트에 더 자주 표시된다. 소스 텍스트는 일반적으로 시장 조사의 개방형 질문과 같은 자유 텍스트이지만, 예를 들어 객관식 질문(단어의 두드러짐은 해당 답변이 선택된 횟수를 의미함)에서 나온 것일 수도 있다.

소프트웨어 아키텍처에서 워드 클라우드를 사용하는 가장 일반적인 방법은 프레젠테이션이지만, 다른 문서에도 삽입할 수 있다. 일부 대화형 프레젠테이션 소프트웨어에서는 청중이 답을 입력하면 프레젠테이션 화면에서 바로 확인할 수 있도록 즉석에서 워드 클라우드를 만

---

7 옮긴이_ 한국도 동일하게 신호등에서 상단은 빨간색, 하단은 녹색이다.

들 수도 있다. 즉석에서 만들든 미리 만들어 놓든, 참여도를 높일 수 있는 방법이다. 트렌드와 중요한 단어를 쉽게 확인할 수 있으며, 문서를 스캔하는 독자에게도 유용하다.

[그림 10-4]에 표시된 워드 클라우드는 태그(단어) 클라우드에 대한 위키백과Wikipedia 항목[8]의 텍스트를 사용하여 만들었다. 부차적인 단어(영어의 관사나 접속사, 전치사 등)는 제거하는 것이 일반적이며 많은 생성 도구에서 색상, 모양, 간격 등과 같은 다양한 옵션을 제공한다.

그림 10-4 Word Cloud Generator[9]에서 생성된 워드 클라우드

TIP 대화형 워드 클라우드는 사용자나 이해관계자로부터 수집한 개방형 데이터를 제시하거나 요구 사항 요청을 더욱 매력적으로 만드는 데 좋은 방법이다. 작업 중인 프로덕트를 변경하기 위해 이해관계자의 동의를 얻으려는 경우, 그 이유를 설명하는 워드 클라우드(예: 고객 불만 사항 요약)를 보여주는 것이 좋은 설득 도구가 될 수 있다.

---

8   https://en.wikipedia.org/wiki/Tag_cloud

9   https://simplewordcloud.com

차트, 그래프, 다이어그램

차트, 그래프 및 다이어그램은 텍스트 없이도 정보를 요약해서 메시지를 전달하는 훌륭한 도구이다. 예를 들어 그래프에 분명한 추세가 있다면 설명 없이도 요점이 전달된다. 도표는 정확한 수치를 보여주는 데 유용하고, 차트나 그래프는 패턴과 추세를 빠르고 명확하게 보여줄 수 있다.

차트와 그래프는 특히 선 그래프나 막대 차트와 같이 하나의 차트에 모든 비교 데이터를 포함하는 경우 데이터를 비교하는 데에도 좋은 방법이다. 또한 도표보다 더 매력적이고 일반적으로 더 빨리 읽고 이해할 수 있다.

기타

보다 효율적으로 소통할 수 있는 매력적인 콘텐츠를 만드는 다른 방법으로는 다음과 같은 것들이 있다.

인포그래픽

인포그래픽infographic은 보고서, 마케팅, 디지털 문서에 자주 사용하며 복잡한 정보를 이해하기 쉬운 형식으로 요약하는 데 유용하다. 인포그래픽은 사용자 문서에 특히 유용하며 문서를 더욱 흥미롭고 읽기 쉽게 만들 수 있지만, 접근 가능한 텍스트와 함께 제공해야 한다.

이미지, 일러스트레이션 및 애니메이션

차트, 그래프, 다이어그램 외에도 이미지를 사용하여 요점을 설명 및 강조하거나 시각적인 휴식을 줄 수 있다. 밈, 만화, 카툰이 이러한 방식으로 자주 사용된다.

동영상 및 오디오

디지털 콘텐츠에서 텍스트와는 다른 방식으로 정보를 전달하기 위해 사용한다. 글보다 동영상 정보를 더 잘 흡수하는 사람이 있고, 필요한 경우 감정을 전달할 수도 있는 좋은 방법이기도 하다.

다양한 방법을 사용하는 것은 일반적으로 독자와의 소통을 개선하는 좋은 방법이다. 메시지를 더 기억에 남고 매력적이며 이해하기 쉽게 한다.

> **CAUTION** 그래픽, 동영상 및 오디오 콘텐츠를 만들 때는 접근성에 유의하자. 시각 장애나 언어 장벽, 오디오 또는 방화벽 제한으로 인해 동영상이나 오디오 콘텐츠에 접근할 수 없는 사람들이 있을 수 있다. 이들을 위한 대체 형식 또는 대체 텍스트를 만들어야 할 수도 있다. 모든 사람이 읽을 수 있고 이해할 수 있는 색상을 사용해야 한다.

관점 중심 문서화

관점 중심 문서화perspective-driven documentation는 소통 대상과 그 이유에 초점을 맞추는 패턴이다. 관점은 '무언가를 바라보는 특정한 방식'으로 정의된다. 무언가를 특정 관점으로 바라볼 수 있다. 관점 중심 문서화에서 관점은 특정 이해관계자가 가진 한 가지 이상의 (서로 연관된) 문제를 다루는 한 가지 이상의 아티팩트의 집합을 의미한다. 관점에는 웹 페이지, 다이어그램, 테이블이 해당될 수 있다(10.3.3절 참고).

관점 정의하기

관점을 정의하는 프로세스는 이해관계자와 관점 작성자perspective author(예: 아키텍트 또는 개발자) 간의 협업이다. 관점은 이해관계자의 우려 사항을 해결해야 하지만 이해관계자는 이를 위해 무엇을 확인해야 하는지 모를 수 있다.

관점 작성자는 이해관계자와 협력하여 우려 사항을 해결하기 위해 어떤 아티팩트(텍스트, 다이어그램, 표 등)를 만들고 어떤 관점으로 큐레이션해야 하는지 파악해야 한다.

정의 프로세스는 템플릿, 체크리스트 또는 양식으로 구체화할 수 있으며, 이는 이해관계자와 문서 또는 아티팩트 작성자 사이의 부패 방지 계층^{anticorruption layer}이 되고 회사 전반의 문서에서 관점을 생성하기 위한 기반이 된다.

문서가 존재하는 이유는 이해관계자(개발자, 아키텍트, 프로덕트 오너, 프로젝트 관리자, 보안팀, 데브옵스, 고객 등)가 필요한 정보를 찾을 수 있도록 하기 위해서다. 이해관계자의 요구와 관심사는 매우 다양하다. 개발자는 프로덕트 오너와는 전혀 다른 정보를 필요로 하며, 고객과도 전혀 다른 정보를 필요로 할 가능성이 높다.

전통적인 문서화 방식은 장문의 문서와 스프레드시트와 같은 형식이다. 이 방식은 이해관계자가 필요한 정보에 쉽게 접근할 수 없고, 문서를 쉽게 유지 관리할 수 없다. 따라서 정보를 찾거나 중복된 아티팩트를 관리하기가 어렵다. 위키나 기타 지식 관리 애플리케이션은 기존 문서를 개선한 것이지만, 관점을 활용하면 크게 개선될 수 있다.

DRY 관점

관점 중심의 핵심 원칙 중 하나는 DRY^{Don't Repeat Yourself}(반복하지 않기)이다. 특정 아티팩트가 둘 이상의 이해관계자 또는 관점에 유용할 수 있지만, 문서의 유지보수성에 영향을 미치므로 아티팩트를 중복해서는 안 된다.

이 원칙은 관점 중심 문서화를 구현하는 방법과 사용할 수 있는 툴에 영향을 미친다. 툴과 애플리케이션은 하나의 아티팩트를 둘 이상의 관점에 포함할 수 있어야 하며, 원본이 변경되면 해당 아티팩트가 모든 곳에서 자동으로 업데이트되어야 한다.

문서 및 지식 관리에서 아티팩트(다이어그램, 도표, 텍스트 단락 등)를 페이지나 문서에 삽입해 중복을 피할 수 있다. 하이퍼링크를 사용해 참조할 수 있지만, 접근성이 약간 떨어진다.

DRY 원칙의 트레이드오프는 항상 모든 아티팩트 인스턴스를 자동으로 업데이트하는 것을 원하지는 않는다는 것이다. 아티팩트가 특정 시점을 나타내거나 특정 인스턴스에만 약간의 변경이 필요할 수 있다. 정적인 또는 변경된 버전의 아티팩트가 필요한지 고려하고, 생성 이유를 명확히 알 수 있도록 이름이 지정된 명시적인 복사본을 만든다. 특정 소프트웨어 릴리스나 표준 또는 라이선스의 특정 버전과 관련된 아티팩트를 예로 들 수 있다.

프랙탈 관점

관점 중심 문서화의 또 다른 핵심 원칙은 관점이 프랙탈적이라는 것이다. 프랙탈 관점fractal perspective은 다이어그램과 같은 아티팩트와 마찬가지로 하나의 관점이 다른 관점에 임베딩될 수 있다는 뜻이다. 따라서 재사용 가능한 아티팩트 그룹을 하나의 관점으로 생성하고, 그 관점을 다른 관점에 임베딩한 다음, 그 관점을 또 다른 관점에 임베딩할 수 있다(그림 10-5 참

---

10 『실용주의 프로그래머』(인사이트, 2022)

고). 하나의 아티팩트나 관점을 다른 여러 관점에 임베딩할 수도 있다. 모든 관점과 아티팩트는 복사본이 아니라 다수의 관점에 임베딩한 동일한 인스턴스이기 때문에 DRY 원칙도 준수하게 된다.

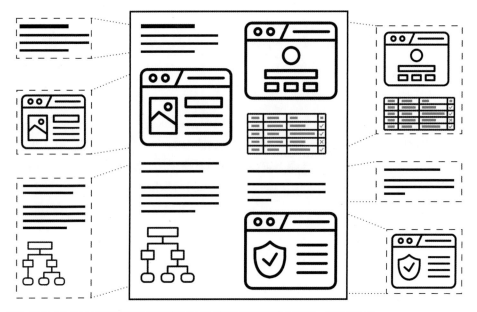

그림 10-5 하나의 관점에 임베딩된 아티팩트와 두 개의 다른 관점을 보여주는 프랙탈 관점

적합한 패턴과 배치를 파악한 후에는 관점에 대한 템플릿이나 체크리스트를 만드는 것이 좋다. 특정 문제(예: 시스템이 응답성이 있어야 함)를 해결하기 위해 일반적으로 적용할 수 있거나 특정 이해관계자에게 사용할 수 있는 아티팩트를 파악했다면, 이를 템플릿이나 체크리스트의 형태로 문서화해서 다음에 이러한 관점이 필요할 때 더 빠르게 만들 수 있다.

템플릿은 여러 프로젝트, 프로덕트 또는 규모가 큰 회사 내 부서나 조직에 전체적으로 적용할 수 있다. 이해관계자와 문제점을 파악한 상태라면 템플릿은 어떤 아티팩트가 필요한지 판단하는 데에도 도움을 준다.

다이어그램 계층화하기

다이어그램을 만들 때는 다이어그램의 정보를 여러 개의 레이어로 분할하는 것이 좋다. 다이어그램을 만드는 데 사용되는 많은 애플리케이션(예: draw.io 또는 비지오)은 레이어를 지원한다.

레이어는 DRY 및 단일 책임 원칙을 따르는 데 유용하다. 하나의 레이어 마스터 다이어그램에서 여러 개의 아티팩트를 만들 수 있으며, 각 아티팩트의 서로 다른 레이어 조합을 표시할 수 있다. 문서를 두 개 이상의 언어로 제공해야 하는 경우, 각 언어로 레이블 및 기타 텍스트를 위한 레이어를 만들 수 있다. 이는 모범 사례로, 단일 책임 원칙을 따르는 깔끔한 다이어그램을 만든다.

5장에서 소개된 단일 책임 원칙에 따르면 한 클래스에서 코드는 변경될 이유가 단 한 가지만 있어야 한다. 즉, 코드를 수정해야 할 때 필요한 부분만 변경하고 관련 없는 코드는 그대로 유지한다. 이 원칙을 따르면 관련 없는 코드에 실주로 버그나 회귀가 발생할 위험이 줄어들고, 테스트는 변경된 코드에 집중할 수 있다.

이는 문서화를 위해 생성하는 아티팩트에도 적용할 수 있다. 아키텍처의 보안에 변경 사항이 있는 경우 보안 관련 아티팩트만 찾아서 업데이트하면 된다. 이렇게 하면 해당 아티팩트를 찾고 업데이트하는 데 많은 시간을 절약할 수 있다.

관점 구현하기

이제 실무적으로 이러한 원칙과 아이디어를 구현하는 법에 대해 알아보자. 지식 관리 애플리케이션(예: 위키, 노션, 셰어포인트SharePoint, 컨플루언스Confluence, 옵시디언Obsidian, 로그세크Logseq 등)에 따라 지원되는 기능은 매우 다양하지만, 이러한 애플리케이션에서 주의해야 할 (또는 사용자 지정 지식 관리 앱에서 구현해야 할) 몇 가지 주요 기능이 있다.

태그와 메타데이터

태그와 메타데이터는 하나의 아티팩트를 여러 관점에서 사용할 때, 그리고 전반적으로 문서를 정리할 때 핵심 기능이다. 태그는 특정 유형의 아티팩트나 특정 프로덕트에 속하는 아티팩트를 쉽게 찾을 수 있도록 도와주며, 아티팩트를 관리할 때도 유용하다. 아티팩트에 메타데이터나 태그를 추가하여 아티팩트가 무엇인지, 어떤 프로덕트에 속하는지 등을 정의할 수 있으며, 일부 애플리케이션에서는 페이지에 아티팩트와 관점을 수동으로 추가하는 대신 관점이나 페이지[11]에 메타데이터를 추가하여 어떤 아티팩트를 어떤 순서로 표시해야 하는지 정의할 수 있다.

임베딩 및 참조

지식의 DRY 원칙을 유지하면서 관점을 만들려면 아티팩트를 임베딩할 수 있어야 한다. 위키나 웹 페이지에 삽입할 수도 있고, 컨플루언스나 셰어포인트와 같은 전용 도구를 사용하여 페이지를 만든 다음 아티팩트를 삽입할 수도 있다. 이상적으로는 링크를 클릭하는 것이 아니라 임베딩된 아티팩트를 보기 위해 현재 페이지나 컨텍스트를 떠날 필요가 없는 임베드 유형이 좋다. 임베딩이 불가능하다면 아티팩트에 대한 링크가 좋은 백업 수단이다. 이상적으로는 내구성이 강한 하이퍼링크여야 하지만, 최소한 이 참조를 통해 독자가 해당 아티팩트를 찾아볼 수 있어야 한다.

플랫 구조

대부분의 사람은 아티팩트를 정리할 때 일종의 폴더 계층 구조를 만들지만, 실제로는 많은 아티팩트가 두 개 이상의 폴더에 있어야 한다. 태그를 사용해 이를 활성화하면 파일에 플랫 구조를 사용할 수 있다. 모든 것을 한 곳에 모아두면 어디서 자료를 찾을지 항상 알 수 있다. 태그는 필요한 자료를 쉽게 찾을 수 있게 해주고, 아니면 적어도 어디서 찾아야 할지 알려준다.

---

11 옵시디언이나 데이터뷰 플러그인을 사용하면 가능하다.

템플릿과 체크리스트

대부분 도구는 적어도 페이지나 여러 유형의 관점을 생성하기 위한 정의나 템플릿을 제공할 것이다. 체크리스트와 템플릿의 항목들은 특정 이해관계자가 가진 문제 해결을 위한 아티팩트(또는 관점)가 된다. 일부 도구에서는 관점의 레이아웃을 위한 템플릿 등을 만들 수 있다.

레이어

다이어그램이나 기타 시각 자료를 만드는 데 사용하는 도구는 한 계층에서는 보안 프로토콜을, 다른 계층에서는 동기화 및 비동기화와 같은 통신 패턴을 표시하는 등 서로 다른 사항을 분리할 수 있도록 계층을 지원해야 한다. 이렇게 하면 하나의 다이어그램 파일에서 여러 개의 애셋asset을 만들 수 있고 동기화 상태를 유지하는 데 도움이 된다.

> **NOTE** **지식 그래프**knowledge graph는 정보를 서로 연결하여 검색 가능성을 향상시킨다. 폴더에 정보를 저장하면 계층 구조가 만들어지는 반면, 그래프를 사용하면 각 정보를 하나 또는 여러 개의 다른 정보에 연결할 수 있으며, 백링크를 사용해 어느 방향에서든 링크를 쉽게 이동할 수 있다. 옵시디언[12]은 지식 그래프를 실험할 수 있는 환상적인 도구다.

아키텍처에서의 관점과 시점

다른 아키텍처 영역에서도 관점perspective 또는 시점view이라는 개념을 들어봤을 수도 있다.

- 엔터프라이즈 아키텍처 프레임워크인 TOGAF The Open Group Architecture Framework[13]에는 관점 및 시점의 개념이 포함되어 있는데, 이는 관점 중심 문서화와 유사하지만 더 제한적인 개념이다.

---

12 *https://obsidian.md/*
13 *https://oreil.ly/IXn62*

- SABSA[14]와 Zachman[15] 프레임워크에는 모두 레벨 또는 관점이라는 개념이 있으며, 각 관점 내에서 무엇을, 왜, 어떻게, 누가, 어디서, 언제라는 분류에 따라 모델 또는 애셋의 매트릭스를 생성한다. 이는 관점 중심과 비교하면 훨씬 더 엄격한 개념이다.

- Diátaxis[16] 프레임워크는 독자의 필요에 따라 문서를 사분면(튜토리얼, 방법 안내서, 설명, 참조)으로 나눈다. 해당 사분면은 하이레벨 관점이라고 할 수 있다.

- 4+1 모델[17]에도 시점이라는 개념이 있는데, 여기서는 논리적 시점, 프로세스 시점, 개발 시점, 물리적 시점, 시나리오 시점이 있다. 4+1 시점은 하이레벨 관점이라고 볼 수 있다.

- 『소프트웨어 시스템 아키텍처』(에이콘출판사, 2015)[18]의 관점은 보안, 성능 및 확장성, 가용성 및 복원력과 같은 아키텍처 특성에 더 가깝다.

필자는 관점 중심 문서화에 있어서 시점 보다는 관점이라는 용어를 택했다. 시점이라는 용어는 소프트웨어 개발과 아키텍처에 있어서 너무 많은 의미를 가지고 있기 때문이다. 관점이라는 용어가 이해관계자의 요구에 부응한다는 의도에도 더 잘 부합한다. 관점은 개인적이기 때문이다.

요약

이제 회사의 모든 지식은 물론 개인의 지식에도 적용할 수 있는 지식의 기록, 전달, 저장에 대한 하이레벨 원칙을 알게 되었다. 하지만 이러한 원칙을 지식 프로세스와 문서에 적용하는 것은 지식 관리의 한 측면에 불과하다. 모든 소프트웨어의 기반이 되는 것은 사람이다. 다음 장에서는 사람이 지식 관리에 있어서 얼마나 중요한지, 그리고 지식의 소통과 기록을 개선하는 방법에 대해 알아볼 것이다.

---

14 https://sabsa.org/sabsa-executive-summary/

15 https://en.wikipedia.org/wiki/Zachman_Framework

16 https://diataxis.fr/

17 https://oreil.ly/IStQP

18 https://learning.oreilly.com/library/view/software-systems-architecture/9780132906135/

지식과 사람

소프트웨어와 아키텍처에서 핵심이 되는 것은 곧 사람이다. 소프트웨어를 사용하는 것도, 도움을 주는 것도 사람이며, 소프트웨어를 설계, 디자인, 코딩하는 것도 사람이다. 따라서 지식 패턴 중에 사람 중심인 내용이 있다는 사실이 놀랍지 않을 것이다.

팀원들은 회사뿐 아니라 여러분에게도 자원이다. 그들을 현명하게 활용하면 여러분의 지식 관리, 문서, 그리고 전반적인 소프트웨어 아키텍처 관리를 개선하는 데 도움이 될 수 있다.

피드백은 일찍, 자주 받자

많은 사람이 저지르는 실수 중 하나는 피드백을 받기 전에 많은 시간과 노력을 투입하는 것이다. 이는 노력과 비용의 낭비를 초래할 뿐만 아니라 시스템의 아키텍처 설계에도 영향을 미칠 수 있다. 이는 개인뿐 아니라 팀에도 해당되는 사실이다.

경험을 통해 애자일의 필요성에 대해 잘 알고 있다면, 가능한 한 빠른 피드백 루프를 통해 조기에 피드백을 받는 것의 중요성을 알고 있을 것이다. '반복적이고 점진적인 변경.' '빠르게 실패하거나 크게 실패하는 것.' 아티팩트와 문서를 만들 때도 이와 같은 원칙을 따라야 한다.

아이디어와 디자인에 대한 피드백을 받지 못한다면 변화하는 요구 사항과 새너티 체크^{sanity} check를 도와줄 외부적 시각을 완전히 놓치게 된다. 나비 효과^{butterfly effect}를 생각해보자. 초기에 잘못된 가정 하나가 아키텍처를 요구 사항과 완전히 다른 방향으로 이끌 수 있다.

피드백을 받지 못하면 매몰 비용 오류를 범하게 된다. 무언가를 오래 작업할수록 변경하고 싶은 마음이 줄어들게 된다. 자식과 마찬가지이기 때문이다. 초기에 피드백을 받지 못하면 피드백을 구할 가능성이 낮아지고, 디자인, 다이어그램 등에 대한 핵심 정보를 놓치게 되어 재앙을 초래할 수도 있다.

매몰 비용 오류

매몰 비용 오류^{sunk cost fallacy}는 투자가 더 이상 정당화되지 않거나 프로젝트가 성공할 가능성이 낮다는 증거가 있음에도 불구하고 개인이 프로젝트나 의사결정에 시간, 돈, 노력 등의 자원을 계속 투자하는 인지 편향이다. 이러한 편향은 이미 자원이 투자되었기 때문에 계속 투자하지 않으면 지금까지의 노력이 헛수고가 될 것이라는 믿음에 뿌리를 두고 있다. 그만두기에는 너무 많이 투자했다는 것이다.

기술 프로젝트에서 매몰 비용 오류는 여러 가지 방식으로 나타날 수 있다. 예를 들어, 회사는 프로젝트를 더 이상 실행할 수 없거나 의도한 가치를 제공하지 못할 것이라는 증거가 있음에도 불구하고 원래 예산이나 일정을 이미 초과한 프로젝트를 계속 추진할 수 있다. 또는 이미 리소스가 투자되었다는 이유만으로 더 이상 효과적이거나 효율적이지 않은 기술이나 도구를 계속 사용할 수도 있다.

아키텍처 디자인의 작은 부분뿐 아니라 전체 디자인에도 피드백을 받자. 아키텍처의 일부에 대한 다이어그램이나 다이어그램 세트를 만드는 데 오랜 시간, 어쩌면 며칠이 걸릴 수도 있다. 다이어그램을 만들기 위해 사흘 동안 노력했는데 가정이 잘못되었거나 이해한 내용이 잘못되었다는 사실을 알게 되었다고 상상해보자. 최악의 경우 처음부터 다시 시작해야 하거나, 다이어그램을 기반으로 작업하는 개발 팀에게 작업을 중단하라고 지시해야 할 수도 있다. 최선의 경우라도 다이어그램 변경에 더 많은 시간과 노력을 투입해야 한다.

피드백을 언제, 어떻게 받아야 하는지 살펴보기 전에, 개인 또는 팀 단위로 피드백을 일찍 그리고 자주 받아야 하는 이유를 살펴보자.

문제와 오류 조기 파악

의사결정이나 조치 후 문제가 제기되는 시점까지 시간이 길어질수록 변경에 드는 비용이 증가하므로, 아키텍처에 큰 영향을 미치고 수정에 더 많은 비용이 들기 전에 문제를 파악해야 한다.[1] [그림 11-1]은 피드백을 받음으로써 줄일 수 있는 상황의 종류를 보여준다.

개선 및 최적화 가능성 파악

다양한 배경과 경험을 가진 사람들이 많을수록 설계를 더 총체적이고 다양하게 분석할 수 있으므로 혼자서 할 때보다 개선점을 발견할 가능성이 높아진다.

비즈니스 요구 사항 일치 확인

비즈니스 이해관계자나 비즈니스에 밀접하게 관여된 이들은 디자인이 충족해야 하는 비즈니스 요구 사항에 대한 피드백과 설명을 제공할 수 있다.

초기 피드백은 양방향으로 이루어진다

이해관계자는 요구 사항의 장단점을 파악할 수 있는 정보를 제공받는 것을 매우 좋아할 것이다. 심지어 피드백에 따라 요구 사항을 변경할 수도 있는데, 이 경우 나중보다는 일찍 피드백을 받는 것이 좋다.

위험과 과제를 파악하고 적절한 조치를 취하자

위험은 일찍 파악할수록 좋다. 이러한 위험이나 과제는 사전에 완화할 수 있으며, 완화할

---

1 ADR은 큰 결정을 내리기 전에 이슈를 파악하는 데 좋은 기법이다.

수 없는 잔여 위험을 수용하기 위해 추가 피드백을 구할 수 있다.

TIP 현재 진행 중인 작업과 관련 없는 동료로부터 피드백을 받는 것이 좋다. 외부의 시각을 통해 지식의 저주를 피하고 자신이 갇혀 있는 에코 체임버의 벽을 허물 수 있다.

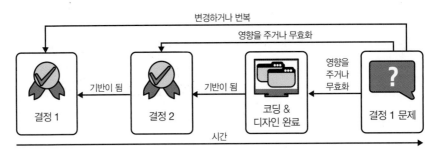

그림 11-1 결정 1에서 누락된 피드백이 이후에 높은 비용을 초래하는 과정

그렇다면 언제 피드백을 받아야 할까? 일반적으로는 일찍, 자주 받는 것이 좋지만, 정확한 시기는 상황에 따라 달라진다. 피드백을 받아야 하는 한 가지 중요한 상황은 가정을 문서화할 때이다(그리고 모든 가정을 문서화해야 한다).

가능한 한 빨리, 그리고 그 가정이 시스템이나 프로덕트의 설계에 영향을 미치기 전에 승인을 받아야 한다. 하지만 이것이 항상 가능한 것은 아니므로, 가정에 대한 승인을 받을 수 없는 경우에는 문서에 명시해야 한다. 효과적으로 참조할 수 있도록 문서에 가정 ID를 부여하면 해당 가정이 거짓으로 드러날 경우 변경이 필요한 부분을 알 수 있다.

프로덕트나 역할을 처음 접하는 경우 기술 및 비즈니스 동료로부터 가능한 한 자주 피드백을 받는 것이 좋다. 이렇게 하면 시간을 절약하고 장기적으로 평판을 향상시킬 수 있다. 의견 요청에 대한 좌절감은 단기간에 그치지만, 궁극적으로 '잘못된' 결과물이나 비용이 많이 드는 결과물로 인해 평판이 훼손되면 장기적이고 쉽게 잊혀지지 않는다.

여러분이 시니어나 책임자라고 해서 동료나 부하 직원(비즈니스 동료는 물론)에게 피드백을 구하지 않아도 된다고 생각해서는 안 된다. 아무리 말단 팀원이라도 내가 모르는 것을 알고 있거나 내가 생각하지 못한 다른 관점을 가지고 있을 가능성이 높다. 직급이 지혜를 얻는 데 방해가 되지 않도록 하자.

> **NOTE** 이해관계자의 요구 사항에 대한 이해와 가정을 반복함으로써 경청하고 있다는 것을 보여주며, 설계와 솔루션에 대한 신뢰가 쌓인다. 신뢰가 없는 디자인이 현실화되는 경우는 거의 없다.

이제 피드백을 받아야 하는 이유와 시기를 알았으니 피드백을 받는 방법에 대해 알아보자. 여기서 한 가지 명심해야 할 점은, 피드백을 명시적으로 요청할 필요는 없다는 것이다. 피드백을 제공해야 한다는 부담감 없이 작업 중인 내용을 보여주기만 하면 되고, 사람들이 원하면 피드백을 줄 수 있다. 다만, 팀의 주니어나 자신보다 나이가 어린 팀원은 의견을 제시하기 위해 격려가 필요할 수 있으므로 명시적으로 의견을 요청하는 것이 가장 좋다.

상황에 따라 피드백을 받는 방법에는 여러 가지가 있지만, 그중 몇 가지 예를 들어보겠다.

- 피드백을 받는 가장 쉬운 방법은 단순히 누군가에게 물어보거나 피드백을 제공해야 한다는 부담을 주지 않고 보여주는 것이다.

- 피드백은 풀 리퀘스트와 같은 공식 프로세스에 통합하거나 개인 또는 팀 워크플로의 체크포인트에 포함시킬 수 있다.

- 아키텍처 결정 레코드(ADR)[2]는 제안된 결정에 대한 피드백을 받을 수 있는 좋은 방법이다. 다른 사람들이 조언을 남길 수 있는 피드백 섹션을 포함하고 마감 날짜를 설정하면 다른 사람들이 결정과 이유를 보고 피드백을 제공할 수 있다.

- 기존 회의, 스탠드업 또는 리뷰는 피드백을 받기 위해 작업 중인 내용을 꺼낼 수 있는 좋은 기회다. 비공식적일 수도 있고 공식적일 수도 있다.

- 회사에 **변경 요청**request for change(RFC)[3] 프로세스가 있는 경우, 이 프로세스를 통해 프로덕트나 시스템 변경에 대한 피드백을 받을 수 있다.

---

2 더 자세한 정보는 12장의 '아키텍처 결정 레코드'를 참고하자.
3 어떤 시스템이나 프로덕트, 프로젝트 등에 대해 변경을 요청하는 공식 제안서

폴리글롯 미디어의 개발, 아키텍처 및 기술 문서 작성 팀에서는 피드백이 팀 워크플로에 내장되어 있다. 디자인 및 문서화 작업은 코딩 작업이나 사용자 스토리와 같은 방식으로 작고 논리적인 작업 단위로 나뉜다. 따라서 아티팩트와 문서에 대한 게시 및 피드백 주기가 빠르고 민첩하다.

각 팀원은 메신저 시스템의 전용 채널을 통해 검토를 요청할 수 있으며, 짧은 시간 내에 피드백을 받을 것을 기대할 수 있다. 모든 팀원은 작업을 완료한 것으로 간주하기 전에 이러한 방식으로 피드백을 받는 것이 권장된다.

공식적인 피드백은 다음 체크포인트에서 요청한다.

- 저장소의 문서에 대한 풀 리퀘스트가 이루어지거나 아티팩트가 준비되었다고 판단될 때 동료에게 피드백을 구하고, 필요한 경우 개발자와 아키텍트에게 기술적인 피드백을 구한다.

- 문서가 미리보기 상태인 경우(예: 문서 웹사이트가 비프로덕션 환경에 게시된 경우) 프로덕트 오너와 같은 이해관계자에게 피드백을 구한다.

- 문서와 아티팩트가 게시된 후에는 고객, 지원팀 및 기타 동료로부터 피드백을 받는다.

폴리글롯 미디어에서는 피드백을 지속적인 애자일 프로세스로 간주한다.

짐을 나누기

문서 작성 및 유지 관리(그리고 소프트웨어 아키텍처 자체에 대한 일반적인 커뮤니케이션)는 한 사람에게만 맡겨서는 안 된다(진정한 1인 밴드가 아니라면). 어떤 역할도 단독으로 책임질 수 있는 일이 아니며, 일반적으로 역할별로 서로 다른 유형의 문서 또는 요소를 담당한다. 효과적이고 최신 문서를 보유하려면 문서의 작성과 유지 관리를 모두 공유해야 한다. 어떻게 업무를 공유할 수 있는지 살펴보자.

비독점 형식

비독점nonproprietary 애플리케이션과 파일 형식을 사용하면 문서를 작성하고 업데이트할 수 있는(심지어 볼 수 있는) 사람의 수를 늘릴 수 있다. 비독점 형식과 애플리케이션을 사용하면 다음과 같은 이점이 있다.

라이선스 문제 감소

예를 들어 팀원 중 누가 전체 비지오Visio 라이선스가 필요한지, 누가 아틀라시안Atlassian 계정이 필요한지, 어떤 권한이 필요한지 등 라이선스에 대해 걱정할 필요가 없다(이 두 라이선스는 매우 비싸고 라이선스를 유지하려면 추가 비용이 발생함). 사용 중인 프로덕트의 라이선스를 반드시 확인하자.

편집자 접근성 향상

문서를 작성하고 편집하는 데 필요한 애플리케이션에 대한 권한을 얻기가 훨씬 쉬워진다. 많은 비독점 애플리케이션은 상업적으로도 무료로 사용할 수 있거나 비독점 파일 형식을 읽고 쓸 수 있는 앱에 대한 여러 옵션이 있다. 브라우저에서 작동하는 draw.io와 같이 사용자가 설치할 필요가 없는 앱도 있다.

더 높은 상호 운용성

파일 형식은 특정 회사나 개인의 소유가 아니며 공개적으로 문서화되어 있기 때문에 누구나 해당 형식을 읽고 쓸 수 있는 앱을 개발할 수 있다. 이는 하나의 앱에서 여러 개의 아티팩트를 사용할 수 있다는 의미이다.

공급업체 종속성 감소

모든 문서를 마크다운[4](또는 다른 일반 텍스트 형식)으로 작성하면 텍스트 편집기만으로

---

[4] 마크다운에 대한 자세한 내용은 12장의 '모든 문서를 코드처럼'을 참고하자.

도 누구나 문서를 작성하고, 읽고, 업데이트할 수 있다. 비독점 형식인 마크다운의 경우 읽고 편집할 수 있는 다양한 애플리케이션이 시중에 나와있다. 워드, 노션 또는 기타 독점 형식으로 작성된 문서의 경우 선택지는 제한적이다.

모든 독점 소프트웨어를 피할 필요는 없으며, 피하는 것이 가능하지도 않다. 하지만 독점 소프트웨어가 비독점보다 미래 지향적일 가능성이 높기 때문에 내구성이 요구되는 경우(예: 미래에 필요한 문서)는 고려할 만하다. 모든 것이 그렇듯이, 많은 비독점 및 오픈 소스 애플리케이션은 공식적인 지원을 제공하지 않는 등 장단점이 있으므로 도구를 선택할 때는 모든 장단점을 잘 따져봐야 한다.

비독점 형식

비독점 소프트웨어와 파일 형식은 특정 회사나 개인이 소유하거나 통제하지 않으며, 일반적으로 오픈 소스 라이선스에 따라 개발 및 배포된다. 비독점 파일 형식은 공개적이고 문서화되어 있어 누구나 해당 형식을 읽고 쓸 수 있는 소프트웨어를 만들 수 있다. 비독점 소프트웨어 및 파일 형식의 몇 가지 예로는 다음과 같은 것들이 있다.

- 마크다운Markdown: 많은 편집기 및 빌드 도구에서 지원하는 일반 텍스트 형식

- 아스키닥AsciiDoc: 아스키닥터Asciidoctor 및 안토라Antora로 만들 수 있는 일반 텍스트 형식

- 깃Git: 무료 오픈 소스 분산 버전 관리 시스템

- ODFOpen Document Format(오픈 문서 형식): 워드 프로세싱 문서, 스프레드시트, 프레젠테이션 및 그래픽을 위한 개방형 형식

- draw.io: 그래픽을 위한 오픈 소스 애플리케이션 및 파일 형식

- PNG: GIF를 대체하는 오픈 래스터 그래픽open raster graphic

- PDF: 소프트웨어와 하드웨어에 구애받지 않고 텍스트와 그래픽을 표현할 수 있는 파일 형식

- YAMLYAML Ain't Markup Language: 메타데이터 및 구성 파일에 자주 사용되는, 사람이 읽을 수 있는 개방형 데이터 직렬화 언어

- HTML: 웹 브라우저에서 볼 수 있도록 설계된 표준 마크업 언어

접근성

문서를 위한 형식이나 표기법을 선정할 때는 문서를 보고, 만들고, 업데이트할 모든 관계자가 사용할 수 있는지 고려해야 한다. 비독점 형식을 선택하는 것뿐만 아니라 독자와 작성자의 이해력을 모두 고려해야 한다.

UML이나 아키메이트ArchiMate와 같은 표준은 결국 문서를 작성하고 유지 관리할 수 있는 사람(그리고 효과적으로 문서를 읽을 수 있는 사람)을 줄인다. 이러한 표준을 완전히 이해하거나 자격을 갖춘 사람은 적다.[5] 문서를 유지 관리할 수 있는 인력 풀을 늘리기 위해 교육에 시간과 비용을 투자하고 새로운 사람이 팀에 합류할 때마다 이 과정을 반복해야 한다(그림 11-2 참조).

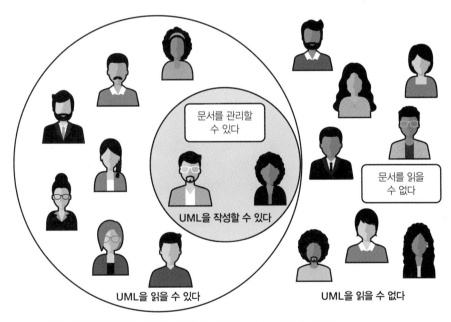

그림 11-2 표기나 형식의 선택으로 문서를 이해하고 관리할 수 있는 사람이 달라진다

---

5 다이어그램뿐 아니라 대부분의 상황에서 독점 툴이나 표준을 사용할 때 동일한 문제를 겪을 것이다.

사내에서 개발하는 간단한 사용자 지정 표기법은 누구나 쉽게 익힐 수 있다. 사전 지식이 없어도 이해할 수 있다. 문서 작성 및 업데이트 방법이 간단한 C4 모델과 같은 표준도 있다. 플로우 다이어그램이나 간소화된 시퀀스 다이어그램과 같이 간단한 표준을 사용하면 유지 관리자 풀을 늘릴 수 있다.

이러한 형식과 표준 선택은 모든 문서에 적용된다. 문서를 작성하고 유지 관리하는 모든 사람이 HTML과 CSS를 작성할 수 있어야 한다고 상상해보자. 이를 위해서는 많은 구문과 로직을 알아야 한다. 반면 마크다운이나 아스키독으로 문서를 작성할 수도 있다. 이 둘은 텍스트가 화면에 표시되는 방식을 다양하게 제어할 수 있는 형식이지만, 사용법을 이해하고 배우기가 훨씬 더 간단하다.

협업

문서 관리를 강화하는 또 다른 방법은 협업 도구를 사용하는 것이다. 구글 문서 도구, 마이크로소프트 팀즈Microsoft Teams, 슬랙Slack, 온라인 화이트보드와 같은 도구를 사용하면 문서를 쉽게 공유하고 해당 문서의 작성 및 유지 관리를 공유할 수 있다. 이 작업은 동기식(사용자와 다른

---

6   동일한 문서를 편집하는 데 한 사람은 마이크로소프트 워드를 사용하고, 다른 사람은 리브레 오피스 라이터(Libre Office Writer)를 사용하는 상황을 겪어 봤다면 docx 형식의 호환성이 그렇게 높지 않다는 사실을 이해할 것이다.

사람들이 동시에 참여) 또는 비동기식(각자가 적절한 시기에 의견을 제시)으로 수행할 수 있으며, 두 가지 방법 모두 상황에 따라 유용하게 사용할 수 있다.

아티팩트를 만들거나 유지 관리할 때 여러 사람이 함께 작업하면 한 번에 여러 사람의 인풋을 받아 작업 부하를 줄일 수 있고, 페어 또는 앙상블 프로그래밍을 할 경우에는 코딩을 진행하는 드라이버(키보드, 마우스 등 인풋 기기를 사용하는 사람)를 교체할 수도 있다. 모두가 꺼리는 작업이 있다면 함께 해보자.

함께 일한다는 것은 서로에게 배울 수 있다는 의미이다. 이는 특히 신입 사원에게 유용하게 작용한다. 현재 본인만 이해하고 있는 업무를 다른 사람에게 위임하고 싶다면 협업 도구를 사용해 다른 사람에게 알려주는 것도 좋은 방법이다. 특히 원격 근무자가 있을 경우 더욱 그렇다.

슬랙이나 마이크로소프트 팀즈와 같은 협업 도구는 사람들에게 알림이나 프롬프트를 보내는 훌륭한 방법이기도 하다. 문서가 업데이트되거나 생성되었을 때 채널이나 팀에 자동 알림[7]을 보내면 유용하다. 이렇게 하면 문서 유지 관리에 대한 기준을 세우는 데 도움이 된다. 변경 사항(새 릴리스와 같은 코드이든, 요구 사항과 같은 문서의 일부이든)에 대한 자동 알림을 통해 팀에서 다른 업데이트가 필요한지 확인하도록 유도할 수도 있다(예: 비즈니스 분석가가 만든 요구 사항의 변경이 아키텍트나 개발자가 아키텍처에 변경이 필요하다는 것을 의미하는가?).

역할과 책임

팀의 각 개인에게 구체적인 문서화 및 커뮤니케이션 역할을 할당하는 것은 유용할 수 있지만, 병목 현상(예: 소수의 사람이 대부분의 작업을 담당)이나 단일 장애 지점(예: 팀원이 아프거나 퇴사)을 만드는 함정에 빠지지 않도록 한다. 각 역할에 대해 최소한 한 명의 부담당자

---

7 수동으로도 가능하지만, 가능하면 모든 것을 자동화하는 것이 좋다.

를 지정하여 필요한 경우 업무를 인수하거나 도움을 줄 수 있도록 하자. 역할의 업무량을 고려하여 적절한 인원을 배정하자.

예를 들어 요구 사항 기록이나 이벤트 스토밍의 결과물 등 문서 유형에 따라 역할을 분담하는 것도 한 가지 방법이다. 또 다른 방법은 특정 유형의 문서를 만드는 역할과, 해당 유형의 문서를 검토하는 역할을 서로 다른 사람에게 할당하는 것이다. 어떤 유형의 문서는 팀 내 역할에 따라 자연스럽게 조정되지만, 기술이나 시간을 가진 사람에게 더 적합한 문서가 있을 수 있다.

> **CAUTION** 팀원 중 누구와도 인수인계 기간이 있을 거라고 가정하지 말자. 문서화 및 커뮤니케이션과 관련하여 단일 장애 지점(한 사람이 무언가를 책임져야 하는 상황)이 발생하지 않도록 하자. 언제 누군가가 장기 병가를 내거나, 정리해고를 당하거나, 다른 이유로 가드닝 리브gardening leave[8]에 들어가게 될지 모르기 때문이다.

기타 기술

지식 공유 또는 런치-앤-런lunch-and-learn 세션은 팀이나 조직 전체에 지식을 전파하는 좋은 방법이다. 세션에서 다루는 주제를 학습할 수 있는 문서 또는 기타 리소스를 기반으로 해야 한다(또는 세션을 준비할 때 이러한 자료를 만들어야 한다). 런치-앤-런 세션은 실시간으로 진행하거나 녹화할 수도 있다. 실시간으로 진행할 경우 향후 팀원이나 직원이 학습할 수 있는 아티팩트를 만들어야 한다. 이러한 세션에 투입되는 많은 준비 시간을 일회성으로 낭비해서는 안 된다. 이러한 세션은 단순히 지식을 공유하는 것이 아니라 공유와 학습의 문화에 기여할 수 있다.

어떤 프로덕트나 프로젝트 내에서, 또는 다양한 프로덕트나 프로젝트에 걸쳐 여러 번 생성되

---

8 가드닝 리브란 영국에서 자주 쓰이는 용어로, 특정 기간이 끝날 때까지 임금을 받으면서 강제 휴가에 들어간 상태다. 대체로 직원이 조직에 부정적 영향을 미치거나, 경쟁사에 도움이 될 것이라 생각할 때 사용한다.

는 특정 아티팩트의 경우 템플릿을 사용하는 것이 좋다. 템플릿의 개념은 패턴과 유사하다. 템플릿은 효과가 입증된, 재사용 가능한 솔루션이다.

템플릿을 사용하면 많은 이점이 있다. 그중 하나는 작업 부하를 쉽게 줄일 수 있다는 점이다. 프로젝트를 처음 접하는 사람도 템플릿이 있으면 시작할 수 있고, 프로덕트나 프로젝트 간에 템플릿이 공유되면 프로덕트나 프로젝트를 전환하는 사람도 이미 경험한 템플릿으로 순조로운 출발을 할 수 있다.

일하는 환경이 애자일이든 아니든, 문서 스프린트나 지정 시간 블록은 문서화 및 커뮤니케이션에 있어서 부하를 줄이는 또 다른 방법이다. 이 지정 시간은 평소 너무 바빠서 문서를 작성하거나 유지 관리하지 못하는 사람이 더 이상 변명할 수 없다는 것을 의미한다. 지식 공유나 협업 세션이 일반적으로 전용 공간에서 이루어진다면 이런 세션을 지정 시간과 결합하면 더 효과적이다.

> **TIP** 팀원들이 소프트웨어 아키텍처나 프로덕트에 대한 커뮤니케이션과 문서화를 공유하고 위임할 수 있게 하고 싶다면, 문서화에 더 주체적일 필요가 있다. 문서화와 커뮤니케이션의 부담을 나누고, 협업 대상으로 만들자.

JIT 아키텍처

YAGNI^{You aren't gonna need it}(당신에게 이것은 필요하지 않을 것이다)는 당장 필요한 기능만 개발하도록 장려하고 미래에 무엇이 필요할지 예측하지 않는 코딩의 원칙으로,[9] 지식 관리 및 문서화에 적용할 수 있다.

> **NOTE** YAGNI는 예측이 실현되지 않을 수도 있기 때문에 현재 노력을 낭비하고 있을 수 있으며, 미래에 변경이 필요할 때 문제를 일으킬 수 있다는 생각에 기반하고 있다.

---

9 그렇다고 모범 사례를 따르지 않을 핑계가 되어선 안 된다.

YAGNI와 잘 맞는 또 다른 (소프트웨어) 원칙은 아키텍처 결정을 가능한 한 오랫동안 연기하는 것이다. 이 원칙을 YAGNI와 결합한 것이 JIT 아키텍처^{just-in-time architecture}이다. 미래에 필요할 것으로 추정되는 것이 아니라, 지금 필요한 것만 결정하고 문서화하는 것이다.

워터폴이든, 애자일이든 또는 그 중간 환경이든 JIT 패턴^{just-in-time pattern}을 따르면 많은 이점이 있다.

낭비 감소

아키텍처와 문서를 적시에 생산하는 것은 당시의 존재 이유 및 정보에 기반한다. 아티팩트를 미리 생산하면 변경 사항이 생겨 수정이 필요해질 가능성이 높다. 또 다른 결정, 아티팩트 또는 실제 코딩/설계가 수정된 아티팩트를 기반으로 하면 변경해야 할 일련의 아티팩트, 결정, 코드가 생긴다. 이는 많은 노력을 낭비하는 일이며 비용이 많이 든다.

민첩성과 유연성 향상

JIT 패턴에 따라 작업하면 변화하는 요구 사항에 매우 빠르게 대응할 수 있다. 작업을 수행할 때 요구 사항과 결정에 대한 최신 정보를 얻을 수 있다. 또한 JIT 대응 시스템을 갖추면 예측이 아닌 필요에 따라 계획을 세우므로, 이전 아티팩트의 업데이트를 요하는 변경 사항에 대응하기에 용이하다. 변경해야 하는 아티팩트의 수가 줄어들기 때문에 유연하게 대응할 리소스와 능력을 갖출 수 있다.

리소스의 효율적인 사용

내일 필요한 것이 아니라 지금 필요한 것에 집중하여 팀 활동의 우선순위를 정할 수 있다. 모든 팀원(기술 및 비즈니스)은 프로덕트 또는 프로젝트의 현재 가장 중요한 측면에 집중할 수 있다. 아티팩트가 최대한 최신 상태로 유지되면 모두의 시간과 노력의 낭비가 줄어든다. 또한 모든 사람의 시간이 보다 효율적으로 사용되기 때문에 연구, 개념 증명 작업, 예상치 못한 추가 작업에 대해 효과적으로 유연성을 확보할 수 있다.

최신 정보

결정을 내리거나 아티팩트를 만들 때 가장 최신 정보와 피드백을 얻을 수 있을 뿐만 아니라, 아티팩트를 제작하자마자 바로 사용할 수 있으므로 사용 시에도 최신의 정보를 얻을 수 있다. 아티팩트 생성이나 의사결정을 미루면 이전보다 더 많은 것을 알게 된다. 여기에 JIT 프로세스까지 있다면, 변경이 필요한 아티팩트를 유지 관리하는 것이 더 용이해진다.

개선된 타임 투 마켓

JIT는 앞으로 중요할 수 있는 것이 아니라 지금 가장 중요한 것에 모든 노력을 기울이는 것을 의미한다. 따라서 지금 중요한 일을 빠르게 실행해서, 당장 중요하지 않은 일에 자원이 분산될 때보다 더 빠르게 테스트 및 출시할 수 있다.

애자일 방식과의 적합성 개선

JIT는 워터폴 환경에서도 사용할 수 있지만, 아키텍처 프로세스를 훨씬 더 애자일하게 만든다. 아키텍처 및 문서를 개발팀의 애자일 프로세스에 맞출 수 있고, 아키텍처가 변화에 더 잘 대응하기 때문에 전반적인 애자일 피드백 주기를 개선한다. JIT는 칸반 또는 스크럼 보드에 아키텍처 작업을 추가하는 데에도 적합하다.

명확성 향상

나무만 보고 숲을 보지 못한다는 말은 많은 문서에 해당된다. 현재(또는 이전)에 중요한 내용만 문서에 포함되어 있으면 필요한 내용을 찾기 위해 검색할 필요가 없다.

> **CAUTION** 문서가 부정확하거나 유지보수 비용이 제공된 가치보다 훨씬 더 높은 경우, 전체 순 가치는 마이너스가 된다.

워터폴 환경, 또는 규칙적인 점진적 변경에 적합하지 않은 환경에서 작업하는 경우에도 JIT

아키텍처를 적용하는 것이 유용할 수 있다. 코드를 작성하기 전에 전체 시스템을 설계해야 하는 상황에 처할 수도 있지만, 결정해야 할 사항과 만들어야 할 아티팩트의 우선순위를 정하고 순서를 정할 수 있다. 이러한 작업은 최신 정보를 얻기 위해 연구 또는 개념 증명 활동과 병행할 수 있다. 최대한 미루면 모든 사람의 프로세스가 조금 더 애자일해질수 있다.

> **NOTE** **JIT 아키텍처**just-in-time architecture와 **적정 아키텍처**just-long-enough architecture를 결합하여 목적을 달성한 문서와 아티팩트를 폐기할 수 있다(문서나 아티팩트가 폐기되어 더 이상 최신 상태가 아님을 명확히 표시). **적정 아키텍처**를 사용하면 더 이상 유용하지 않은 콘텐츠를 관리하는 데 소요되는 시간을 절약하고, 독자가 더 이상 관리되지 않는 콘텐츠의 오래된 정보를 소비하는 것을 방지할 수 있다.

물론 항상 장단점이 있다. 다음은 JIT 아키텍처를 제작할 때 고려해야 할 몇 가지 사항이다.

지금 당장 정보를 원하는 사람들

언제나 가능한 한 빨리 모든 정보를 원하는 사람들이 존재한다. 바로 이런 사람들은 **행동**을 통해 설득해야 한다. 이들에게 JIT 아키텍처를 통해 얻을 수 있는 이점을 최대한 알려주면서 보여줘야 한다. 그들이 원한다면 초안이나 보류 중으로 표시된 아티팩트를 보여줄 수 있다. 그런 다음 초안을 바탕으로 작업할지, 보류 중인 정보를 바탕으로 작업할지는 그들이 결정한다.

미래를 예측해주길 원하는 사람들

여러분은 항상 예측해달라는 요청을 받을 것이다. 이것이 얼마나 걸릴까? 이 날짜까지 필요한 정보를 얻을 수 있을까? 연구에 따르면 예측을 가장 적게 하는 팀이 가장 많은 성과를 내는 것으로 나타났다.[10] 프로젝트 매니저는 예산을 세우고 마일스톤에 대해 보고해야 하지만 이 모든 것은 추측에 불과하다. 일반적으로 모든 사람이 예상치 못한 작업을 수행

---

10 스크럼의 발명가이자 공동 창시자인 제프 서덜랜드(Jeff Sutherland)는 '랠리의 6만개 이상의 팀에 대한 데이터에 따르면 가장 느린 팀이 업무를 시간 단위로 예측한다. 아무런 예측을 하지 않는 것이 팀의 능률을 더 개선한다'고 말한다.

할 수 있도록 유연하게 대처할 수 있기 때문에 JIT 아키텍처는 장기적으로 리소스 관리와 같은 작업에 도움이 될 수 있다. 마일스톤을 결정과 작업으로 세분화하여 아티팩트를 만드는 것을 목표로 하자. 이렇게 하면 일이 제대로 진행되고 있는지 판단하는 데 도움이 된다.

당장 관련이 없어 중요한 정보를 놓치는 경우

지금 당장 필요한 결정을 내리고 아티팩트를 만드는 데만 집중하다보면 미래에 관련성이 있을 수 있는 중요한 아이디어와 정보를 놓치기 쉽다. 미래에 관련성이 있을 수 있는 정보를 기록할 수 있는 장소(예: 위키페이지)를 만들자. 아티팩트 작업과 의사결정 시 관련 정보가 있는지 확인해야 한다.

왜 결정을 미루는가?

아키텍처 결정을 가능한 한 오랫동안 미뤄야 하는 이유는 아래와 같다.

- 유연성 향상: 결정을 미루면 변화하는 요구 사항과 상황에 더 쉽게 적응할 수 있다.

- 학습 효과 향상: 결정을 미루면 학습과 실험에 더 많은 시간을 할애할 수 있다.

- 위험 감소: 불완전하거나 부정확한 정보에 근거하여 잘못된 결정을 내리거나 최적에 못 미치는 결정을 내릴 위험이 줄어든다.

- 협업 개선: 정보와 조언을 수집하는 데 더 많은 시간을 할애할 수 있으므로 의사결정에 있어 협업과 다양성이 향상된다.

- 복잡성 감소: 결정을 미루면 일반적으로 현재 필요한 부분에만 집중할 수 있고, 결정이 내려진 후 변경해야 할 사항을 다시 작성할 필요가 없기 때문에 복잡성이 줄어든다. 어떤 것의 추가를 위한 리팩터링이 변경을 위한 재작성보다 쉽다.

- 효율성 향상: 결정을 미루면 불필요한 결정을 내리거나 불필요한 작업을 할 필요가 없기 때문에 프로세스가 더욱 간소화되고, 새로운 정보를 입수했을 때 기존 디자인이나 코드를 재작업할 필요성이 줄어든다.

요약

동료들은 지식 관리와 문서화에 있어 필수적인 자산이다. 이 장에서 배운 기술을 통해 서로를 더 잘 활용할 수 있을 것이다.

이제 도구 상자에 더 상위 수준의 원칙들을 담았고 사람들을 활용할 수 있게 되었다. 다음 장에서는 지식 관리 및 문서화를 위한 일반적인 관행과 이를 업무에 효과적으로 적용할 수 있는 방법을 살펴볼 것이다.

12

모범 사례

소프트웨어를 설계하고 디자인하는 데에는 다양한 방법, 기법, 관행들이 있지만, 이것들을 단순히 따르고, 결과물을 내고, 치워버리는 데 그쳐서는 안 된다. 여러분이 생성한 아티팩트들은 전체 아키텍처에서 사용될 수 있도록 효과적으로 구성하고 사용해야 한다. 이 장에서 소개할 패턴들은 이전 장들에서 논의된 기법들을 효과적으로 사용할 수 있도록 도와줄 것이다.

아키텍처 결정 레코드

아키텍처 결정 레코드architecture decision record(이하 ADR)는 의사결정 프로세스에서 사용될 수 있는 아키텍처 의사결정 및 근거의 기록이다. 특정 아키텍처 결정이 어떻게 내려졌는지, 결정이 무엇인지를 아키텍트뿐 아니라 모든 이해관계자에게 이해시키는 것이 핵심이다. 프로덕트나 프로젝트의 생명 주기 동안 많은 결정이 내려지지만, 문서화를 하지 않을 경우 결정의 근거 또는 결정 자체가 쉽게 유실되거나 잊혀진다.

> **NOTE** ADR은 최초 마이클 나이가르드Michael Nygard가 2011년에 구상했다. 그의 블로그 소개글[1] 또한 ADR 형식이다.

---

1 https://oreil.ly/ZTjcC

ADR을 사용함으로써 기대할 수 있는 효과는 아래와 같다.

- 프로덕트의 초기 단계에서 내려진 결정을 이후에 변경한다고 생각해보자. 해당 결정이 왜 그리고 어떻게 내려졌는지에 대한 지식 없이 이 결정을 변경하는 것은 위험하다. 어떤 기술이 한 개 또는 그 이상의 요구 사항을 맞추기 위해 선택되었을 수 있다. 그런 경우 새로운 기술 결정으로 이러한 요구 사항을 맞출 수 없다. 많은 시간과 비용을 들이고 나서야 이 사실을 깨닫게 된다.

- 쏘우트웍스ThoughtWorks의 비르기타 뵈켈러Birgitta Böckeler가 '두더지 잡기whack-a-mole'라고 부르는 상황을 방지할 수 있다. 특정 결정에 대한 논의가 계속해서 제기되고, 반복되는 재탐색을 통해 최초 의사결정에 대해 좋은 근거가 있었다는 사실을 발견하게 되는 상황을 지칭한다.

- 온보딩 시 새로운 팀원은 특정 결정이 내려진 이유에 대해 알고 싶은 점이 많을 것이다. 기존 구성원들은 당장 머릿속에 답이 없을 수도 있고, 매번 같은 내용을 설명하기 번거로울 수 있다. ADR을 사용하면 효율적으로 답을 제공할 수 있다.

- 누군가 퇴사를 하게 되면서 머릿속에 있는 모든 아키텍처 결정 지식을 함께 가지고 가버리는 상황을 방지할 수 있다.

어떤 결정에 ADR이 필요한가?

- 개발자들이 소프트웨어를 작성하는 데 영향을 미치는 결정

- 변경하기 어렵거나 비용이 많이 들기 때문에 최선의 선택지를 선택하는 것이 중요한 결정 (이 결정이 향후 번복될 경우 관계자들이 충분히 맥락을 이해할 수 있도록)

- 논의 초반에 충분히 좋은 근거가 있었음을 계속해서 파악하느라 시간이 낭비되는 결정

- 프로젝트 온보딩 과정 중에 계속 질문이 들어오는 결정

- 다른 팀(다른 회사)에서 내린 결정을 도입하는 경우 (개별 ADR을 생성하고 원본 ADR을 참조해야 한다)

- 장기적으로 다수의 컴포넌트나 시스템에 영향을 미치는 결정

- 팀 외부에도 장기적인 영향을 미칠 결정. ADR 구조의 '논의'(229페이지)를 참조해 조언을 구하는 것이 좋다.

- 복잡하거나 이해하기 어려운 결정

- 비공식적으로, 또는 변경 요청request for change(RFC)을 사용하여 변경 사항을 제안하는 경우. ADR은 (논의 섹션에서) 피드백을 받을 때 사용할 수도 있고, 공식 RFC를 대체하거나 RFC에서 만들어진 결정을 기록할 수도 있다. (RFC가 거절된 경우, '거부됨' 상태를 사용할 수 있다)

ADR 구조

간단히 인터넷 검색만 해봐도 다양한 ADR의 구조가 존재함을 알 수 있다. 각 결정이 개별 파일로 구성되어 있고, 마크다운이나 아스키독으로 작성된다. 셰어포인트의 목록이나 위키페이지 등 다른 방법을 사용해도 무방하다. 사용 중인 저장 방식에 따라 ADR 템플릿 스타일을 맞출 수 있다.

필자가 제안하는 ADR 구조는 [예시 12-1]에 있다('이성과 논거 사용하기'의 [예시 9-2]에서 보인 바 있다). 이 구조에서 사용된 헤딩은 이 장 후반부에서 더 자세히 다룬다. 12.1.2절에서 폴리글롯 미디어의 ADR 예시를 볼 수 있다.

예시 12-1 ADR 구조

```
# 식별자와 제목 - 내려진 결정에 대한 진술

## 상태
초안/결정/ADR-XXX에 의해 대체됨

## 맥락
결정을 내려야 하는 이유. 가정, 제안, 결정 추진 동인

## 평가 기준
이 결정을 내리는 데 있어서 중요한 것은 무엇인가?
이 결정을 내리는 데 있어서 어떤 아키텍처 특성이 적용되는가?
기준이 되는 제약 사항이나 결정의 추진 동인이 있는가?

## 선택지
평가 기준(점수나 등급)에 따라 고려된 선택지들의 개요, 또한 평가 기준 외의 트레이드오프

## 결정
내려진 결정과 그 이유.

## 예상 결과
내려진 결정의 긍정/부정적인 결과
```

논의

다른 이들의 의견을 받는 경우, 이곳에 작성하게 한다. 실제 의견을 제시하든 하지 않든, 초대된 사람들에 대한 사항도 기입할 수 있다. 논의는 결정이 내려진 후에 일어나지만, 길이가 길어지고 결정 자체가 가려질 수 있기 때문에 마지막에 기록된다.

제목과 파일명

제목과 파일명 섹션은 식별자로 시작해야 하며, 이후 해당 의사결정을 기입한다(예: **001 이벤트 기반 아키텍처 사용**). 파일과 상단 헤더를 실제 의사결정으로 명명하게 되면, 누군가 ADR 목록을 훑어볼 때 어떤 결정이 내려졌는지 한눈에 알 수 있으며, 필요한 정보일 경우 파일을 열람하면 된다.

상태

상태 섹션은 현재 해당 결정의 진행 상황을 나타낸다. 일련의 상태들을 팀이나 조직의 워크플로에 맞게 정의할 수 있지만, [그림 12-1]의 예시와 마찬가지로 최대한 워크플로를 단순하게 유지하는 것이 좋다. [그림 12-2]는 불필요하게 복잡하므로 권장하지 않는다.

그림 12-1 단순(권장)한 ADR 상태 예시

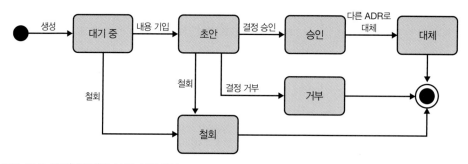

그림 12-2 복잡(비권장)한 ADR 상태 예시

초안^{draft}은 결정이 최종 확정되지 않았을 때 사용한다. **결정**^{decided}이 다음 상태로, 최종 결정되었음을 나타낸다.

결정은 변경될 수도 있다. 최초 ADR은 의사결정 프로세스 내역을 관리하는 것이 중요하기 때문에 상태를 제외하면 변경이 불가능해야 한다. 예를 들어, ADR 021에 **결정, ADR 001을 대체**라고 한다면, **ADR 001의 상태는 ADR 021에 의해 대체**라고 변경할 수 있다. 상태가 마지막으로 변경된 날짜를 포함하는 것도 좋다.

> **TIP** ADR에서는 **승인**^{accepted}이나 **거부**^{rejected}보다 **결정**^{decided}을 사용하는 것을 권한다. 결정은 언제나 내려지며, 대체로 '네/아니오'가 아니라 여러 선택지 중에서 고르는 것이다. **결정**을 사용하면 사용하는 상태를 단순화할 수 있고, 모든 종류의 결정에도 사용할 수 있다. 실제 결정은 ADR의 이름과 **결정** 헤더 아래 반영된다.

맥락

맥락 섹션에는 많은 경우 고려된 선택지와 평가 기준이 포함된다. [예시 12–1]에서는 선택지와 평가 기준이 누락될 일이 없도록 별도로 분리했다. 핵심 정보임에도 불구하고 수많은 ADR에서 제외된 것을 자주 목격했기 때문이다. **맥락** 세션에 들어갈 내용은 해당 결정의 필요성과 배경이다. 추가적으로 가정, 제약 사항, 결정의 추진 동인을 포함할 수 있다.

평가 기준

평가 기준은 ADR에서 제외되는 경우가 많지만, 독자의 입장에서 선택지들을 어떻게 분석, 비교했는지 이해하는 것은 중요하다. 이 결정에서 무엇을 고려해야 하는가?

만약 여러분이 아키텍처 특성을 선택했다면(또는 선택하지 않았다면 12장의 '아키텍처 특성'을 참고하라), 이 결정에 적용할 수 있는 특성들은 여러분이 결정을 내리는 데 도움이 된다. 아키텍처 특성은 우선순위이므로 좋은 시작점이다.

다음의 기준도 추가로 고려할 수 있다.

- 기업(비즈니스) 고려 사항

- 제약 사항 (적용되는 법, GDPR, 라이선스 등)

- 보안 사항이나 요구 사항 (데이터 레지던시[2], 미사용 데이터 암호화^{encryption at rest} 등)

- 기타 기능적 요구 사항

선택지

선택지 섹션에서는 결정을 내리기까지 고려한 선택지들이 무엇인지 설명한다. 전반적인 아키텍처 스타일에 대한 결정이라면 모듈식 모놀리스, 이벤트 기반, 또는 순수 마이크로서비스 등을 고려해봤을 것이다. 이러한 선택지들을 열거하고, 평가 기준을 적용하여 평가한 내용을 제시한다(테이블을 사용하여 평가 내용을 쓰는 방법은 12장의 'ADR 내용'을 참고하라). 별점이나 하비 볼을 사용한 시각적 평가는 이후에 빠르게 참고하기 위한 의사결정 프로세스를 추상화하는 데 도움이 된다(10장 '텍스트보다 추상화'의 '시각적 추상화' 참고).

각 선택지의 트레이드오프와 장단점 또한 기술하는 것이 좋다. 모든 트레이드오프를 명시하고, 평가 기준에 적용되는지 고려해야 한다. 의사결정 과정에서 평가 기준에 영향을 미치는 것이나, 이후 해당 결정을 재고하게 만드는 중대한 사실을 발견할 수도 있다.

결정

결정 섹션의 경우 내려진 결정과 그 이유에 대한 세부적인 내용을 포함한다. 결정에 대한 대부분의 자세한 내용이 다른 헤딩에 포함되므로 길고 복잡하게 쓸 필요가 없다.

예상 결과

예상 결과 섹션은 해당 결정의 긍정적 및 부정적 영향을 명시하는 중요한 부분이다. 소프트웨어 아키텍처에서 완벽이란 없다. 어떤 결정을 내리든지 간에 부정적인 측면이 존재한다.

---

2 옮긴이_ 데이터가 보관되는 지리적 위치

부정적인 측면은 독자들에게 주의해야 할 경고가 될 수 있으며 부정적인 결과를 감안했다는 것을 보여준다. 긍정적인 측면은 독자로 하여금 부정적인 측면을 왜 감수하는지 이해하게 한다. 트레이드오프는 항상 존재한다.

논의

선택 사항이지만, 아키텍처 의사결정이 단독으로 내려지는 경우는 거의 없다. 남들로부터 (의견이 아닌) 조언을 구하는 경우 기입한다. 여러분이 직접 추가하거나, 추가해달라고 요청할 수 있다. 해당 주제에 대한 블로그 글이나 기사, 그로부터 내린 결론과 같이 조사했거나 참고한 문헌을 추가해도 된다.

이렇게 논의를 기록함으로써 신중한 결정을 내릴 수 있다. 모든 조언을 따를 필요는 없지만 (충돌되는 조언들도 물론 있을 것이다), 적어도 왜 그 조언을 따르지 않았는지에 대한 이유는 있어야 한다('결정 섹션'에서 언급한다).

> **NOTE** '논의 섹션'은 템플릿의 마지막에 있지만 의사결정 **과정**에서 사용된다. 내용이 길기 때문에 상단에 포함될 경우 다른 정보가 묻힐 수 있어 마지막에 배치하였다.

ADR 내용

학창 시절, 선생님들이 풀이과정을 쓰라고 했던 것을 떠올려보자. 이는 ADR 내용을 생성할 때도 해당한다. 단순히 계산한 최종 비용을 기재하는 것이 아니라, 계산에 포함한 수치와 계산 과정(계산식, 또는 사용한 온라인 계산기 링크, 그리고 가격 변동을 고려한 날짜)을 보여주는 것이다.

독자 입장에서도 여러분이 계산한 결괏값을 그대로 받아들이지 않아도 되고, 여러분도 어떻게 값이 나왔는지에 대한 질문에 방어할 필요가 없다(기억하지도 못할 것이다). 모든 것은 변하기 때문에 새로운 수치나 변경된 가격으로 계산을 반복할 수 있는 것이 중요하다.

CAUTION 풀이과정을 보여주는 것의 문제점은 ADR이 장황해질 수 있다는 것이다. 이를 방지하기 위해서는 외부 데이터나 계산식에 링크를 추가하거나, 선택한 ADR 파일 포맷에서 추가 정보를 숨기는 방법(HTML이나 마크다운에서 `<details>`이나 `<summary>` 태그)을 사용할 수 있다.

ADR에 포함되는 세부 정보의 양은 결정의 파급 효과에 비례해야 한다. 더 중요한 결정일수록 더 많은 노력이 필요하지만, 모든 ADR에는 해당 선택지를 택한 이유를 이해시키는 정보를 포함해야 한다. ADR에 포함하는 세부 정보의 양은 또한 기록의 목적에 따라 달라진다. 단순히 기록으로만 사용하는가, 아니면 협업, 설득, 의사결정이 이루어지는 '살아있는' 문서인가?

NOTE 코드나 다른 문서에서 ADR을 참조하는 것이 좋다. 문서나 다이어그램의 독자들이 참조된 ADR을 쉽게 찾을 수 있어야 한다. 여러분이 선택한 디자인이나 코드의 이유를 설명하기 위해 ADR에 대한 링크나 참조를 사용할 수 있다.

[그림 12-3]과 [그림 12-4]는 이해관계자들을 설득하고 결정을 내리는 데 사용되는 ADR의 사례를 보여준다. ADR은 상세하게 평가 점수에 대한 근거를 보여주며, 논의 과정에서 사람들이 낸 의견도 포함한다.

[그림 12-5]는 향후 참고를 위한 결정을 어떻게 기록하는지를 보여준다. ADR의 목적에 따라 어떤 내용을 포함시킬지 결정해야 한다.[3]

CAUTION 대부분 결정이 공개적으로 내려지면 좋겠지만, 항상 그렇게 되지는 않는다. 다른 이들과 상의 없이 결정을 내리는 개인이나 집단이 있다면, ADR을 통해 해당 사안을 양지로 이끌어낼 수 있다. 이를 위해서는 ADR 관련 프로세스가 있어야 한다. 예를 들어 적절한 논의를 거친 ADR을 결정하기 전에는 예산을 승인하지 않는 것이다. 하지만 과도한 절차를 추가할 경우 아예 무시할 수 있으므로 주의하자.

3 ADR 템플릿은 이 책의 부록 및 웹사이트(*https://communicationpatternsbook.com/freebies.html*)에서 찾을 수 있으며, [그림 12-3], [그림 12-4], [그림 12-5]의 텍스트 버전도 있다.

ADR-044 이벤트 기반 분산 아키텍처 사용

상태

결정. 2023-10-04
[ADR-031 서버리스 기능 사용]을 대체함

맥락

현재 폴리글롯 미디어 시스템은 대부분 서버리스 기능으로 구성된 분산 시스템이다. 모놀리스에서 분산형 서버리스 아키텍처로의 전환은 라이브 시스템의 응답성 문제와 기능 및 버그 수정이, 코딩해서 프로덕션에 배포하기까지 오랜 시간이 걸리는 문제를 해결하기 위해 이루어졌다.

서버리스 아키텍처는 다른 많은 기능과 긴밀하게 결합되어 있어서 응답성이나 유지보수 문제를 필요한 만큼 해결하지 못했다.

응답성 및 출시 시간 문제에 대한 해결책을 찾아야 한다.

평가 기준

[ADR-002 아키텍처 특성 선택]을 참고하라

- 응답성: 고객들은 시스템의 응답성에 대해 불만을 제기해왔으며 이를 해결해야 한다. 이것을 가장 중요한 기준으로 간주한다.
- 유지보수성: 서버리스 기능으로 버그 수정 및 새로운 기능의 타임투마켓이 개선되었지만 부족했다.
- 배포 가능성: 유지보수성과 함께 배포 가능성은 버그 수정 및 새로운 기능의 타임투마켓을 개선하는 데 중요하다.
- 확장성: 응답성에 대한 고객 불만의 대부분이 사용량이 가장 많은 시간대에 발생하므로 시스템은 사용자에게 영향을 주지 않으면서 최대 사용자 수를 처리할 수 있어야 한다.

선택지

1. 마이크로서비스

기준	점수	근거
응답성	★★★☆☆ 3/5	[근본적으로 성능이 좋지 않지만] 병목 지점에서 확장과 같은 최적화를 도입할 수 있음
유지보수성	★★★☆☆ 3/5	종속성 문제가 있을 수 있으며 유지할 데이터 스토어가 많음
배포 가능성	★★★★★ 5/5	오직 변경된 것만 배포
확장성	★★★★★ 5/5	서비스 단위로 확장
합계: 16/20		**기타 트레이드오프** – 데이터를 [서비스별 데이터 스토어]로 분리해야 함 – 생성 비용이 대체로 높음 – 복잡하며 워크플로 생성이 어려움

2. 서비스 기반

기준	점수	근거
응답성	★★★☆☆ 3/5	[근본적으로 성능이 좋지 않지만] 병목 지점에서 확장과 같은 최적화를 도입할 수 있음
유지보수성	★★★★☆ 4/5	마이크로서비스에 비해 유지할 데이터 스토어가 적음
배포 가능성	★★★★☆ 4/5	오직 변경된 것만 배포하며 공유된 데이터 스토어의 변경 사항이 다른 서비스에 영향을 주지 않도록 주의

그림 12-3 ADR-044 이벤트 기반 분산 아키텍처 사용하기, 1부

확장성	★★★☆☆ 3/5	개별 서비스 확장, [캐싱]을 사용하지 않는 이상 공유 데이터 스토어 확장이 어려움
	합계: 14/20	**기타 트레이드오프** – 합당하게 복잡하며 워크플로 생성이 어려움 – 마이크로서비스만큼 진화 가능성이 높지 않음

3. 이벤트 기반

기준	점수	근거
응답성	★★★★★	일반적으로 [발사 후 망각형], 이벤트 처리는 확장/최적화 가능
유지보수성	★★★★☆	이벤트 처리 및 서비스와 데이터 스토어를 관리하고, 이벤트 디커플링 서비스를 개별팀이 관리하도록 함
배포 가능성	★★★☆☆	서비스뿐 아니라 이벤트 처리 배포와 변경 사항도 관리함
확장성	★★★★★	서비스와 메시지 처리 모두 확장 가능
	합계: 17/20	**기타 트레이드오프** – [연동 테스트가 더 어려울 수 있음]

결정

결정 기준에 의거한 최종 점수와, 1번 및 2번 선택지가 가장 중요한 기준인 응답성에 있어서 점수가 낮았음을 감안하여 이벤트 기반 아키텍처를 사용할 것이다.

예상 결과

긍정

- 기존의 서버리스 기능에 비해 응답성, 유지보수성, 확장성이 더 높아질 것이다.
- 이벤트의 처리는 큐에 추가된 이벤트 처리를 위해 서비스 추가 인스턴스를 생성함으로써 확장될 수 있다.
- 서비스 내 처리는 이를 위한 서비스 추가 인스턴스를 생성함으로써 확장될 수 있다.

부정

- 팀이나 구성원들이 (이벤트 큐 등) 새 스킬이나 기술을 학습해야 할 수 있다.
- 큐와 같은 이벤트 관리는 개발과 배포를 더 복잡하게 만든다.
- 연동 테스트와 데브옵스가 개편되어야 한다.

논의

- 블라드: 마이크로서비스나 서비스 기반 둘 다 [근본적으로 성능이 좋지 않음]. 원하는 만큼 응답성을 개선하지 못함
- 니카: 큐를 사용한 이벤트 기반 아키텍처 경험이 있음. 큐의 길이를 모니터링하면서 필요 시 긴 큐를 처리하기 위해 서비스 인스턴스를 추가로 생성함
- 리비: [앰뷸런스 패턴] 등에서 큐와 채널을 이벤트 프로세싱을 우선시하기 위해 사용할 수 있음
- 마크: 고객의 불만을 고려했을 때 응답성이 최우선이 되어야 함
- 리비: 순수한 마이크로서비스들의 경우 서비스가 데이터 스토어를 공유하지 않아야 함. 우리 데이터를 이렇게 분리시키는 데에는 많은 노력이 들 것임.

그림 12-4 ADR–044 이벤트 기반 분산 아키텍처 사용하기, 2부

ADR-044 이벤트 기반 아키텍처로의 변경

상태

결정, 2023-10-04

[ADR-031 서버리스 기능 사용]을 대체함

맥락

현재 폴리글롯미디어 시스템은 대부분 서버리스 기능으로 구성된 분산 시스템이다. 모놀리스에서 분산형 서버리스 아키텍처로의 전환은 라이브 시스템의 응답성 문제와 기능 및 버그 수정이 코딩해서 프로덕션에 배포되기까지 오랜 시간이 걸리는 문제를 해결하기 위해 이루어졌다.

서버리스 아키텍처는 다른 많은 기능과 긴밀하게 결합되어 있기 때문에, 응답성이나 유지보수 문제를 필요한 만큼 해결하지 못했다.

응답성 및 마켓투타임 문제에 대한 해결책을 찾아야 한다.

결정

우리는 높은 확장성과 응답성을 보이는 이벤트 기반 아키텍처를 사용할 것이다. 마이크로서비스와 서비스 기반은 가장 중요한 기준인 응답성을 충족하지 못한다.

예상 결과

긍정

- 기존의 서버리스 기능에 비해 응답성, 유지보수성, 확장성이 더 높아질 것이다.
- 이벤트의 처리는 큐에 추가된 이벤트 처리를 위해 서비스 추가 인스턴스를 생성하여 확장할 수 있다.
- 서비스 내 처리는 이를 위한 서비스 추가 인스턴스를 생성하여 확장할 수 있다.

부정

- 팀이나 구성원들이 (이벤트 큐 등) 새 스킬이나 기술을 학습해야 할 수 있다.
- 큐와 같은 이벤트 관리는 개발과 배포를 더 복잡하게 만든다.
- 연동 테스트와 데브옵스가 개편되어야 할 것이다.

그림 12-5 ADR-044 이벤트 기반 아키텍처로의 변경

ADR 보관

ADR의 보관 위치는 매우 중요하다. 모든 이해관계자가 편집 또는 열람을 위해 접근할 수 있어야 하므로 단순히 개발자나 아키텍트에 국한되는 것이 아니다.

접근은 승인을 기반으로 이루어져야 하며, 간단해야 한다. 회사 내에 모든 ADR을 위한 중앙 저장소가 있는 것이 유용하다. 다른 사람의 결정으로부터 모든 사람이 배울 수 있는 이점을 누릴 수 있기 때문이다.

TIP ADR은 프로젝트 또는 프로덕트에 사용되는 RAID 로그와 관련이 있지만 별도로 보관해야 한다. RAID[4] 로그의 D가 결정을 의미하는 경우 이 로그의 이 부분에서 ADR이 기록된 곳에 연결해야 한다. RAID 로그의 D가 종속성dependency을 의미하는 경우 의사결정에 대한 D를 하나 더 추가하여(RAIDD 로그로 전환) ADR에 링크하는 것이 좋다. ADR을 별도로 보관하면 더 쉽게 찾고 접근할 수 있다.

저장 위치 및 메커니즘(예: 위키에 마크다운으로 작성)은 ADR을 작성, 편집 및 읽어야 하는 사람들의 워크플로에 적합해야 한다. 일반적으로 코드 저장소에 접근하는 사람들을 위해 Readme 파일에 ADR이 저장된 위치 링크를 넣고, 코드와 함께 저장된 문서에서 특정 ADR을 참조하는 것을 고려하자. 코드 저장소나 저장된 문서를 한 번도 건드리지 않은 사람들도 있을 수 있으므로 프로젝트 위키에만 접근하는 사람들도 ADR을 쉽게 찾아서 편집할 수 있도록 해야 한다.

ADR을 보관하는 방법에 대한 또 다른 고려 사항은 데이터 유지 관리다. ADR 간에, 또는 다른 문서 및 애셋에서 ADR로 연결되는 하이퍼링크를 만드는 경우 이러한 링크가 끊어지지 않아야 한다. ADR을 이동하거나 이름을 변경하는 경우(ADR을 결정하기 전에도 가능하므로) 끊어진 링크를 찾아 수정하는 프로세스를 마련해야 한다. 더 좋은 방법은 이 작업을 자동으로 수행하는 도구를 사용하는 것이다.

CAUTION 프로젝트가 완료된 후에 ADR을 잃어버리지 않아야 한다. ADR은 애초 의도된 프로덕트나 시스템에 특정한 것이지, 프로덕트의 프로젝트에 대한 것이 아니다. 프로젝트가 아닌 프로덕트를 기준으로 ADR을 보관하자. (더 자세한 내용은 10장의 '프로젝트보다 프로덕트'를 참고하라).

ADR 문화

마지막 단계는 ADR을 만들고 읽는 문화를 조성하는 것이다. 팀원이나 동료가 ADR을 만들

---

4   DAIR 라고도 불리는 RAID는 로그 사용자에 따라 다른 의미를 지닐 수 있다. R은 대체로 리스크(Risk), A는 액션(Action) 또는 가정(Assumptions), I는 이슈(Issues), D는 결정(Decision) 또는 종속성(Dependencies)의 약자이다. 이 모든 것을 포함하기 위해 RAAIDD로그를 사용하는 사람들도 있다.

도록 하려면 어떻게 해야 할까? 소프트웨어의 모든 것이 그러하듯, 모든 것은 결국 사람에게 달려 있다. 이 질문에 대한 답은 교육과 쉽게 만드는 것 두 부분으로 나뉜다.

첫 번째는 교육이다. 과거 및 새로운 의사결정에 대한 ADR을 작성하여 이점을 보여주어야 한다. 말하는 것과 보여주는 것은 전혀 다른 효과를 지닌다. 아키텍트가 아닌 사람들에게도 ADR이 유용할 수 있음을 보여주는 것이 중요하다.

- 다른 사람의 질문에 대한 답을 찾기 위해 작성한 ADR을 보도록 안내할 수 있다.
- 변경에 대한 토론이 시작되면 원래 결정에 대한 ADR을 제시하여 논의를 지원할 수 있다.

두 번째는 동료들이 이미 사용하고 있는 시스템과 애플리케이션을 사용하여 ADR을 만드는 것이다. 동료가 비주얼 스튜디오 코드 또는 다른 IDE를 사용한다면 그것을 통해 ADR을 만들자. 모두가 노션을 사용한다면 노션을 사용하면 된다. 사람들이 ADR을 작성하거나 기여할 때, 그리고 ADR을 참조할 때 가능한 한 쉽게 기존 프로세스에 추가할 수 있어야 한다. ADR 템플릿은 작성과 이해가 쉬워야 하며, 어떤 부분이 필수이고 어떤 부분이 생략 가능한지 쉽게 파악할 수 있어야 한다.

ADR이 팀과 회사 문화의 일부가 될 수 있도록 하려면 아래와 같은 방법을 시도해보자.

- 주간 검토 회의에 의사결정에 대한 논의를 추가하여 필요한 경우 의사결정에 대한 ADR을 작성할 수 있도록 한다.
- 프로덕트와 관련된 ADR 검토를 온보딩 프로세스의 일부로 포함시켜 새로운 팀원들이 빠르게 업무에 적응할 수 있도록 하자.
- 누군가 기존 ADR로 답변할 수 없는 질문을 했을 때 새로 ADR을 작성하자. (224페이지의 '어떤 결정에 ADR이 필요한가?' 참고)

행동이 변화하기 까지는 시간이 걸린다는 점을 명심하자. 팀과 회사에 ADR을 도입할 때 시작부터 포기하지 말자.

의사결정에 관한 잘못된 통념

의사결정에 관한 몇 가지 잘못된 통념을 바로잡으면 더 명확하고 신속한 의사결정이 가능하다.

통념 1: 의사결정은 선형적이다

의사결정은 민첩한 프로세스여야 하며, 결정이 내려질 때까지 ADR 또는 제안을 반복하고 필요에 따라 과거의 결정을 다시 검토해야 한다.

의사결정을 오래 미룰수록 그 결정의 근거가 되는 정보가 더 많이 필요하다. 하지만 결정을 영원히 미룰 수는 없다. 새로운 정보가 생겨나고 상황이 변하면 진행 중이거나 이미 결정된 의사결정에 영향을 미칠 수 있다. 그렇기 때문에 ADR을 사용하여 의사결정을 기록해두면 다시 검토할 수 있고, 새로운 의사결정을 내릴 때 과거 의사결정에 들인 노력을 재사용할 수 있다.

통념 2: 선택의 폭이 넓을수록 의사결정에 유리하다

선택지를 더 많이 제시하거나 모으면 최선의 선택지를 고를 가능성이 높아진다고 생각할 수 있지만, 연구 결과에 따르면 오히려 선택지가 많을 수록 합리적인 의사결정을 내릴 가능성이 낮아져 결과에 만족할 가능성도 줄어든다고 한다.[5] 모든 옵션에는 장단점이 있으며, 장단점이 있는 많은 옵션을 각각 평가하는 것은 옵션이 적은 경우보다 훨씬 더 많은 정신적 부담을 준다.

가능한 세 가지 이하의 옵션으로 ADR 또는 제안서를 작성하고 별점 및 표와 같은 방식을 사용하여 독자가 옵션을 비교할 수 있도록 하자.

통념 3: 결정은 가장 높은 사람이 내려야 한다

직급이 가장 높고 많은 권한을 가진 사람이 반드시 최종 결정에 적합한 사람은 아니다. 오히려 전문성이 뛰어나거나 결과에 가장 큰 영향을 받을 사람이 의사결정권자가 되어 결정 과정을 주도해야 한다.

---

5 선택의 패러독스라고 불리며, 이는 배리 슈워츠(Barry Schwartz)의 『저작』(웅진닷컴, 2004)이기도 하다.

의사결정권자는 문제 공간과 가능한 해결책을 이해해야 하며, 다른 사람의 연구와 기여를 통해 지식을 강화할 수 있어야 한다. 의사결정권자는 결론에 도달할 때까지 의사결정 프로세스를 진행한다.

통념 4: 모든 이해관계자가 피드백 프로세스에 참여해야 한다

각 이해관계자는 결정에 따라 서로 다른 영향을 받게 된다. 의사결정권자는 의사결정의 성공적인 실행에 중요한 이해관계자들이 의견을 제시하고 결과가 어떻든 간에 헌신할 수 있는 기회를 제공해야 한다.

일부 이해관계자는 ADR 또는 제안이 초안 형태일 때 그 내용에 대한 의견을 수렴하여 제안된 옵션의 우려 사항이나 허점을 파악하는 데 유용하다. 일부 이해관계자는 결정 과정에 관여할 필요는 없지만 결과에 대한 정보를 제공받을 필요가 있다.

통념 5: 모든 종류의 피드백을 요청해야 한다

피드백 요청은 각 이해관계자에 맞게 구체적이어야 한다. 일반적인 피드백은 결정을 내리는 데 유용하지 않은 경우가 많으며, 검색해서 사용하기 어려울 수 있다. 관련 이해관계자에게 다음과 같이 요청하자.

- ADR 또는 제안서에 불분명한 내용이 있으면 알려달라고 하기
- 필요한 경우 명확한 질문을 해달라고 하기
- 이해관계자가 완전히 이해했다고 확신할 때만 피드백을 달라고 하기

이해관계자의 질문에 답변하거나 명확성을 높이기 위해 (결정이 내려지기 전에) ADR을 업데이트할 수 있다. 결정이 내려지면 모든 이해관계자에게 결정 내용을 전달한다.

통념 6: 모든 이해관계자가 결과에 동의해야 한다

이해관계자는 결과의 성공을 위해 기여해야 하지만, 모두가 그 결과가 최선의 해결책이라는 데 동의할 필요는 없다.

모든 관련 이해관계자가 명확하게 질문을 하고 피드백을 제공할 기회를 가졌다면 의사결

정권자가 결정을 내릴 수 있다. 그런 다음 의사결정권자는 모든 관련 이해관계자에게 기여할 것을, 또 하지 않을 것을 요청해야 한다. 이해관계자가 결정 결과를 실행하는 것이 안전하지 않다고 생각한다면 이유를 제시하고 의사결정권자와 함께 사안을 해결해야 한다. 이해관계자는 동의 여부를 표현할 수 있지만, 결정이 성공적으로 실행되려면 이해관계자의 기여가 중요하다.

모든 관련 이해관계자가 결과에 기여를 약속하면 결정을 확정할 수 있다. 이러면 새로운 정보가 나오지 않는 한 결정은 재검토하지 않는다. 새로운 정보가 나온 시점에서 새로운 결정 프로세스가 시작되고 그 결과가 원래 결정에 우선하게 된다. 이 경우 원래 ADR의 상태는 **결정**에서 **대체**로 변경된다.

통념 7: 의사결정권자는 합리적인 결정을 내릴 수 있다

149페이지의 '편견과 싸우기'에서 모든 사람이 가질 수 있는 몇 가지 편견에 대해 다룬 바 있다. 의사결정권자는 이러한 편견 중 적어도 일부를 완화하기 위해 관련 이해관계자의 의견을 수렴한다. 또한 자신과 관련된 다른 사람들이 어떤 편견을 가지고 있는지 알고 있어야 한다. 이러한 점을 염두에 두는 것은 도움이 되지만 편견을 완전히 통제할 수는 없다.

앞서 언급한 바와 같이, 관련된 이해관계자들에게 동의보다는 기여를 요구하면 집단 사고를 완화할 수 있다. 구성원들이 그룹 전체의 합의를 기대하지 않을 때, 반대 의견을 내고 눈앞에 놓인 옵션을 비판적으로 분석할 가능성이 높아진다.

아키텍처 특성

시스템 품질 속성system quality attribute 또는 **품질 특성**quality characteristic이라고도 하는 **아키텍처 특성** architecture characteristic은 시스템 또는 프로덕트의 우선순위를 나타낸다. 시간을 들여 분석에서 이러한 특성을 도출하면 이해관계자의 우선순위를 충족하는 아키텍처를 설계할 수 있다. 이러한 특성을 효과적으로 사용할 수 있도록 기록해두면 실제로 우선순위를 충족하는 데 도움이 된다.

아키텍처 특성은 DDD(도메인 중심 설계)와 같은 방법을 사용하든, 문제 공간을 분석하고 해당 문제를 해결하는 아키텍처를 생성하기 위해 자체적인 공식 또는 비공식 방법을 사용하든 관계없이 사용 및 적용할 수 있다. 수집된 요구 사항은 아키텍처 특성을 도출하기 위한 좋은 출발점이며, 여기에는 기능적 요구 사항뿐만 아니라 비기능적 요구 사항도 포함된다. 아키텍처 특성은 종종 비기능적 요구 사항(동작이 아닌 시스템 작동에 대한 요구 사항)과 연관되며, 비기능적 요구 사항의 상위 형태와 같다.

비기능적 요구 사항은 아무리 노련한 아키텍트, 비즈니스 분석가 또는 프로젝트 매니저라도 혼란과 골칫거리를 유발할 수 있다. 무형적인 것처럼 보일 수 있고 어디서부터 시작해야 할지 알기 어렵다. 효과적인 아키텍처 특성은 프로젝트, 아키텍처 및 디자인 결정을 내릴 때 나침반이 될 것이다. 시스템이나 프로덕트의 우선순위를 모든 이해관계자에게 전달하고 의사 결정하는 초석이 된다.

모든 상황이 다르기 때문에 아키텍처 특성의 궁극적인 목록을 정의하는 것은 불가능하다. 소프트웨어 아키텍처의 많은 부분이 그렇듯이 답은 상황에 따라 다르다는 것이다. 하지만 명확한 목록이 존재하지 않더라도 회사나 프로덕트에 적합한 목록을 충분히 만들 수 있다. 다음은 각자의 상황에 맞는 맞춤형 특성 목록으로 발전시킬 수 있는 몇 가지 예시다.

접근성

모든 사용자가 시스템을 성공적으로 사용할 수 있는지 여부

가용성

사용자가 필요할 때 시스템을 사용할 수 있는지 여부

구성 가능성

최종 사용자가 소프트웨어의 요소를 쉽게 변경할 수 있는지 여부

연속성

재해로부터 복구할 수 있는지 여부

확장성

새로운 기능 추가가 용이한지 여부

이식성

시스템을 여러 플랫폼에서 실행할 수 있는지 여부

프라이버시

보호시스템이 내부 및 외부 사용자로부터 데이터를 숨길 수 있는지 여부

확장성

사용자 수 증가에 따라 시스템이 정상적으로 작동하는지 여부

아키텍처 특성 목록 예시

의사결정에 관한 몇 가지 잘못된 상식을 바로잡으면 더 명확하고 신속한 의사결정이 가능하다.

• Wikipedia[6]는 시스템 품질 특성 목록을 정의한다.

---

6 *https://oreil.ly/HGqaw*

- ISO/IEC 25010[7]은 품질 특성 목록을 정의한다.

- 마크 리처즈는 자신의 웹사이트[8]에 있는 아키텍처 특성 워크시트에 아키텍처 특성 목록을 정의한다.

- 아키텍처 특성의 (일부) 목록은 『소프트웨어 아키텍처 101』(한빛미디어, 2021)의 4장에 정의되어 있다.

마크 리처즈와 닐 포드는 프로덕트나 시스템에 대해 아키텍처 특성을 하나 이상 선택하지 않는 것을 권한다. 프로덕트 오너는 제시된 목록에서 모든 것을 선택할 가능성이 높지만 모든 아키텍처 특성을 충족할 수는 없으므로 우선순위를 정해야 한다.

TIP 회사 내에서 사용할 아키텍처 특성 목록을 만들 때는 모든 사람이 각 특성의 의미를 명확하게 이해할 수 있도록 각 특성을 정의해야 한다.

좋은 소식은 일부 아키텍처 특성은 항상 중요하다는 점에서 암묵적인 것으로 간주할 수 있다는 것이다. 이러한 특성은 7가지에 포함할 필요는 없지만, 프로덕트나 시스템에서 우선순위가 될 만큼이라고 생각되면 7가지에 포함할 수 있다.

다음은 암시적으로 고려할 수 있는 몇 가지 아키텍처 특성이다.

실현 가능성

현재 제약 조건(비용, 시간, 리소스 등)을 고려할 때 솔루션으로 가능한지 여부

유지보수성

시스템을 효율적으로 유지보수할 수 있는지 여부

---

7 *https://oreil.ly/Bbl4o*

8 *https://oreil.ly/wlYHL*

보안

권한이 없는 사람이 시스템에 접근하지 못하도록 관리할 수 있는지 여부

단순성

시스템이 복잡하지 않고 단순한지 여부

TIP 비용cost은 **실행 가능성**feasibility과는 별개로 암묵적인 아키텍처 특성으로 간주할 수 있다. 대부분의 비즈니스는 어떤 식으로든 비용 절감을 목표로 하기 때문에 이해관계자가 개입되면 비용이 더욱 중요해진다.

아키텍처 특성을 정의하는 것은 애자일 프로세스라고 생각하자. 시간이 지남에 따라 변경될 수 있다. 확장성은 프로덕트 출시 초기에는 7대 우선순위에 포함되지 않을 수 있지만 사용자 기반이 증가함에 따라 더 중요해질 수 있다. 보안의 중요도가 낮아지지는 않겠지만, 프로덕트가 개인 식별 정보를 저장하기 시작하거나 새로운 법률이 시행되면 더 중요해질 수 있다. 이 경우 보안을 암묵적 특성에서 7가지 우선 순위로 격상시켜야 효과를 높일 수 있다.

프로덕트나 시스템이 초기 제품, 성장, 최적화 단계를 거치면서 정의했던 아키텍처 특성을 다시 검토하고 특성의 중요도가 변경되었는지 평가해야 한다(그림 12-6 참조). 이 검토를 트리거할 수 있는 비즈니스 마일스톤이 정의되어 있을 수도 있고, 작업 기간에 따라 x개월마다 검토를 설정할 수도 있다.

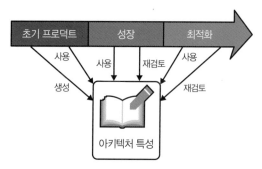

그림 12-6 프로덕트 주기에 따라 아키텍처 특성을 사용하고 재검토하는 과정

TIP 프로덕트 또는 시스템에 대한 아키텍처 특성을 정의한 후에는 이를 사용하여 시스템 아키텍처에 대한 나머지 설계를 개발하고 백업해야 한다. 한 가지 예로 ADR에서 아키텍처 특성을 의사결정의 기준으로 사용하는 것을 들 수 있다.

아키텍처 특성을 기록하는 방법과 그에 대한 분석은 아키텍처의 효과에 영향을 미친다. 상위 7가지 특성과 암시적 특성 목록을 작성하는 것은 최소한으로 해야 할 일이다. [표 12-1]은 효과적인 아키텍처 특성을 표에 기록하는 방법의 예를 보여준다.

표 12-1 폴리글롯 미디어의 효과적인 아키텍처 특성 예시

ID	특성	적용 가능	출처
AC01	감사 가능성	미디어 서비스	REQ 014 시스템 분석을 위해 모든 미디어 접근과 사용을 기록해야 한다.
AC02	결함 내성	결제 인터페이스, 외부 미디어 인터페이스, 고객 API, 고객 UI	REQ 025와 REQ 026
AC03	확장 가능성	외부 미디어 인터페이스	REQ 029 시스템에 외부 미디어 소스를 쉽게 추가할 수 있어야 한다.

효과적인 아키텍처 특성을 기록하기 위해 다음과 같은 방법을 시도한다.

해당 특성이 시스템의 어느 영역에 적용되는지 표시

이는 모든 영역일 수도 있지만 하위 집합일 가능성이 높다. [표 12-1]에 표시된 것과 같이 일반적인 설명이 될 수 있으며, 특정 서비스, 데이터 스토어 또는 구성 요소가 알려진 경우 이를 업데이트할 수 있다.

아키텍처 특성의 출처를 기록

이것은 요구 사항일 수도 있고(요구 사항에는 아이덴티티가 있어야 하며 이를 참조하는 것이 좋다), 분석 기록이거나 이벤트 스토밍 또는 도메인 스토리텔링의 결과물에 대한 참조일 수도 있다. 또한 표시한 출처에 포함되지 않은 특성을 포함하기로 결정한 이유를 문

서화할 수도 있다.

각 특성에 아이덴티티를 부여

이 아이덴티티는 문서의 다른 부분에서 특성을 지칭하는 데 사용할 수 있다. 여기에는 특성을 결정 기준으로 사용할 수 있는 ADR과 다이어그램도 포함된다.

고려된 모든 특성을 기재

고려된 모든 특성을 나열하거나 아키텍처 특성의 마스터 목록에 링크한다. 나중에 특성을 검토할 때 쉽게 고려할 수 있도록 상위 7위 안에 들어갈 뻔한 모든 특성을 문서화하는 것이 좋다.

날짜를 사용해 이력을 기록

최초 날짜, 마지막 업데이트 날짜, 다음 검토 날짜를 포함하여 특성을 참조하는 모든 사람이 해당 특성이 최신 상태이며 여전히 유효한지를 알 수 있도록 하자.

우선순위 3개를 파악한다

대부분의 아키텍처 특성이 대부분의 프로덕트나 시스템에 적용되는 경우, 상위 3개(반드시 순서대로 나열할 필요는 없음)를 파악하는 것이 도움이 될 수 있다. 이해관계자들과 함께 논의하고 상위 3개를 선정한 뒤 그 이유를 문서화해야 한다.

> **TIP** 아키텍처 결정 기록의 구조는 아키텍처 특성에 대한 의사결정을 기록하는 효과적인 방법이다.[9] ADR을 사용하여 의사결정을 기록하는 경우 시스템이나 프로덕트에 대해 어떤 아키텍처 특성을 선택했는지에 대한 결정을 기록하는 데 사용할 수 있다. 아키텍처 특성을 검토할 때 변경 사항이 있는 경우 원래의 ADR을 새 ADR로 대체할 수 있다.

---

9 더 자세한 내용은 12장의 '아키텍처 결정 레코드'를 참고하라.

모든 문서를 코드처럼

문서를 코드처럼documentation as code[10]은 단순 기술 문서뿐 아니라 모든 문서에 적용할 수 있는 일련의 원칙이다. 표준 정의는 코드를 작성하는 것과 동일한 환경이나 IDE에서 마크다운과 같은 마크업 언어로 문서를 작성하고, 대부분 프로세스가 자동화된 버전 관리로 저장하는 것이다. 문서를 코드와 동일하게 취급하면 문서의 자동 생성이 가능해지기도 한다.

기술 문서

코드와 근접한 문서, 즉 코드에 대한 내용이며 코드 작성자들에 의해 쓰여진 문서의 경우 문서를 코드처럼 원칙은 다음과 같은 이점이 있다.

문서화 문화를 개선 또는 조성

문서화가 쉽고 일반적인 워크플로의 일부가 되면 문서를 작성하고 최신 상태로 유지할 가능성이 훨씬 더 높아진다.

정확성 향상

풀 리퀘스트, 코드 리뷰, 테스트 등 코드와 동일한 품질 관리 프로세스를 문서에 적용하면 오류의 위험을 줄일 수 있다.

더 효율적인 워크플로

문서를 코드로 현재 워크플로에 통합하면 기술 문서를 따로 작성할 때보다 기술 문서화 프로세스가 간소화된다.

---

10 옮긴이_ 문서를 코드처럼 작성하자는 패러다임으로 Docs like Code로도 부른다.

더 쉬운 유지 관리

문서화 프로세스에 과도한 승인과 같은 불필요한 절차를 추가하지 않는 한, 마크다운과 같은 더 간단한 형식을 사용하고 도구를 변경할 필요가 없어서 기술 문서를 코드로 유지 관리하기가 더 쉽다.

유연성 향상

문서를 게시해야 하는 경우, 전문 도구나 파이프라인을 사용하여 마크다운 및 아스키독 등을 다양한 형식(예: HTML, PDF)으로 쉽게 자동 변경할 수 있다.

문서 검색 가능성 향상

문서가 코드와 같은 위치 또는 잘 알려진 저장소에 저장되어 있으면 필요한 문서를 어디서 찾거나 검색해야 하는지 쉽게 알 수 있다.

협업 개선

버전 관리 시스템으로 문서의 버전을 관리하면 여러 사람이 하나의 파일을 변경하고 모든 변경 내용을 병합하는 작업이 간단해진다. 승인 프로세스를 통해 더욱 자동화된 협업이 가능하다.

> **NOTE** 기술 문서를 왜 작성해야 할까? 여러분의 코드 베이스에 대한 기존, 또는 새로운 개발자의 교육뿐만 아니라, 외부 사용자나 고객을 위해 필요하기도 하다. 소프트웨어 프로덕트나 API가 얼마나 잘 문서화되었는지도 업체 선정에 있어서 중요한 요소이며, 비용 및 성능보다 중요하게 고려하기도 한다.

문서화 프로세스는 일반적으로 [그림 12-7]에 표시된 단계인 작성, 변환 및 게시를 따른다. 작성은 IDE와 버전 관리 시스템의 검토 프로세스를 사용하여 수행한다. 검증은 검토 프로세스의 일부로 수행하거나 파이프라인에서 별도로 수행할 수 있다. 변환은 파이프라인에서 자동으로 수행하거나 일반적으로 서드파티 도구를 사용하여 수동으로 수행할 수 있다(예: 마크다운을 HTML로 변환). 그런 다음 퍼블리싱은 파이프라인에서 자동 또는 수동으로 처리한다.

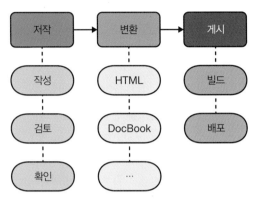

그림 12-7 '문서를 코드처럼' 개요

TIP 배포 전에 검토할 수 있는 문서 초안 버전을 만들지 고려해야 한다. 이 작업이 필요한지는 검토 및 검증 프로세스가 얼마나 엄격한지, 변환 프로세스가 얼마나 잘 작동하는지(예: 특정 방식으로 서식을 지정하지 않으면 보기에 좋지 않거나 깨지지는 않는지), 문서가 공개되어 있는지 여부에 따라 달라진다. Hugo[11]와 같은 정적 사이트 생성기는 페이지의 **초안**draft 상태와 테스트 빌드에 초안 페이지를 포함할 수 있는 기능을 활용할 수 있으므로 이러한 상황에서 변환 및 배포에 유용한 도구다.

다음 원칙에 따라 프로세스와 환경에 적합한 방식으로 코드 형태의 문서를 실행에 옮길 수 있다.

- 문서 소스 파일(예: 마크다운)은 버전 관리 시스템(예: 깃)에 저장한다.

- 신뢰할 수 있는 검토자(예: 개발자 및 테크니컬 라이터)가 문서를 검토한다.

- 문서는 검토자(정확성 및 이해도)에 의해, 그리고 테스트(구문 및 유사성)를 통해 자동으로 검증한다.

- 문서 아티팩트는 자동으로 작성된다(예: 문서의 HTML 버전).

- 아티팩트는 많은 개입 없이 게시된다.

---

11 http://gohugo.io

문서화를 코드 프로세스로 자동화하는 작업은 코드의 테스트, 구축 및 배포를 자동화하는 시스템과 동일한 시스템에서 수행해야 한다. 이렇게 하면 중복되는 부분 없이 시간과 노력을 절약할 수 있다. 문서 리뷰도 같은 이유로 코드 리뷰와 동일한 방식으로 처리해야 한다.

가장 간단한 형태의 '문서를 코드처럼documentation as code' 원칙은 코드와 동일한 저장소에 마크다운 파일로 문서를 포함하는 것이다. 그러면 저장소를 복제하는 모든 사람이 문서를 사용할 수 있으며 텍스트 편집기, 브라우저 또는 마크다운을 지원하는 모든 애플리케이션에서 문서를 볼 수 있다. 깃허브를 사용하여 깃 저장소를 관리하는 경우 선택한 테마로 문서를 표시하고 쉽게 액세스할 수 있도록 해주는 깃허브 페이지[12]를 활용할 수 있다.

문서를 코드로 취급하면 코드와 같은 방식으로 자동으로 실행되는 테스트를 작성할 수 있다(이러한 테스트를 코드 테스트와 같은 위치에 포함하면 효율성이 높아지고 빌드 성공 여부를 더 쉽게 판단할 수 있다). 대부분의 문서에서 유용한 두 가지 테스트는 끊어진 링크와 가독성 문제를 확인하는 것이다.

문서에 다이어그램을 코드로 추가할 때는 머메이드Mermaid[13] 또는 PlantUML[14]과 같은 텍스트 기반 다이어그램 도구를 사용하는 것이 가장 좋다. 이렇게 하면 일반 텍스트와 같은 방식으로 비교할 수 있으므로 버전 관리를 더 쉽게 할 수 있다.[15] 어떤 도구를 사용할지 결정할 때는 각 도구로 무엇을 만들 수 있는지, 선택한 변환 및 게시 도구가 이를 지원하는지, 얼마나 쉽게 작성할 수 있는지 등을 고려하자.[16]

> **CAUTION** 코드와 함께 문서를 생성하고 배포할 때는 어떤 자동화가 필요한지 고려해야 한다. 5가지 버전의 프로덕트를 지원하는 경우 5가지 버전의 문서를 유지 관리해야 하는가? 문서만 포함된 풀 리퀘스트가 배포 파이프라인을 막는다면 자동으로 승인되어야 하는가? 각자의 고유한 상황을 고려해서 균형을 찾아보자.

---

12 _https://pages.github.com_
13 _https://mermaid.js.org_
14 _https://plantuml.com_
15 일부 다이어그램 애플리케이션은 텍스트 기반 포맷으로 데이터를 저장하기도 한다(예: draw.io).
16 예를 들어 PlantUML은 자체 언어가 있는 반면 머메이드는 '마크다운에서 영감을 받은 텍스트 정의'를 사용한다.

자동 생성 문서

정기적으로 변경되는 코드(및 변수나 메서드 이름과 같은 것을 참조하는 모든 문서)의 경우 자동 생성이 문서를 처리하는 가장 좋은 방법이다. 코드 언어와 환경에 따라 코드 문서를 자동으로 생성하는 다양한 옵션이 있다.

자동으로 생성된 문서가 포함된 API를 배포할 경우 고객이나 내부 사용자 등 최종 사용자를 위해 문서를 수동으로 업데이트할 필요가 없으므로 전체 배포 프로세스가 훨씬 빨라진다. 또한 자동 생성 기능은 개발자가 익숙하지 않은(그리고 현재 팀원 중 아무도 익숙하지 않은) 코드 베이스 외의 부분을 이해하는 데 도움이 된다.

문서 생성기에는 장단점과 한계가 있다. 문서 생성기는 코드에 대해서만 알려줄 수 있지, 비즈니스 요구 사항이나 특정 방식으로 구현되거나 구현되지 않은 이유는 알려줄 수 없다. 그리고 중요한 코드가 중요하지 않은 코드나 보일러플레이트 코드와 동일한 우선순위를 갖는다. 이러한 코드 중 일부는 생성기에 따라 적절한 주석이나 설정을 사용하여 최소화할 수 있지만, 일반적으로 기술 문서에는 자동으로 생성된 코드보다 더 많은 코드가 필요하다.

일부 생성기는 코드의 정적 분석(프로그램을 실행하지 않고 소스 코드를 검사)을 사용하며, 일부 생성기는 문서 생성을 위해 코드에 주석이나 인라인 문서가 필요하다. 이는 도구를 선택할 때 염두에 두어야 할 사항이다. 문서화 요구 사항을 충족하고 코드에 아무것도 추가할 필요가 없는 도구를 찾을 수 있다면 현재와 미래의 모든 코드에 표기^{annotation}를 달아야 하는 도구보다 더 나은 선택일 것이다. 표기가 누락되면 해당 코드는 문서에서 누락된다. 표기가 있는지 확인하기 위해 코드 리뷰나 풀 리퀘스트에 검사를 추가하거나 이를 찾기 위해 작성한 자동 적합성 함수를 사용해야 한다.

도구를 선택할 때는 대상 고객을 염두에 두자. 그들에게 무엇이 필요한가? 이 문서를 작성하는 이유는 무엇인가? 자동 생성 코드의 대상은 기술 전문가일 것이다. 그렇지 않다면 자동 생성 문서는 코드에 관한 것이므로 해당 사용자를 위한 다른 문서 작성 방법을 고려하자. 문서화하는 코드나 API로 작업해야 하는 개발자에게 최적화되어 있다.

AI는 이제 문서를 생성하는 최신 방법 중 하나이다. 비주얼 스튜디오 코드와 같은 도구를 사용하는 경우 AI를 사용하여 코드에 문서를 추가하는 확장 기능을 찾을 수 있다. 깃허브 코파일럿^{GitHub Copilot}은 코드에 주석 문서를 생성하는 또 다른 도구다.

기타 문서

요구 사항, 아키텍처 특성, ADR 등 비즈니스와 관련이 있거나 기술적인 내용이지만 코드와는 직접 관련이 없는 문서도 있다. 이러한 문서의 경우 코드처럼 문서화할 때 트레이드오프가 있지만, 이를 염두에 두면서 원칙을 적용하면 여전히 이점을 얻을 수 있다.

비즈니스 관련 문서와 아티팩트를 작성하는 사람들은 개발자가 사용하는 IDE나 깃과 같은 버전 관리 툴 사용법을 잘 모를 가능성이 높다. 문서화가 팀과 회사 문화의 일부가 될 수 있도록 쉬운 프로세스를 만들고 싶지만, 사람들에게 자신의 업무나 다른 기술과 특별히 관련이 없는 것을 배우도록 강요할 수는 없다. 비개발자들을 억지로 개발의 세계로 끌어들이지 않으면서 원칙을 적용해야 한다.

---

17 케빈 헤니가 했다고 전해지는 말이지만 사실 출처는 불명확하다. 다른 사람의 말일 수도 있다.

모든 문서는 일반 텍스트plain text[18]로 작성할 수 있고, 마크다운은 비개발 라이터들도 쉽게 배울 수 있는 훌륭한 선택지다. 마크다운을 사용하는 위지위그What You See Is What You Get (WYSIWYG) 편집기를 사용하면 마이크로소프트 워드와 유사한 사용 경험을 얻을 수 있다.

비개발 라이터들에게는 작은 단위로 글을 작성하고 피드백을 받은 다음 새 작업을 현재 작업에 통합하는 개념을 소개할 수 있다. 이러한 프로세스는 버전 관리 없이도 일반 텍스트가 아닌 콘텐츠에 적용할 수 있다. 구글 문서나 마이크로소프트 워드를 사용하는 경우 댓글을 사용해 피드백을 받고 문서에 대한 변경 사항을 수락하거나 거부할 수 있다.

적절한 도구를 사용하면 모든 문서에 버전 관리를 적용할 수도 있다. 비개발 라이터는 커맨드 라인을 사용하기를 원치 않겠지만, 깃허브 데스크톱Github Desktop[19]과 같은 도구나 깃 또는 버전 관리 기능이 내장된 도구(예: 깃북[20])를 사용하는 데는 많은 교육이 필요하지 않다. 버전 관리 도구를 사용하는 방법에 대한 메타 문서와 **문서를 코드처럼** 프로세스는 개발자나 테크니컬 라이터가 쉽게 만들 수 있다.

뒷단에서는 비개발 라이터의 개입 없이 문서 작성 및 게시의 원칙을 적용할 수 있다. 버전 관리를 사용하는 경우 기술 문서에 사용되는 것과 유사한 파이프라인이 될 수 있다. 버전 관리를 사용하지 않는 경우에는 폴더의 파일에서 실행되는 배치 프로세스 등을 설계할 수 있다.

코드처럼 작성한 기술 문서technical document-as-code의 다이어그램을 만들 때는 일반적으로 머메이드[21] 또는 이와 유사한 텍스트-다이어그램 변환 도구를 사용한다. 텍스트 기반 다이어그램은 버전 관리에 저장하는 데 더 적합하지만 다이어그램의 버전을 관리하는 유일한 방법이 아니다. 비개발 라이터에게는 다이어그램을 텍스트로 작성하는 것이 어려울 수 있다. 대신 원본 다이어그램 파일과 PNG와 같은 생성된 파일 및 문서 텍스트 파일을 사용할 수 있을 것이다. 이렇게 하면 파일이 저장소에 있든 폴더에 있든, 접근할 수 있는 사람이라면 누구나 해당 다

....

18 옮긴이_ 아무 포맷도 적용되지 않은 텍스트 형식
19 *https://desktop.github.com*
20 *https://gitbook.com*
21 *https://mermaid.js.org*

이어그램을 유지 관리할 수 있다. draw.io[22]와 같은 일부 형식은 텍스트로 저장되므로 플레인 텍스트와 동일한 방식으로 비교할 수도 있다.

> **NOTE** 테크니컬 라이터가 문서를 작성하는 경우 개발자가 사용하는 시스템에 통합시킬 수 있다. 버전 관리, 아스키닥 또는 마크다운, 머메이드 또는 이와 유사한 기술을 배우는 것은 크게 어렵지 않고, 비즈니스 분석가나 프로젝트 관리자보다 테크니컬 라이터의 역할과 훨씬 더 관련이 있다.

문서를 코드처럼 취급하기 위한 오픈 소스 도구

문서 생성을 위해 다음과 같은 오픈 소스 도구를 추천한다.

- Docusaurus[23]: 마크다운 파일로 문서 사이트를 생성
- MkDocs[24]: 프로젝트 문서를 작성
- Docsify[25]: 마크다운 파일에서 문서 웹사이트를 즉시 생성
- 백스테이지[26]: 개발자 포털을 구축하며 원래 스포티파이에서 개발
- docToolchain[27]: 강력한 기술 문서를 쉽게 작성하고 유지 관리할 수 있는 스크립트 모음

다음은 자동 문서 생성기이다.

- Doxygen[28]: 다양한 인기 코딩 언어로 문서를 생성
- Swagger[29]: API 개발 및 문서화를 위한 오픈 소스(및 전문) 도구 세트
- docfx[30]: .Net 어셈블리, XML 코드 주석, REST API Swagger 파일 및 Markdown을 HTML, JSON 또는 PDF 파일로 변환

---

22 *drawio.com*
23 *https://docusaurus.io*
24 *http://www.mkdocs.org*
25 *https://docsify.js.org*
26 *https://backstage.io*
27 *http://doctoolchain.org*
28 *https://doxygen.nl*
29 *https://swagger.io*
30 *https://dotnet.github.io/docfx*

- phpDocumentor[31]: UML 클래스 다이어그램을 포함한 PHP 프로젝트 문서를 자동으로 생성

- Slate[32]: 반응형 API 문서를 생성

- Magidoc[33]: GraphQL용 정적 문서 웹사이트 생성기

아래 도구는 다이어그램을 코드로 작성하는 데 도움이 된다.

- 머메이드[34]: 자바스크립트 기반 다이어그램 및 차트 작성 도구

- PlantUML[35]: UML 다이어그램을 생성하며 많은 비UML 다이어그램도 지원

- GraphViz[36]: 구조적 정보를 추상 그래프와 네트워크 다이어그램으로 표현

- Kroki[37]: 텍스트 설명으로 다이어그램 생성

요약

이 장에서 소개한 방법들을 이미 사용해봤을 수도 있다. 지금까지 많은 사람이 거부감을 가지는 지식 관리 및 문서화 영역에서 이 방법들을 효과적으로 적용하는 법을 배웠으며, 투입한 시간과 에너지에 대한 최고의 효용을 얻을 수 있을 것이다. 어떻게 하면 상황이 개선될지를 설명하기 보다는 직접 보여주자. 그러면 사람들도 더 나은 업무 방식을 받아들일 것이다.

3부에서 지식 관리에 대해 배운 내용을 대면, 원격, 하이브리드 근무에 모두 적용했다. 4부에서는 대면, 원격, 하이브리드 커뮤니케이션을 향상시킬 수 있는 다양한 패턴 및 안티패턴을 살펴볼 것이다.

----

31 *https://phpdoc.org*
32 *https://github.com/slatedocs/slate*
33 *https://magidoc.js.org/introduction/welcome*
34 *https://mermaid.js.org*
35 *https://plantuml.com*
36 *https://graphviz.org*
37 *https://kroki.io*

04

원격으로 소통하기

전 세계적으로 재택이나 하이브리드 방식으로 일하는 팀이 점점 늘어나고 있다. 이러한 환경에서 소프트웨어를 개발하는 것은 같은 공간에서 화이트보드를 두고 있는 사람들과는 다른 커뮤니케이션 패턴을 요구한다. 동료, 고객, 비즈니스 파트너 등 누구와 소통하든, 업무 방식, 문화적 차이, 포용성, 그리고 커뮤니케이션 채널 등 여러 요인을 고려해야 한다.

분산된 커뮤니케이션 채널은 대면 소통과 비교했을 때 장단점이 분명하다. 4부에서 소개할 패턴과 기법을 활용하여 장점은 활용하고 단점은 보완하여 여러분의 팀과 조직에서 최선의 결과를 이끌어내보자.

시작에 앞서 이후 장에서 심도 있게 다룰 **동기식 커뮤니케이션**과 **비동기식 커뮤니케이션**을 간단히 정의한다.

- **동기식 커뮤니케이션**synchronous communication은 모든 당사자가 동시에 실시간으로 참여하는 것을 전제로 이루어진다. 이런 유형의 커뮤니케이션은 몇 초나 몇 분 내로 완료된다.

- **비동기식 커뮤니케이션**asynchronous communication은 수신자가 메시지를 수신하는 즉시 답을 할 것이라 기대하지 않는다. 이런 유형의 커뮤니케이션은 몇 초나 몇 분이 아닌 몇 시간 또는 며칠 내로 완료된다.[1]

---

1 '완료된다'는 것은 메시지가 수신, 이해되고 그에 대한 응답도 발신, 수신, 이해되었음을 뜻한다.

PART 04

원격으로 소통하기

13

원격 시간

동료, 고객, 비즈니스 파트너와 소통할 때는 시간과 에너지를 모두 고려해야 한다. 원격으로 일하든 사무실에서 일하든, 서로 다른 시간대에 있거나 근무 시간이 다른 사람들과 소통하게 될 것이다.

다양한 시간대에서 다양한 근무 패턴을 가진 사람들과 함께 업무를 하는 데에는 장단점이 모두 존재한다. 예를 들어 여러분이 다시 업무를 시작할 때까지 해당 업무가 보류 상태가 되지 않도록 업무 시간이 끝날 때쯤 더 느린 시간대에 있는 팀에게 일을 넘길 수 있다. 또한 동료 구성원이 다양할 수록 더욱 다양한 아이디어와 관행이 나올 것이고, **에코 체임버**echo chamber에서 나와 다른 시각을 가질 수 있게 될 것이다. 다른 한편으로는 답변을 들어야 하는 누군가가 이미 퇴근을 했을 경우 스트레스를 받을 수 있고, 겹치는 시간대가 없어서 모두가 참석할 수 있는 회의 시간을 찾는 데 많은 노력을 들여야 할 수도 있다.

> **NOTE** 커뮤니케이션이 동기식이든 비동기식이든, 모두가 최신 정보를 가지고 있을 수 있도록 주기적으로 커뮤니케이션해야 한다.

이 장에서는 원격 및 하이브리드 커뮤니케이션을 더 효율적으로 만들어주는 시간, 업무 패턴, 에너지와 생산성에 대한 방해 요소를 극복할 수 있는 패턴들을 살펴본다.

시간 동기화하기

전국의 모든 지역이 동일한 시간대인 사람들은 지역마다 시간대가 다른 국가들도 있다는 사실을 간과하기 쉽다. 점점 더 많은 회사가 글로벌 인재 풀을 활용하면서 같은 회사, 같은 팀에서 일하는 사람들 간 업무 시간이 상이한 경우가 늘어나고 있다. 따라서 시간대를 고려해야 하는 상황이 생각보다 더 빈번하게 발생하고 있다.

> **NOTE** 시간대 혼선 외에도 날짜 표현의 혼선을 고려해야 한다. 미국에서는 '월-일-연' 순서로 작성하는 반면, 더 일반적인 세계 표준은 '일-월-연'이다.[1] 여러분의 위치에 따라 '10-11-2023'이 '2023년 11월 10일'일 수도 있고, '2023년 10월 11일'일 수도 있다. 혼선을 방지하기 위해 월은 약자로 표기(10-Nov-2023)하거나, ISO 표준인 연-월-일(2023-11-10)을 사용하자.[2]

시간대

다양한 시간대가 있는 상황이라면 각자의 업무 시간대를 명확하게 공유하는 것이 중요하다. 휴식 시간을 포함한 구성원의 업무 시간 범위는 존중받아야 하는 영역이다. 업무 시간과 관련된 문제에 대해 소통을 유도하는 것이 좋다. 모든 구성원이 존중받고 경청 받는다고 느낄 때 더 행복하고 생산적인 팀을 만들 수 있다.

마감 기한을 정하거나 논의할 때 모든 당사자가 정확한 시간을 인지해야 한다. 특정 시간대를 구체적으로 명시하지 않을 경우 다양한 추측이 난무하게 된다. 누군가는 자신의 시간대라고 여기고, 다른 누군가는 여러분의 시간대, 또 다른 누군가는 UTC를 의미한다고 생각할 수 있다.

---

1   국가별 날짜 표기는 위키피디아(*https://oreil.ly/cRv64*)를 참고하라.
2   '연-일-월'은 어디에서도 사용되지 않는다. 따라서 연도가 먼저 나올 경우 '연-월-일'이라고 생각하면 된다.

시간대를 명시하지 않는 것이 얼마나 많은 혼란을 야기하는지 알고 싶다면 [그림 13-1]을 보자. 이 세상에는 많은 시간대가 있고, 시간변경선도 너무나도 다양해서 단순 경도만으로 시간대를 추정하기 어렵다.

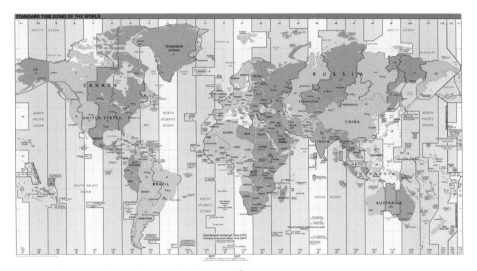

그림 13-1 현재 시간대를 나타낸 지도(출처: 위키피디아)[3]

반드시 시간대를 명시하고 역으로 누군가가 명시하지 않았을 경우 시간대를 요청한다. 모두가 여러분과 동일한 시간대에 있음이 확실한 상황에서도 관행적으로 하는 것이 좋다. 이로써 절차적인 기준이 설정되고, 필요한 상황에서도 잊어버리지 않게 된다. 게다가 다른 시간대에 있는 사람이 언제 논의에 참여하게 될지 모르는 일이다.

다양한 시간대를 아우르는 커뮤니케이션을 위해서는 여러분 본인의 시간대가 아닌 수신자의 시간대를 명시하거나, 둘 다 명시하는 것이 좋다. 두 시간대 이상이 포함된 집단과 소통하는

---

3 https://oreil.ly/YtkMs

경우, 각각의 시간대를 명시하거나(예: 9 a.m. PST/12 p.m. EST/5 p.m. GMT) 한 기준 시간대를 명시하는 것이 좋다(예:5 p.m. UTC).

> **NOTE** 어떤 기준 시간대를 사용하는 것이 가장 적합한지 고민하고 필요에 따라 그 결정을 검토해야 한다. UTC도 좋은 선택지다. 변하지 않고, 다른 시간대도 UTC를 기준으로 표현하는 경우가 많다(예: EST: UTC-5:00/IST: UTC+5:30). 일부 시간대는 서머타임 또는 일광 절약 시간을 따르는데, 반드시 동시에 전환되는 것은 아니므로 1년에 두 번 혼동이 발생할 수 있다.

시간대를 고려하면 스탠드업 미팅 생성 시 여러분의 오전 9시 30분만을 생각했다가 동료를 오전 6시 30분이나 밤 10시에 초대하는 실수를 방지할 수 있다.

> **NOTE** 동료의 근무 가능 시간을 파악하자. 여러분은 다른 시간대에 있는 동료의 오전 6시 30분이 적절하지 않다고 생각할 수 있지만, 그들은 이른 오전 근무를 선호할 수도 있다. 속단하지 말고 알아보자.

다음은 시간대를 고려하는 데 유용한 몇 가지 기법과 도구다.

- 캘린더 애플리케이션에 다른 사람의 시간대를 추가하자. 구글 캘린더에서는 보조 시간대를 추가하고 기본 및 보조 시간대의 레이블을 편집할 수 있다. 아웃룩 캘린더에서는 최대 2개의 표준 시간대를 추가하고 레이블을 변경할 수 있다.

- 월드 타임 버디World Time Buddy[4]는 여러 시간대를 추가하고 시간대 간의 시간 또는 기간을 쉽게 비교할 수 있는 웹사이트 및 모바일 앱이다. 특정 날짜를 볼 수 있어 시간대가 여름으로 바뀌거나 표준시로 돌아가는 시기에 맞춰 일정을 계획하는 데 유용하다. 구글 캘린더를 추가해 시간대와 함께 이벤트를 볼 수 있고, 탭을 사용하여 시간대 그룹을 만들어 쉽게 참조할 수 있다.

- 세계 시간 미팅 플래너World Clock Meeting Planner[5]는 여러 시간대에 걸쳐 이벤트를 구성하는 데 도움이 되는 다양한 기능을 갖춘 웹사이트다. 색상을 사용하여 각 시간대의 아침, 낮, 저녁, 밤을 표시하며 주말과 공휴일은 빨간색으로 표시한다. 캘린더 초대 및 투표를 생성하여 참석자가 선택한 시간대 중 선호하는 시간에 투표할 수 있다.

- 동료에게 업무 시간 외 이메일 답장이나 미팅 참석에 대한 부담을 주지 않으려면 이메일 서명과 미팅 요청 하

---

4 *https://worldtimebuddy.com*
5 *https://oreil.ly/KEy72*

단에 정상 근무 시간 외에는 답장이나 미팅 수락을 기대하지 않는다는 문구를 추가하자. 상대방이 미팅을 거절하는 경우 제안 시간을 요청하자.

- 이메일 서명에 근무 시간과 함께 시간대를 추가해 다른 사람들이 나와 미팅을 요청하고 설정할 때 이 정보를 사용할 수 있도록 하자.

- 사용 중인 아웃룩Outlook, 구글 캘린더Google Calendar, 슬랙Slack 등 애플리케이션에 근무 시간을 설정한다. 동료들에게도 똑같이 하도록 권장하자. 이렇게 하면 동료의 근무 시간 외에 일정을 잡는 실수를 방지할 수 있다.

- 동료가 캘린더에 근무 시간을 설정하지 않은 경우, 미팅 요청을 보내기 전에 해당 시간대가 허용된 시간대인지 확인하자.

- 마이크로소프트 팀즈나 슬랙과 같은 메신저 앱에서는 각 사용자의 상태를 표시할 수 있다. 메시지를 보낼 때 이 점에 유의하여 기준을 설정하고, 상대방이 온라인 상태가 아닐 경우 근무 시간 외에는 응답을 기대하지 않는다고 명시하자(알림을 받을 수 있으므로). 많은 앱이 표시되는 상태나 메시지를 사용자 지정할 수 있으므로 다른 사람들이 나와 소통할 때 기대치를 관리하도록 도울 수 있다.

- 프로젝트 관리, 프로세스, 커뮤니케이션을 위한 가상 도구를 수용하고 조율하자. 함께 일하는 사람들은 가능한 한 동일한 도구를 사용해야 한다. 코딩할 때 다른 IDE를 사용하거나 다이어그램을 그릴 때 다른 앱을 사용하는 것은 괜찮지만, 커뮤니케이션과 티켓 또는 작업 관리를 위해서는 동일한 앱을 사용하여 조율하는 것이 중요하다.

NOTE 애플리케이션 또는 클라우드 인프라에서 자동 알림 또는 기타 알림을 설정할 때 시간대와 알림의 긴급성을 모두 고려할 수 있다. 급하지 않은 알림은 불필요한 방해를 피하기 위해 수신자의 근무 시간 중에 전송하도록 예약할 수 있다. 이메일 알림을 공유 사서함으로 전송하여 해당 시간에 온라인 상태인 사람들이 메시지를 처리하게 할 수도 있다.

특정 시간대나 그룹별로 회의 또는 통화가 주로 이루어진다면, 가장 적합한 회의 시간을 기록해두자. 이는 일정에 관련있는 모든 사람이 참고할 수 있고, 모든 사람의 근무 시간 내에 회의 일정을 잡을 수 없는 경우 협상을 유도할 수 있다.

시간대가 멀리 떨어져 있다면 가능한 한 비동기식으로 소통하되, 이것이 만병통치약은 아니라는 점을 명심하자(14장의 '비동기식 사고' 참고).

공감과 타협

다른 시간대에 있는 사람들과 조율할 때 공감은 매우 중요하다. 비동기식 회의가 필요하고 한 명이라도 불편을 겪는다면 다음과 같은 방법으로 공감을 표시하고 공정성을 높일 수 있다.

- 교대 근무를 통해 타협하자. 한 사람 혹은 팀이 회의 때문에 늦게까지 일하게 되면 다른 사람이나 팀이 다음 회의를 위해 일찍 출근해야 할 수 있다.

- 전사 회의, 회사에서 지정한 회의, 정기적인 회의 등으로 인해 불편을 겪는 경우 보상해야 한다. 초과 근무 수당, 대체/휴가 시간, 식사비 지급 또는 다른 유형의 보상을 제공한다. 사람들에게 두 가지 이상의 보상 옵션을 제공하는 것은 공감을 표시하고 호감을 형성하는 또 다른 방법이다.

- 회의에 참석하지 못한 사람들이 추후 내용을 파악할 수 있도록 회의를 녹화하자.

- 회의에 참석할 수 없는 사람이 있는 경우 회의에서 나온 모든 결정에 대해 의견을 제시할 수 있도록 하자.

- 회의 전후에 비동기식 커뮤니케이션을 사용하여 모든 사람에게 최신 정보를 제공하자.

> **NOTE** 회의에 두 개 이상의 시간대가 포함되는 경우, 특히 시차가 큰 경우 사전에 계획해두는 것이 좋다. 모든 사람이 문서, 도구 또는 기타 리소스에 액세스할 수 있는 권한이 있는지 각별히 주의하자. 누군가 접근 권한을 얻지 못하면 문제를 해결할 때까지 기다려야 하므로 회의가 지연될 수 있다.

다른 사람의 근무 시간을 존중하고 자신의 근무 시간도 보호하려면 메시지와 이메일이 수신자의 근무 시간 중에 도착하도록 자동 예약 전송을 걸어 놓자. 이렇게 하면 동료가 알림을 켜 놓았더라도 실수로 방해하거나, 근무 시간 외에 답장을 보내야 한다는 압박을 주지 않게 된다.

근무 시간 외에 로그인하지 않고, 동료에게 적절한 시간에 메시지를 보내 개인 시간을 보호하고, 다른 사람들의 근무 시간을 존중하는 모범을 보이자. 아웃룩과 구글 메일 모두 이메일 예약 기능을 제공한다. 팀즈, 슬랙, 텔레그램^{Telegram}, 시그널^{Signal}에서도 메시지를 예약할 수 있다.

분할 근무

분할 근무는 구성원의 시간대가 다양한 경우 도움이 된다. 여러분의 근무 시간과 일부 겹쳐서 근무할 수 있는 다른 시간대의 직원이 필요하다면 오전 9시부터 오후 5시까지의 표준 근무 일정이 적합하지 않을 수 있다.

일부 직원에게는 근무일 중 일부 또는 전부를 분할 근무하는 것이 시간대 문제를 극복하는 데 도움이 된다. 자녀 양육 등의 의무가 있는 사람들도 있다는 점을 기억하는 것이 중요하다. 시간대별 표준 근무 시간 내에 의무가 있는 사람에게는 분할 근무가 효과적일 수 있다. 예를 들어 부모의 경우 오전에 근무한 후 취침 시간까지 자녀를 돌보고 저녁에 다른 시간대의 동료와 같은 시간에 나머지 근무를 하는 것이 좋을 수 있다.

예를 들어 미국 동부 해안에 거주하며 근무하는 관리자가 인도에 팀이 있을 수 있다. 10시간 30분의 시차 때문에 인도에 있는 팀의 오후 5시 30분은 미국에 있는 관리자의 오전 7시다. 대부분의 커뮤니케이션은 비동기식으로 할 수 있지만, 이 경우 관리자는 일주일에 하루나 이틀은 오전 6시부터 근무하고 미국 동부 시간으로 오전 6~7시에 인도에 있는 팀과 회의 일정을 잡을 수 있다.

교대로 분할 근무를 할 때는 달력에 근무하지 않는 시간을 표시해두는 것이 좋다. 그러면 근무하지 않는 시간(같은 시간대에 있는 다른 사람들의 근무 시간)에 회의를 잡지 않는다.

> **NOTE** 다른 시간대에 있는 사람으로부터 빠른 답장이 필요한 경우 답변할 시간이 충분하도록 최대한 이른 시간에 연락을 취하는 것이 좋다. 이메일을 보낼 경우 제목에 긴급 여부를 표시할 수도 있고 메시지를 보낼 경우 초반에 언급할 수도 있다.

시간대에 관계없이 다른 사람들과 소통할 때 존중과 공감, 포용의 태도를 보이는 것이 중요하다. 일과 삶의 균형이 깨지면 건강이 나빠지고 번아웃이 올 위험이 있으며, 이는 자신과 동료의 업무에 영향을 미칠 수 있다. 모든 사람이 최선으로 기여할 수 있도록 하려면 경계를 정하고 에티켓을 확립하자. 팀원들이 서로를 더 환영하고 다양해질 것이며, 여러분과 회사 모두에게 이익이 될 것이다.

일광 절약 시간/서머타임

일부 국가에서는 서머타임^{summer time}(ST)이라고도 하는 일광 절약 시간^{daylight saving time}(DST)이 있다. 서머타임이 시행되면 상대적 시차가 달라진다. 캐나다나 미국과 같은 국가에서는 일률적으로 서머타임을 준수하지 않는다. 일부 주나 지방에서는 일 년 내내 같은 시간대를 유지하기 때문에 이러한 서머타임으로의 전환이 특히 혼란스러울 수 있다. 국가마다 서로 다른 날짜에 서머타임을 시행하기 때문에 더 혼란스럽다.

혼란을 피하는 가장 좋은 방법은 근무하는 지역을 확인하여 혼동될 수 있는 시기를 파악하고 캘린더에 반복되는 이벤트(예: 'US DST 시작')를 추가하여 알림을 설정해놓는 것이다. 이 알림이 나를 부재중으로 표시하지 않도록 하자. 캘린더에 시간대를 추가하고 시간대 비교 도구를 사용하는 것도 도움이 된다.

미국과 유럽연합^{European Union}(EU)에서 근무하는 팀이 있다고 가정해보자. 대부분의 미국 주에서는 3월 둘째 주 일요일 오전 2시부터 11월 첫째 주 일요일 오전 2시까지 서머타임을 준수하고, EU, 영국, 노르웨이, 스위스는 3월 마지막 주 일요일 오전 1시부터 10월 마지막 주 일요일 오전 1시까지 서머타임을 준수한다. 따라서 매년 몇 주 동안 미국의 여러 시간대와 EU의 여러 시간대 간의 시차가 달라진다.

예를 들어 영국이 3월에 아직 서머타임을 준수하지 않을 때는 미국 동부가 영국보다 4시간 늦지만 영국이 서머타임을 준수하기 시작하면 미국 동부도 5시간 늦어진다. 또한 10월 말부터 11월 초까지 일주일 동안 두 시간대 간의 시차가 한 시간씩 바뀐다.

시간대만 보고 누구의 시간이 바뀔지 계산할 수는 없다는 걸 기억하자. 런던에 있는 팀이 유타주 솔트레이크시티에 있는 팀과 애리조나주 피닉스에 있는 팀과 함께 근무하는 경우, 애리조나주는 서머타임을 준수하지 않아서 두 미국 팀은 약 반년 동안 1시간의 시차가 발생한다(그림 13-2). 과거에 서머타임을 준수했던 많은 국가는 이후 서머타임을 폐지하고 영구 표준시 또는 영구 DST를 채택하고 있다.

따라서 데이터 스토어에 시간과 날짜를 저장할 때 표준 시간대를 포함하는 것이 가장 좋은 관행이다.

그림 13-2 런던과 솔트레이크시티에서 서머타임일 때 런던, 피닉스, 솔트레이크시티 간의 상대적 시차(월드 타임 버디)

근무 패턴 존중하기

어떤 시간대에 있든 상관없이 모든 사람이 다양한 근무 패턴을 가지고 있다. 가족과의 약속 시간을 맞추기 위해, 다른 시간대에 근무하는 동료와 시간을 맞추기 위해, 또는 비즈니스 및 고객의 요구를 수용하기 위함일 수 있다. 근무 패턴은 매일 바뀔 수 있으며 휴가나 공휴일의 영향을 받기도 한다. 다른 사람이 나와 같은 시간에 근무한다고 앞서 생각하지 말자.

여러분과 동료들은 업무 외적으로 다양한 일정이 있으며 이로 인해 근무 시간에 계획되었거나 계획되지 않은 일이 발생할 수 있다. 자녀를 학교에 데리러 가는 경우 오후 시간에 정기적으로 휴가를 써야 할 수도 있고, 배우자나 탁아소에 정기적으로 부탁을 할 수 없는 경우 가끔 휴가를 써야 할 수도 있다. 일정 변경에 대비해 계획을 세우면 실망하지 않을 것이다.

근무 가능 여부 전달

이 절의 앞부분에서 설명한 바와 같이, 캘린더와 메신저 앱에서 근무 가능 시간을 설정하고 부재중일 때는 캘린더에서 시간을 차단하는 것을 권한다. 자세한 내용을 추가하지 않고 단순히 '부재중'으로 표시하는 것만으로도 충분하며, 심리적으로 부담이 줄어든다.

이메일에 근무 시간과 요일을 명시하면 다른 사람들이 참고할 수 있어 매우 유용하다. [예시

13-1]은 이를 수행하는 방법을 보여준다. 수신자의 근무 시간 외에는 답장을 기대하지 않는다고 명시하면 수신자가 자신의 근무 시간 외에는 답장을 기대하지 않아도 된다는 것을 전달할 수 있다.

예시 13-1 근무 시간을 나타내는 이메일 서명

본인은 귀하의 근무 시간이 저의 근무 시간과 다를 수 있음을 이해하며, 귀하의 근무 시간 외에는 회신을 기대하지 않습니다.

제 근무 시간(GMT/BST)은 아래와 같습니다.
월~목 오전 9시~오후 3시, 오후 4시 30분~오후 6시 30분
금요일 오전 10시~오후 2시

하루 중 충돌이 발생할 수 있는 주요 시간대를 생각해보고 중요한 동시 회의나 이벤트는 이 시간대를 피하도록 하자. 동료가 자녀를 학교에 데려다 주거나 데리러 가는 시간, 부양 가족을 위해 점심이나 저녁을 준비해야 하는 시간, 종교 활동이 있는 시간(특히 종교적 공휴일 전후)을 고려하자. 이렇게 하면 시간 충돌로 인해 미팅을 거절할 가능성을 줄일 수 있다.

시간제 근무자의 시간 지키기

시간제로 근무하는 동료들도 있을 수 있다. 시간제 근무자^{part-time worker}는 중요한 회의나 결정이 본인 근무 시간 외에 이루어질 경우 소외감을 느끼거나 급여보다 더 많은 시간을 근무해야 한다는 압박감을 느낄 수 있다. 다양성(그리고 차별 금지) 존중은 성공적인 비즈니스의 핵심이다. 시간제 근무자의 의견도 필요하며 이를 수용할 수 있는 계획을 세워야 한다.

대부분, 아니면 적어도 중요한 이벤트와 회의는 시간제 근무자의 근무 시간 내에 잡도록 하자. 이 시간 외에 이벤트와 회의를 예약해야 하는 경우에는 다음과 같은 방법을 사용한다.

• 근무 시간 외에는 참석하지 않아도 된다는 점을 분명히 알린다.

- 시간제 근무자가 기꺼이 참석하고 싶어하는 경우 시간제 근무자의 요청 없이도 시간 외 근무 수당 또는 이와 유사한 보상을 제공하자.

- 회의 내용을 녹화하여 근무 시간 중에 다시 볼 수 있도록 한다. 녹화가 불가능하다면 중요한 결정 사항을 꼼꼼히 문서화하여 불참자에게 보내자.

- 결정을 내리거나 피드백이 필요한 경우 불참자에게 정보를 제공하고 근무 시간 내에 응답할 수 있는 시간을 준다.

공휴일

공휴일과 기념일은 국가마다, 심지어 한 국가 내에서도 지역마다 다르다. 동료들과 자신의 휴일을 공유하면 회의나 이벤트에 불참하는 일이 줄어들고 일정을 조정할 필요성도 줄어들 것이다. 모든 사람이 자신의 캘린더에 휴일을 표시하도록 권장하고 모든 휴일이 표시된 공유 캘린더를 사용하는 것도 고려할 수 있다.

> **NOTE** 사람들이 공휴일이나 주말에 일하지 않을 것이라고 단정짓지 않는 것이 좋다. 다른 국가에 있는 계약업체는 고용된 회사의 공휴일에 맞추기 위해 공휴일 전체 또는 일부를 근무할 수 있다. 또한 고객 대면팀이나 사이트 안정성팀은 공휴일이나 주말에도 일정 수준의 서비스를 제공하는 것이 일반적이다. 동료들과 소통을 통해 확인하는 것이 좋다.

여러분이 일하지 않을 때 다른 사람이 일할 수도 있으므로 그들에게 필요한 것이 있는지 확인하고 여러분의 근무 가능 여부를 알려야 한다. 다른 국가에 있는 개발팀의 업무가 부족하거나 질문에 대한 답변이 없는 상황에서 다른 국가의 관리자나 아키텍트가 근무 중이 아님을 발견하게 되는 상황은 피해야 한다.

공휴일 및 기념일

국제적으로 기념하는 공휴일도 있고 국가별 또는 지역별로 기념하는 공휴일도 있다. 다음은 몇 가지 차이점에 대한 예시다.

- 국가 내에서도 지역마다 추가적인 또는 다른 공휴일이 있다.
  - 영국에서는 지역마다 공휴일이 다르다. 예를 들어 스코틀랜드는 8월의 첫 째주 월요일에 여름 공휴일이 있지만, 영국의 다른 지역은 8월의 마지막 주 월요일에 공휴일이 있다. 북아일랜드는 성 패트릭의 날St.Patrick's Day과 보인 전투Battle of the Boyne를 공휴일로 지정하고 있다.
  - 스페인의 대부분 공휴일은 지역별로 정해져 있다. 예를 들어 참회 화요일Shrove Tuesday은 엑스트레마두라Extremadura에서만 기념하며 자치 지역마다 연중 다른 시기에 국경일을 기념한다.
  - 캐나다의 공휴일은 주와 지역마다 다르다. 예를 들어 성 금요일Good Friday은 캐나다 전역에서 지키지만 부활절 월요일Easter Monday은 퀘벡 주와 노스웨스트 준주에서만 지킨다.
- 공휴일이 주말과 겹치는 경우 (항상 그런 것은 아니지만) 종종 월요일이나 금요일로 공휴일이 옮겨지기도 한다.
- 일부 공휴일은 정해진 날짜(예: 12월 25일), 일부는 정해진 날(예: 5월 마지막 월요일), 일부는 달이나 다른 달력(성 금요일 및 이드 알 피트르Eid al-Fitr 등)에 따라 변경된다.

모든 동료와 미리 계획을 세워 모두가 어느 시간이 가능한지 파악하자.

공휴일 외에도 개인 휴가 또는 법정 휴가를 사용할 수 있다. 법에 따라 일정 기간의 휴가를 받을 수 있고, 많은 회사에서 계약에 따라 더 많은 휴가를 제공하기도 한다. 예를 들어 EU에서는 총 20~30일의 개인 휴가가 일반적이다.

일부 회사는 무제한 휴가를 명시하면서도 업무 수행을 위해 충분한 근무일수를 투입할 것을 요구한다. 일부 근로자는 출산/육아 또는 입양 휴가와 같은 법정 휴가를 받을 수 있으며, 이 휴가는 1년 이상 유효한 경우도 있다.

NOTE 캘린더에 휴가 일정을 등록하자. 승인이 필요하거나 여러 가지 이유로 확신이 서지 않는 경우 보류 중 또는 확인 예정To Be Confirmed(TBC)으로 표시하되, 날짜를 입력해 동료들에게 부재 중임을 미리 알리자.

휴가를 떠나는 사람이 많은 시기(예: 공휴일, 방학, 날씨가 좋은 때 등)를 파악하고 이에 맞춰 계획을 세우자. 예를 들어 스페인에서는 일반적으로 8월에 휴가를 가장 많이 사용한다. 지역별 패턴도 염두에 두자.

모든 사람이 가능한 한 미리 휴가를 캘린더에 표시하고 향후 계획을 공개적으로 논의하여 주요 일정, 마감일, 회의 및 이벤트를 계획하거나 조정할 수 있도록 장려하자.

> **NOTE** 이메일에서 부재 중 답장 기능을 활성화하고 채팅 애플리케이션에서 상태를 설정하여 동료들에게 부재 중임을 알리고 언제 돌아올지, 부재 시 대행 업무자는 누구인지 알려주자. 고객을 상대하거나 비즈니스 파트너와 긴밀하게 협력하는 경우 조직 외부의 사람들을 위해 부재 중 답장 기능을 설정할 수 있다.

지리 및 문화 고려

국가나 지역, 업종에 따라 표준 근무 시간이 다를 수 있으며, 실제 근무 시간과 주당 근무 시간에도 차이가 있을 수 있다. 주당 근로시간은 법으로 정해져 있지만, 실제 근로시간은 다를 수 있다. EU의 경우 근로자는 주당 48시간을 초과하여 일할 수 없다는 근로시간 지침에 따라 보호를 받지만, 개인이 이를 거부할 수 있다.

전 세계 많은 지역에서 일반적인 풀타임 근무 시간은 주당 40시간(5일 동안 하루 8시간)이지만, 많은 고용주가 일과 삶의 균형이 회사에 도움이 된다고 판단하여 주당 37.5시간 또는 35시간 이하를 선호한다.[6] 일부 지역에서는 주 4일 근무가 인기를 얻고 있다. 회사에 따라 양상은 다를 수 있지만 다른 사람의 근무 가능 시간을 고려할 때 생각해봐야 하는 또 다른 요소다.

근무 시작 및 종료 시간 역시 국가나 지역에 따라 달라질 수 있다. 많은 곳에서 표준 근무 시간은 오전 9시부터 오후 5시까지이지만, 예를 들어 스페인에서 오전 8시 30분부터 오후 8시까지 근무한다면, 가장 더운 시간인 오후 1시 30분부터 오후 4시 30분까지 시에스타[7]를 갖는 것이 일반적인 근무 시간이다. 재택근무자는 사무실에서 일하는 사람보다 근무 시간이 더

---

6 근무 시간은 직원 복지 요건을 회피하는 목적으로 단축되어서는 안 된다. 악용하지 말고 더 나은 일과 삶의 균형과 풀타임 혜택을 둘 다 제공하자. 직원들은 더 행복하고 생산적이게 될 것이다.

7 옮긴이_ 시에스타는 스페인의 낮잠 문화이다.

다양한 경우가 많다.

동료의 업무 패턴을 이해하는 것은 효과적인 일정 조율과 비동기식 커뮤니케이션에 대한 적절한 기대치를 설정하는 데 있어 핵심이다. 시간을 들여 문화 차이에 대해 배우면서 이해력을 키우고, 그 지식을 활용해 장기적으로 시간을 절약하고 시행착오를 줄이며 행복을 증진할 수 있다. 생각보다 더 많은 공통점을 발견할 수도 있다.

다른 문화권과 협업하기

다른 국가 및 문화권의 팀 또는 개인과 함께 작업할 때는 기대치와 프로세스를 명확히 해야 한다. 서로 다른 업무 관행 외에도 문화 차이가 이러한 관행과 기술의 구현에 영향을 미칠 수 있다.

테스트 주도 개발test-driven development(TDD)을 사용하거나 테스트에 대해 일정 수준의 코드 커버리지를 기대한다면 처음부터 이를 명시하자. 팩토리 메서드, DRY 등 준수해야 할 다른 관행이나 패턴을 명확히 하자.

같은 국적의 동료가 자동으로 법률 및 표준을 준수해야 하는 경우 GDPRGeneral Data Protection Regulation, HIPAAHealth Insurance Portability and Accountability Act, OWASPOpen Worldwide Application Security Project, NISTNational Institute of Standards Technology 등 동일한 규정을 알지 못할 수 있는 원격지 동료에게 이를 전달하자.

일부 문화권에서는 사람들이 디자인을 그대로 따르기도 하는데, 이것이 바람직하지 않을 수도 있다. 예시 또는 프로토타입 코드를 포함했다면 이를 정확히 따라야 하는지에 대한 여부를 명시하자. 다른 문화권의 사람들은 디자인을 출발점으로 삼아 자신만의 방식으로 작업할 수도 있다. 주어진 디자인에 얼마나 충실해야 하는지 미리 알려주자.

관행과 기대치를 문서화하여 같은 지역 및 원격 동료와 공유해야 한다. 나중에 작업을 다시 하거나 문제를 해결하려면 비용이 많이 들 수 있다.

실제 작업 능력 파악

함께 일하는 동료들의 가용 시간을 파악하고, 하루 종일 유의미한 업무에 집중할 수 없다는 점을 고려하는 것이 중요하다(회의, 이메일, 작업표 작성과 같은 작업은 생각보다 많은 비중을 차지한다).

스프린트 작업을 시간 단위로 추정하는 경우 해당 스프린트에 참여하는 개발자가 얼마나 많은 생산적인 시간을 사용할 수 있는지 알아야 한다. 하루 8시간 근무한다고 가정하지 말자. 하루 생산적인 시간을 알아내기 위해 소통하고 이를 계산에 활용하자.

효율적인 회의 예약

고객 또는 파트너 비즈니스와 작업할 때는 상대방이 여러분의 시간 가능 여부에 따라 미팅을 예약할 수 있는 서비스를 이용하자. 이렇게 하면 서로 편리한 시간을 찾기 위해 왔다갔다 하는 수고를 덜 수 있다.

예를 들어 Cal.com, Easy!Appointments , 마이크로소프트 부킹스Microsoft Bookings 등 다양한 서비스가 있다. 회의 시간, 회의 전후의 최소 버퍼 시간, 예약 가능한 미래 시간, 예약 가능한 기간(예: 표준 근무 시간 중 아무 때나 또는 목요일 오전만)을 사용자 지정할 수 있다.

파트너의 기술 책임자에게 링크를 제공하여 아키텍처 관련 문의를 논의하기 위해 최대 1시간까지 예약할 수 있도록 하거나, 고객에게 소프트웨어에 대한 1시간 교육 시간이나 프로젝트에 대한 30분 사전 논의 시간을 요청하게 할 수 있다.

개인 시간과 정신 건강을 보호하기 위해 모든 사람이 근무 시간 외에는 알림을 끄도록 장려하는 것이 좋다(회의 중이거나 계약상 요구 사항이 없는 한). 이러한 기준을 설정하면 보다 건강한 일과 삶의 균형을 위한 선례가 되며, 점심시간과 같은 휴식 시간을 포함하여 모든 사람의 시간을 존중할 수 있다.

> **NOTE** 다른 언어권 사람과 소통할 때는 평상시보다 명확하고 간결하게 표현해야 한다. 오해가 생기지 않도록 관용구나 문화적 언급을 피하고 평이한 언어를 사용하자(7장의 '단순한 언어' 참고).

에너지 및 생산성 향상

커뮤니케이션을 위해서는 시간대와 근무 시간 외에도 에너지와 생산성을 고려해야 한다. 이는 개인의 생체리듬[8]에 따라 다르지만 근무 시간, 일과 삶의 균형, 업무 방해에 의해서도 영향을 받는다.

알림 관리하기

알림은 다른 형태의 커뮤니케이션에 대한 정보를 얻기 위해 사용하는 가장 일반적인 형태의 커뮤니케이션일 것이다. 알림이 반드시 유용하거나 생산적인 것은 아니며 오히려 주의를 분산시킬 수 있다.

알림을 끄는 것이 효과적인 생산성 향상 방법 중 하나일 수 있다. 중요한 소식을 놓칠까봐 걱정될 수도 있지만, 이를 방지하기 위한 프로세스를 마련하면 된다. 모든 이메일 알림에 주의를 기울이는 대신, 하루 중 중요한 이메일을 확인하고 처리 및 응답할 시간을 정하자.

알림을 끄는 것과 자신의 생체리듬과 에너지 레벨에 귀 기울이는 것을 병행하면 좋다. 이메일은 상대적으로 에너지 소모가 적은 작업이므로 에너지가 적은 시간에 이메일을 처리하도록 예약하면 에너지가 높은 시간에 에너지 소모가 많은 작업을 수행할 수 있다.

메신저 앱이나 자신에게 할당된 작업과 같은 다른 형태의 커뮤니케이션에도 동일한 패턴을 적용할 수 있다. 즉각적인 응답이 필요한 특정 커뮤니케이션이 있는 경우, 대부분의 도구에서 알림에 필터를 적용할 수 있다. 예를 들어 마이크로소프트 팀즈를 사용하면 다른 알림이 꺼져 있어도 특정 사람으로부터 알림을 받을 수 있으며, 특정 채팅자나 팀을 음소거할 수도 있다.

알림을 끄고 사용자를 지정하면 커뮤니케이션 도구가 사용자를 제어하는 대신 사용자가 도

---

8 생체리듬은 약 24시간 주기로 돌아가는 신체 내부 시계 같은 것이다(수면 주기와 같다). 생체리듬은 사람마다 다르다(예를 들면 이른 시간을 선호하는 사람들도 있다).

구를 제어할 수 있다.

작업 자동화

반복적인 커뮤니케이션 작업을 자동화하는 것은 커뮤니케이션의 생산성을 높이는 또 다른 방법이다. 다음은 시간을 절약하고 커뮤니케이션을 줄일 수 있는 몇 가지 방법이다.

- 일반적인 이메일이나 메시지에 대한 자동 회신을 설정하자(부재 중이거나 부득이하게 자리를 비울 때를 대비해서도 마찬가지다). 자동 회신을 사용하여 사람들을 다른 페이지(예: FAQ 페이지 또는 문의처)로 안내할 수 있다. 이러한 자동 회신을 사용하면 사람들이 스스로 문제를 해결하거나 최소한 언제 도움을 받을 수 있는지 알 수 있다.

- 많은 이메일 프로그램에서 이메일이 수신될 때 적용할 수 있는 규칙을 설정할 수 있다. 중요한 이메일에 플래그를 지정하거나 뉴스레터를 나중에 볼 수 있도록 다른 폴더로 옮기는 등 규칙을 설정하면 받은 편지함을 더 빠르게 처리할 수 있다.

- IFTTT[9], Zapier[10], 마이크로소프트 파워 오토메이트[11]와 같은 서비스를 이용하면 많은 커뮤니케이션 작업을 자동화할 수 있다. 예를 들어 한 앱에서 작업을 할당받으면 다른 앱의 할 일 목록에 자동으로 추가하거나, 팀 상태 페이지에 아직 업데이트를 추가하지 않은 동료에게 자동으로 알림을 이메일로 보낼 수 있다.

- 팀즈, 슬랙과 같은 메신저 앱에서는 메신저의 여러 측면을 자동으로 관리하도록 봇을 설정할 수 있다. 봇은 채팅에 참여한 모든 사람에게 다가오는 마감일이나 회의 일정을 상기시켜준다. 또한 봇은 '위젯이라는 서비스의 앱 ID는 무엇인가요?'와 같이 채팅에 입력된 쿼리에 답변할 수도 있다.

- 읽지 않는 모든 이메일의 수신을 취소하자. 선의로 많은 뉴스레터에 가입했지만 한 번도 읽지 않은 메일도 많이 있을 것이다. 또한 원치 않게 가입되어 있을 수도 있다. 이메일에 포함된 링크를 통해 구독을 취소하자. 구독

---

9 *https://ifttt.com*

10 *https://zapier.com*

11 *https://oreil.ly/pp-_o*

을 취소하는 데 문제가 있다면 해당 이메일을 정크 메일이나 휴지통으로 바로 보내도록 필터를 설정한다.

> **CAUTION** 읽은 메일을 모두 폴더로 분류하고 싶은 유혹에 빠지기 쉽다. 이렇게 하면 나중에 필요한 내용을 찾기가 어려워진다. 대부분 읽은 메일은 필요할 때 바로 보관함으로 보낼 수 있다. 폴더를 따로 만들어야 하는 중요한 이메일이 몇 가지 있을 수 있지만, 이런 경우는 드문 예외다. 또한 이메일을 저장 시스템으로 사용해서는 안 된다는 점을 명심하자. 회사에서 오래된 이메일을 삭제하면 모든 이메일이 사라질 것이다. 중요한 정보는 위키나 개인 메모로 옮기자.

다른 사람의 리듬에 맞추기

다른 시간대에 있는 사람이나 나와 다른 근무 패턴을 가진 사람을 기다릴 때는 인내심을 가지기가 어려울 수 있다. 같은 시간대에서 근무하는 사람의 응답을 기다릴 때는 더더욱 답답할 수 있다. 이때 에너지와 생산적인 시간을 염두에 두면 도움이 된다. 많은 사람이 늦은 아침에 가장 생산성이 높고, 오후 3시경에 가장 생산성이 낮으며, 오후 6시경에 다시 생산성이 높아진다.

여러분의 메시지에 상대방이 응답하는 데 에너지가 더 많이 필요한 경우, 생산성이 가장 높은 시간대나 그 직전에 메시지를 보내자. 반대로, 많은 고민이 필요하지 않은 응답이라면 하루 중 에너지 소모가 적은 시간대에 메시지를 보내면 된다.

동기식 원격 커뮤니케이션은 비동기식보다 더 많은 에너지를 필요로 하므로 가급적 미팅을 비동기식 업데이트로 대체하는 것이 좋다. 동기식 및 비동기식 접근 방식에 대한 자세한 내용은 14장을 참고하자.

에너지 소비 계획

일주기 리듬을 활용할 수 있는 또 다른 방법은 회의 일정을 잡을 때이다. 하루 중 에너지가 낮은 시간대를 골라 문제를 논의하거나 아이디어를 도출하는 것은 재앙이 될 수 있다.

시간대 때문에 회의 일정을 잡는 것이 부담스러울 수 있지만, 주요 인물이나 대다수의 사람들이 에너지가 높은 시간대에 만나는 것을 노려 동기화된 커뮤니케이션 시간을 향상시킬 수 있다.

여러분과 동료의 에너지 수준은 특정 작업을 수행한 시간에도 영향을 받는다. 효과적인 회의와 이벤트를 계획할 때 이 점을 고려하는 것이 좋다. 회의가 1시간을 초과하면 최소 45분마다 휴식을 취해야 한다. 다른 활동이나 시각적 초점의 변화(예: 빈 슬라이드나 밈과 같은 재미있는 것), 또는 움직임이 회의 결과를 개선할 수 있다.

회의가 끝나거나 하루 일과가 끝날 무렵에는 사람들의 에너지가 떨어지므로 이를 고려하여 계획을 세우자. 에너지 소모가 많은 활동은 가급적 안건 초반이나 휴식 시간 이후로 잡아야 한다.

일정에 식사 시간을 우선적으로 고려하고(급하게 먹는 패스트푸드보다는 건강한 음식을 먹을 수 있는 충분한 시간), 참석자의 수면에 방해가 되지 않는 일정인지 확인하자. 이러한 모든 고려 사항을 종합하면 동기식 커뮤니케이션을 극대화할 수 있다.

또한 대면 회의 시 편안하고 적절한 조명의 환경을 제공하면 참석자의 집중력을 향상시킬 수 있다. 원격 회의 중에도 몸을 편하게 움직일 수 있도록 높이 조절이 가능한 인체 공학적 책상을 배치하는 등 좋은 장비를 제공하자.

집중 시간 공유하기

중단 없는 업무를 위해 캘린더에서 블록할 수 있는 집중 시간focus time은 생산성을 위한 훌륭한 도구가 된다. 가장 생산적이고 에너지가 넘치는 시간이 가장 좋은 시간이지만, 여의치 않다면 가장 바쁘지 않은 시간을 블록하는 것이 좋다. 일주일에 두세 번 2시간씩 블록 타임을 설정하는 것은 생각보다 쉽다.

적절한 시간을 찾는 것이 어렵다면 확실한 시간대를 하나 정하고 다른 시간대는 '필요 시 예약'이라고 표시해두자. 그러면 필요한 경우 더 많은 시간을 확보할 수 있고 대부분의 사람은 이 시간에 예약하지 않을 것이다. 긴급한 일이 생기면 언제든지 확정 슬롯과 임시 슬롯으로 바꿀 수 있다.

이 시간 동안에는 모든 알림을 끄자. 컴퓨터 운영체제에 자동으로 알림을 꺼주는 집중 설정이 있을 수도 있고, 앱을 설치해 관리할 수도 있다(최소한 컴퓨터 음소거는 가능하다). 또한 사용하지 않는 탭과 앱을 닫아야 한다.

다른 사람들에게 집중 시간을 알리려면 다음과 같은 방법을 시도해보자.

- 달력에서 시간을 블록하고 **바쁨** 또는 **다른 곳에서 작업 중**으로 표시하자.

- 시간을 바쁨으로 표시하고 블록하면 팀즈와 같은 메신저 앱에서도 상태가 바쁨으로 표시되어야 하지만, 그렇지 않은 경우 집중 시간을 시작할 때 상태를 설정하면 된다.

- 집중 시간(실제로는 다른 사람들이 요청한 작업을 완료하는 시간)에 대한 이유를 공유해서 다른 사람들이 내가 연락 가능하지 않은 이유를 이해할 수 있도록 하자.

요약

시간은 원격 및 하이브리드 근무를 조율할 뿐만 아니라 사람들의 행복도에도 지대한 영향을 준다. 시간은 다시 되돌릴 수도, 더 많이 만들 수도 없는 유일한 자원이라는 점을 생각하면 시간이 얼마나 소중한지 알 수 있다.

시간에 관한 기술은 커뮤니케이션의 원칙으로 자연스럽게 이어진다. 다음 장에서는 동기 및 비동기 커뮤니케이션을 적절하게 선택하고 사용하는 것이 어떻게 성공으로 이어질 수 있는지 알아보겠다.

CHAPTER 14

원격 근무의 원칙

다양한 커뮤니케이션 수단을 언제 사용할지 아는 것은 목표를 효과적으로 달성할 가능성을 높이는 데 필수다. 완전한 하이브리드 근무 형태에서 원격 커뮤니케이션의 효과를 증진시키기 위해 중요한 원칙과 패턴을 적용할 수 있다.

이 장에서는 다양한 동기식 및 비동기식 커뮤니케이션 방식을 언제, 어떻게 사용할 수 있는지 설명한다. 이를 통해 기대치와 실제 업무 프로세스를 일치시키고, 근무 지역에 상관없이 모든 구성원을 동일 선상에 놓을 수 있다.

동기식 회의

회의는 실제 업무 시간을 잡아먹는 시간 낭비로 취급되는 경우가 많다. 동시에 한 장소에 모이는 것이 굉장히 도움이 되는 경우도 있지만, 불필요한 사람들이 참석하거나 비동기식으로 했을 때 더 효과적인 경우라면 회의에 변화를 주는 것이 좋다.

TIP 회의에 참석하는 인원을 줄이는 게 어렵다면, 참석 인원의 시급을 따져보고 여러분이 그 회의에 얼만큼의 돈을 쓸 의향이 있는지 비교해보자.

동기식 vs 비동기식

원격 동기식 커뮤니케이션remote synchronous communication은 대면 커뮤니케이션에 비해 에너지가 더 많이 소모된다. 여러분도 직접 경험해봤겠지만, 스탠포드 대학교의 연구에서도 입증된 바 있다(284페이지의 '줌은 왜 피로할까?'를 참고하자).

동료들과 같은 공간에 있으면 목소리, 보디 랭귀지, 표정 등을 더 쉽게 파악할 수 있다. 무의식 중에 이러한 단서들을 읽고 다른 사람들이 무슨 말을 하는지 (또는 하지 않는지) 이해할 수 있다.

원격 회의에서는 대화의 일반적인 흐름이 방해받으며, 보디 랭귀지나 표정을 쉽게 파악하기 어렵다. 대면 회의보다 서로 이해하기 위해 훨씬 더 많은 노력이 필요하다.

대니얼 카너먼의 『생각에 관한 생각』(김영사, 2018)에서 우리 뇌는 보디 랭귀지와 표정을 읽는 데 사용된다고 말한다. 그에 따르면 뇌에서 생각의 98%를 담당하는 시스템 1이 언어와 보디 랭귀지 표현 해석에 사용되며, 나머지 2%가 합리적 결정에 활용되는 시스템 2로 분류된다. 대면 상황에서는 시스템 1이 보디 랭귀지, 목소리 톤, 표정에 대한 빠르고 쉬운 결정을 내린다(**발견적 방법**heuristics을 사용한다[1]). 원격 상황에서는 해독하는 데 시스템 2가 어느 정도 개입하기 때문에 에너지가 더 소모되는 것이다.

동기식 회의나 행사는 필요할 때만 진행하고 가능한 한 비동기식으로 소통해야 한다(14장의 '비동기식 사고' 참고). 다음과 같은 방식을 활용하면 커뮤니케이션과 생산성이 개선된다.

- 특히 참석자들이 다양한 시간대에 걸쳐 있는 경우 모두가 가능한 시간을 찾는 것은 어렵다. 비동기식 커뮤니케이션을 활용하면 각자 가능한 시간에 메시지에 대응할 수 있다.
- 회의에서 시간이 낭비되는 이유는 전체 시간 동안 모든 사람이 집중하지 않거나 불필요하게 참석했기 때문이다. 1시간 회의에 10명이 참석하는 것은 한 시간 동안 업무 10시간이 사용된 것이나 마찬가지다.
- 미팅이나 다른 동기식 행위들은 일과 시간을 잡아먹는다. 회의마다, 또 다른 업무로 복귀할 때 맥락을 전환하는 데 시간을 소진해야 하기 때문이다.

---

1 발견적 방법은 실용적이나 최적의 결과가 보장되지는 않는다.

- 하이브리드 동기식 회의에서는 대면 참석자와 원격 참석자가 동등한 역할을 가지는 것이 어렵고, 대면 참석자가 회의의 주도권을 가질 수밖에 없다.

- 동기식 회의는 녹화하지 않으면 발언들을 다시 듣기가 어렵다. 누군가가 회의록을 작성하지 않는 이상 모두 또는 일부가 놓치는 내용이 있을 수 있다. 비동기식 커뮤니케이션은 차후에 다시 참고할 수 있다.

동기식, 비동기식 접근 모두 장단점이 있다. 어떤 것이 최선인지는 커뮤니케이션의 목적(그리고 팀의 지리적 위치)에 달렸다.

TIP 커뮤니케이션은 동기 또는 비동기 중 양자택일이어야 한다는 것은 흔한 오해이다. 두 가지를 섞는 것이 효율적일 수 있다. 최종 결정을 내리는 데에는 동기식 결정이 최선일 수 있고, 사람들에게 결정의 맥락이나 배경을 설명하고 브레인스토밍하고, 회의 시작 전 선택지를 좁히는 데에는 비동기식 커뮤니케이션을 사용하는 것이 좋을 수 있다. 회의 이후에도 결정을 기록하고 소통하기 위해 비동기식 커뮤니케이션을 사용할 수 있다.

동기식 커뮤니케이션은 커뮤니케이션의 목표가 다음과 같을 때 적합하다.

- 팀 빌딩이나 프로젝트 킥오프 시 **라포**rapport **형성**
- 문제 해결 또는 신제품을 위한 **아이디어 내기**

비동기식 커뮤니케이션이 더 나은 경우는 다음과 같다.

- 스탠드업이나 프로젝트 진행 상황 등 **진행 상황 보고**
- ADR 초안 등 **피드백 수집**
- 팀 구조 변경 등 **정보 전파**

사례 **폴리글롯 미디어의 동기식 회의 문제**

폴리글롯 미디어의 프로덕트 오너product owner(PO)인 샌더Sander(가상 인물)는 제품에 대한 개발팀의 기대치와 실제 결과물 간의 균형을 맞추는 데 어려움을 겪고 있다. 개발팀은 회의로 인해 작업 시간이 계속 방해받고 빼앗긴다고 말한다. 그러면 코딩은 언제 다 끝내라는 말인가?

샌더는 개발팀의 캘린더를 살펴보니 그들의 말을 이해할 수 있었다. 동기식 회의가 일주일 내내 여기저기 흩어져 있어서 끊임없이 작업을 전환하고 다시 집중하느라 시간을 낭비하고 있었다. 이러한 회의 대부분은 샌더와 프로덕트 매니저product manager(PM)가 설정한다. 그래서 샌더와 PM은 거의 모든 동기식 회의를 제거하거나 합치거나 비동기식으로 변경했다. 월요일 아침 스탠드업 미팅은 동기식 회의로 남겨두지만, 그 외의 모든 진행 상황 보고서는 팀의 프로젝트 관리 소프트웨어에서 비동기식 업데이트로 변경했다. 팀에는 필요한 경우 동기식 회의를 예약할 수 있는 권한도 부여했다.

회고 회의는 비동기식 컬렉션으로 변경해 팀이 상황에 따라 추가할 수 있게 하고, 동기식 회의는 더 짧은 시간으로 변경했다. 항목이 추가되면 샌더와 PM에게 알림을 보내 필요한 경우 조치를 취할 수 있다. 긴급한 일이 발생하여 팀이 함께 모여 논의하거나 바로잡아야(혹은 고쳐야) 하는 경우 팀은 동기식 회의를 예약할 수 있다.

몇 주 후, 개발팀은 훨씬 더 행복해졌고 생산성도 크게 향상되었다. 샌더는 개선된 결과물에 만족하며 폴리글롯 미디어의 다른 프로덕트 오너와 PM에게 이 사실을 알리기 시작했다.

회의 개선하기

회의에서 최선의 결과를 내는 것은 회의가 시작하기 전에 시작된다. 모든 참석자가 최선의 경험을 할 수 있는 원격 또는 하이브리드 회의를 준비하는 방법 몇 가지를 소개한다.

- 원하는 결과를 얻기 위해 회의의 목표를 신중하게 선택하자. 스탠드업 미팅의 목표는 단순히 서로의 진행 상황을 듣는 것이 아니라 방해 요소를 제거하고, 문제에 대한 도움을 받고, 제대로 진행되고 있는지 파악하는 것이다. 단순 진행 상황을 파악하는 것은 비동기식으로 진행하는 것이 더 적합하다.

- 모든 회의 활동이 이러한 목표와 연결되는지 확인하자. 각 활동과 목표 사이의 연관성을 설명하거나 지적하여 관심과 참여를 유도할 수 있다. 예를 들어 **포스트모템**Postmortem 회의[2]에서 모든 참석자의 의견을 듣는 것은 무엇이 잘못되었는지, 사건의 재발을 방지할 수 있는지, 피해 복구를 어떻게 개선할 수 있는지를 완전히 이해한다는 목표와 연결된다.

- 시간을 포함해서 안건을 설정하고 가능한 이것을 지키자. 안건은 회의 목표를 달성하는 방법을 정의하는 데 도움이 되고, 곁길로 새더라도 즉시 돌아오게 해준다. 파킹롯parking lot 기법 같이 주의가 필요하지만 회의 목표와 직접적인 관련이 없는 항목은 나중으로 미루는 방법도 있다.[3]

....
2 옮긴이_ 문제의 근본 원인을 파악하여 재발하지 않도록 분석하고 대책을 수립하는 작업
3 파킹롯 기법은 회의가 논점에서 벗어나지 않게 하는 데 효과적인 도구다. 안건과 관련 없는 주제들을 이후에 다룰 수 있게 치워 두는 것이다. 해당 주제에 관심있는 참석자들은 그 주제가 잊혀지지 않았음을 확인 받고 다시 회의 안건을 돌아갈 수 있다.

- 회의를 지원하고 안전한 공간을 조성하기 위한 합의된 기준을 설정하자. 모든 사람이 미리 알 수 있도록 안건과 함께 이러한 내용을 발송하자. 참석자가 일반적으로 동영상을 켜지 않을 것으로 예상되는 경우, 팀 빌딩이나 신입 멤버 온보딩과 같은 목표를 위해 모든 사람이 동영상을 켜도록 지정할 수 있다. 다른 기대 사항으로는 끼어들기 않기, 논의된 정보의 기밀 유지 등이 있을 수 있다.

- 회의 목표를 달성할 수 있는 올바른 참석자만 초대해야 한다. 회의에서 결정을 내려야 하는 경우, 결정을 내릴 권한이 있는 사람이 참석해야 한다. 기술적 의견이 필요한 경우 기술적 배경을 가진 사람이 참석해야 한다. 만일의 경우를 대비해 사람들을 초대하지 말라. 시간 낭비일 뿐이다. 대신 직전에 회의에 초대받을 수 있는지, 또는 메시지를 통해 질문에 답변할 수 있는지 물어볼 수 있다.

- 회의의 일부를 진행하거나 발표하는 사람이 있다면 시간이 얼마나 주어지는지 미리 알려주는 것이 좋다. 진행자나 발표자가 시간을 확인할 것이라 생각하지 말고 시간을 명확하게 명시하여 준비할 수 있도록 하자.

- 회의 전후에 필요한 모든 비동기식 커뮤니케이션을 계획하고 실행하자. 증빙 문서가 필요한 경우, 안건과 함께 링크를 전송하고 회의 시작 전에 해당 문서가 필요한지 여부를 명시하자. 모든 참석자에게 확인을 요청하여 링크한 문서나 기타 참고 자료에 액세스할 수 있는지 확인하자.

- 회의에서 결정한 사항과 조치를 문서화하여 회의가 끝난 후 참석자뿐 아니라 모든 관련 이해관계자에게 발송하자. 이는 회의에 참석하지 못한 사람에게도 정보를 제공하는 유용한 방법이며, 모든 사람이 취해야 할 조치와 기타 결과를 알 수 있게 해준다.

- 45~60분마다 휴식 시간을 두고 더 많은 에너지가 필요한 작업을 회의 초반이나 휴식 직후에 배치하여 참석자의 에너지를 관리하자.

동기식 회의 줄이기

동기식 회의가 너무 많다면, 다른 사람의 소중한 회의를 취소하거나 완전히, 또는 부분적으로 비동기로 전환하는 것이 어렵게 느껴질 수 있다. 동기식 회의를 줄이고 비동기식 커뮤니케이션을 늘리는 것은 태도 변화의 문제다. 시간이 해결해주는 문제이니 너무 일찍 포기하지 말자.

아래와 같이 다른 사람들을 설득할 수 있는 방법이 있다.

- 회의는 누군가가 현재 상황에 대해 충분히 알지 못한다고 느끼기 때문에 소집되는 경우가 많다. 프로젝트나 지식 관리 앱의 상태 업데이트 또는 프로젝트 대시보드와 같은 비동기식 방법을 마련하고 해당 사람에게 접근 권한을 부여하자. 다른 방법으로 원하는 정보를 얻을 수 있게 하면 회의 개최자에게 회의를 취소하거나 회의 시간을 줄이도록 설득할 수 있다.

- 회의는 워터폴[4]이다. 매일 오전 9시에 스탠드업 미팅을 가진다면, 오전 10시가 되면 상황이 달라질 수 있다. 프로젝트나 지식 관리 앱과 같은 새로운 업데이트를 위한 공간을 도입하자. 이 방법을 사용하면 스탠드업 미팅 자체를 줄일 수 있다. 비동기식 업데이트는 애자일에 훨씬 더 적합하며 정보가 필요할 때 바로 이루어진다. 그러면 나머지 회의는 양방향 커뮤니케이션이라는 더 최적화된 용도로 사용할 수 있다. 경험이 적은 팀원이 있는 팀에서는 더 많은 양방향 커뮤니케이션이 필요할 수 있다.

- 비동기식 커뮤니케이션을 사용하면 동기식 미팅에 참석할 수 없는 팀원도 참석이 가능할 때 정보를 추가할 수 있다. 예를 들어 누군가가 휴가를 떠날 경우 떠나기 전에 기여를 할 수 있다. 업데이트와 정보를 필요할 때마다 추가하면 병가를 낸 사람도 기여할 가능성이 높아진다.

- 회의 금지 블록 또는 요일을 시험적으로 도입하거나 시행하는 것은 사람들이 업무에 집중할 수 있도록 하는 좋은 방법이다. 회의에 사용하는 전체 시간이 줄어들면 사람들은 비생산적이라고 생각하는 회의를 미루고 회의 진행 시간을 줄일 가능성이 높아진다. 꼭 필요한 회의에 충분한 시간이 확보된다. 모든 사람의 캘린더에서 회의가 아닌 기간을 차단하여 모두가 집중 시간을 존중할 수 있도록 하자.

- 꼭 필요한 회의도 재설계할 수 있다. 다른 변경 없이 회의 시간을 단축하거나, 회의 전후에 일부 내용을 비동기식 커뮤니케이션으로 전환할 수 있다. 회의를 일찍 종료하도록 노력하고 참석자들에게 이러한 목적을 알려주자. 이 방법이 효과가 있으면 모든 사람의 캘린더에서 회의 시간을 변경하여 공식화할 수 있다. 회의 시간을 더 줄일 수 있을지도 모른다.

- 회의할 내용은 여전히 중요하지만 동기식 회의 형식이 최선의 접근 방식은 아니라는 점을 강조하자. 비동기식 커뮤니케이션을 통해서도 동일하거나 더 나은 결과를 얻을 수 있다는 것을 알게 되면 사람들은 회의에서 벗어나고 싶어할 것이다.

원격이나 하이브리드 회의를 개선하기 위해 적용할 수 있는 방법을 몇 가지 소개한다.

- 참여도가 낮은 사람들에게 개방형 질문을 던져 참여를 유도하기

  이렇게 하면 공간에 함께 있는 사람들이 회의를 지배하지 않도록 전반적인 참여도를 높일 수 있으며, 발언권을 얻지 못한 사람들의 다양한 의견을 수렴할 수 있다.

- 채팅 기능 사용 장려

  채팅 기능을 사용하면 발언하길 주저하는 사람들도 의견을 제시할 수 있으므로 보다 적극

---

4 옮긴이_ 각 단계가 완료되면 다음 단계로 넘어가는 순차적인 프로젝트 관리 방법론을 의미한다.

적인 참여를 이끌어낼 수 있다. 채팅에서는 실제 같은 공간에 있을 때처럼 자연스럽게 사적인 대화가 이루어질 수 있으므로 주의가 산만해질 수 있다는 점에 유의하자.

- 채팅 및 Q&A 모니터링

  여러분 또는 여러분을 대신하여 누군가가 채팅 및 Q&A 기능을 모니터링하여 놓치는 내용이 없는지 확인해야 한다.

- 누군가 무언가를 들을 수 없는 경우 중단하기

  모든 사람이 모든 의견을 들을 수 있도록 미팅을 시작할 때 이러한 기준을 설정하자.

- 대규모 회의의 경우 참석자들이 소규모 그룹으로 활동에 참여할 수 있도록 소규모 회의실 활용하기

  대규모 온라인 그룹에서는 일부 사람의 의견이 들리지 않을 가능성이 높다. 소회의실은 동시에 같은 작업 또는 다른 작업을 진행하고 다시 모여서 결과물을 통합하거나 보고하는 데 사용한다.

- 인터랙티브 도구 사용

  설문조사, 투표, 화이트보드 활동 및 기타 훈련을 통해 참여를 독려하고 참가자들의 집중력을 유지하자.

- 최대한 시간을 지키기

  안건별로 시간을 모니터링하고 파킹롯 같은 기법을 사용하여 관련 없는 주제가 너무 멀리 가기 전에, 또 누군가의 기분이 상하기 전에 멈추도록 하자. 화면에 카운트다운을 띄우는 것도 시간 관리에 유용한 방법이다.

> **TIP** 회의가 잘 진행되는지는 시간과도 관련이 있다. 시간대가 다르면 모두에게 최적인 시간을 정하기가 어렵겠지만, 사고와 결정이 요구되는 활동은 가능한 한 일찍 하는 것이 좋다.

이 외에도 원격 회의에서 신뢰도를 높이면서 더 잘 기여할 수 있는 방법들이 있다.

- 말할 때 목소리를 밝고 힘차게 내자. 어린이 방송 사회자처럼 할 필요는 없지만, 여러분의 말투가 동료들의 집중도에 영향을 준다.

- 카메라를 켜고 과장된 제스처와 표정을 사용하자. 원격 환경에서는 대면하는 것보다 보디 랭귀지를 이해하는 것이 더 어렵기 때문에 다른 사람들이 여러분을 쉽게 파악할 수 있도록 하는 것이 좋다.

줌은 왜 피로할까?

스탠포드 가상 인간 상호작용 연구소Stanford Virtual Human Interaction Lab(VHIL)의 설립자인 제레미 베일렌슨Jeremy Bailenson 교수는 줌과 같은 플랫폼에서 몇 시간씩 보내는 것이 미치는 영향을 연구해왔다.[5] 그는 화상 회의를 사용하지 말라고 말하기보다는 자신의 연구가 화상 회의 기업들이 워크플로와 인터페이스를 개선하는 데 도움이 되기를 바란다.

베일렌슨은 화상 회의가 대면 회의보다 에너지를 더 많이 소모하는 네 가지 주요 이유를 다음과 같이 요약했다.

- 눈을 가까이서 마주치는 것이 부담스럽고 부자연스럽다

  화상 회의에서는 참여자가 지속적으로 계속 다른 모든 참여자의 얼굴을 보게 된다. 얼굴을 가까이서 크게 보는 것은 누군가를 바로 옆에 두고 있는 것과 다르지 않다.

- 끊임없이 자신을 보는 것은 피곤하다

  사람들은 반사된 자신의 모습을 볼 때 더 비판적이라는 연구 결과가 있다.

- 영상 통화는 이동성을 크게 감소시킨다

  직접 만나거나 전화 통화를 할 때는 이리저리 움직일 수 있지만, 카메라 앞에서는 시야가 좁기 때문에 움직임이 제한된다.

- 인지 부하가 훨씬 더 높다

  대면에서는 비언어적 의사소통이 무의식적으로 쉽게 포착되지만 온라인에서는 신호를 주고받기 위해 많은 노력을 기울여야 한다.

---

5   제레미 베일렌슨의 「Nonverbal Overload: A Theoretical Argument for the Causes of Zoom Fatigue」(*https://doi.org/10.1037/tmb0000030*)를 참고하라.

이러한 문제를 해결하기 위해 베일렌슨은 다음과 같은 방법을 제안한다.

- 다른 사람의 얼굴이 작게 보이도록 전체화면 모드를 해제한다.

- 노트북을 사용할 때 무선 키보드와 마우스를 사용하는 등 사용자와 화면 사이의 공간을 늘린다.

- 자신이 화면 중앙에 있고 초점이 맞는지 확인한 후 셀프 뷰를 끈다.

- 가능하면 멀리 떨어진 외부 카메라를 사용하여 시야를 넓힌 다음 이동 공간을 확보한다.

- 화면에서 눈을 돌려 시각적 신호를 주고받는 것을 잠시 중단한다.

비동기식 사고

비동기식 커뮤니케이션에 많은 장점이 있지만 함정에 빠지지 않게 주의해야 한다. 모든 유형의 커뮤니케이션에는 단점이 존재한다.

커뮤니케이션이 비동기인지 구분하는 기준은 사용되는 툴뿐 아니라 툴을 사용하는 방식에 대한 기대치도 있다. 메신저 앱은 기본적으로 비동기적이지만, 참가자들이 지속적으로 대화하며 즉각적인 응답을 기대할 경우 동기식으로 변한다.

비동기식의 이점

비동기식 커뮤니케이션의 가장 큰 이점은 메시지를 확인하고 답장을 보낼 시점을 수신자가 직접 정한다는 것이다. 즉, 답변을 보내기 전에 생각할 시간이 주어지기 때문에 더 신중하고 질적으로 나은 답변을 가능하게 한다.

메시지 대응 시점을 수신자가 정하기 때문에 업무에 방해받지 않을 수 있다. 업무 집중도가 높아지므로 메시지에 대한 답변에도 더 잘 집중할 수 있다. **집중 시간** 동안에는 현재 진행 중인 업무에 모든 노력과 집중을 쏟을 수 있고, 이를 통해 딥 워크deep work[6]가 가능해진다.

아울러 다른 시간대에 있는 동료와의 커뮤니케이션은 비동기로 하는 것이 편하다. 그들이 지금 몇 시인지 신경 쓰거나 동시에 가능한 시간을 찾는 노력을 들이지 않아도 된다. 하지만 상대방이 메시지에 대응할 시간에 대해 불합리한 기대를 갖지 않도록 시차를 염두에 두는 것이 좋다.

> **TIP** 비동기식 커뮤니케이션을 활용할 때는 즉시 답변하지 않아도 되며, 수신자의 업무 시간 외에 답변하지 않아도 된다고 확실히 하는 것이 좋다. 이러한 기대를 모두에게 공유하거나 합의 사항으로 정할 수도 있고(예를 들어 업무 외 시간에는 알림을 끔), 이메일 서명 등 기타 노트를 첨부할 수도 있다.

비동기를 방해하는 요소

문제점에 대해 인지하지 못한 상태에서 섣불리 비동기식 커뮤니케이션에 뛰어 들어선 안 된다. 많은 사람이 본인의 생산성 문제를 동기식 커뮤니케이션 탓으로 돌리면서, 잘못된 비동기식 커뮤니케이션의 비용은 간과하기 쉽다.

비동기식 커뮤니케이션에서도 동기식 커뮤니케이션과 마찬가지로 적절한 사람들과 소통하는 것이 중요하다. 포함되지 않아야 할 사람들을 포함시킨다면 혼란과 시간 낭비가 발생할 수 있다. 커뮤니케이션의 목표에 비추어 필요한 사람들만 포함시키도록 하자.

온라인 도구는 대면 커뮤니케이션보다 더 많은 문제를 발생시킨다. 이미 특정 온라인 화이트 보드, 프로젝트 관리 소프트웨어, 메신저 앱에 능숙하더라도 이러한 도구들이 대면 커뮤니케이션에 비해 더 많은 정신력을 소모한다는 사실을 기억하자.

슬랙이나 팀즈를 통한 원격 대화는 사무실 내에서의 대면 커뮤니케이션에 해당할 것이다. 대면으로는 대화나 상대의 보디 랭귀지 파악이 훨씬 용이하다. 채팅에서는 타이핑을 해야 하고

---

6 딥 워크에 대한 자세한 내용은 『딥 워크』(민음사, 2017년)를 참고하라.

(말하는 것에 비해 번거롭다), 보디 랭귀지나 목소리 톤도 전달되지 않는다. 타이핑된 메시지는 이해하는 데 훨씬 더 많은 정신력을 요구하며 오해하기도 쉽다.

인터넷과 메신저 앱 앱에서 오랫동안 다양한 이모지^{emoji}들이 쏟아져 나왔는데, 원격 근무의 등장으로 비즈니스 커뮤니케이션에서도 이모지는 중요한 역할을 담당하고 있다. 이는 서면 커뮤니케이션에서 보디 랭귀지와 어조가 전달되지 않기 때문이다. 이모지가 커뮤니케이션에 도움이 될 수 있지만, 모두가 동일하게 해석하지 않을 수도 있음을 기억해야 한다. 이와 관련된 문제가 발생한다면 팀 내에서 이모지 사전을 만들 수도 있을 것이다. 이를 통해 오해를 방지할 수 있으며, 이 자체가 비동기식으로 진행할 수 있는 팀 빌딩 활동이다.

방향도 중요하다

커뮤니케이션은 크게 단방향^{unidirectional}, 양방향^{bidirectional} 두 가지 범주로 분류된다. 두 가지 모두 일대일, 일대다, 다대일, 다대다 형식으로 이루어진다(그림 14-1).

단방향 커뮤니케이션^{unidirectional communication}은 개인의 성과 보고, 공지, 정보 공유 등이다. 비동기로 진행하기에 적합하며, 동기로 했을 시 문제가 생긴다. 긍정적이거나 중립적인 회사의 공지는 비동기로 했을 때 적합하다. 반면 이런 공지를 위해 모든 사람을 한 자리에 모으면, 정보를 제대로 소화할 시간이 부족한 사람들에게 문제가 될 수 있다.

팀 내 성과 보고 또한 다른 사람들의 업무를 방해하거나 굳이 공통의 시간을 찾으려 하는 것보다는 비동기로 진행하는 것이 가장 좋다. 동기식 커뮤니케이션은 업무에 대한 도움이 필요한 상황과 같이 즉각적인 피드백(양방향)이 필요할 때 활용하자.

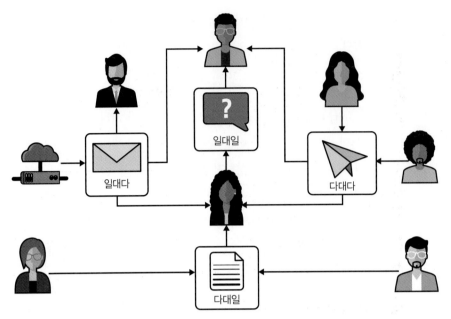

그림 14-1 커뮤니케이션 관계

양방향 커뮤니케이션bidirectional communication에서는 간단한 확인이든, 긴 답이든, 어떤 결과물이든 메시지에 대한 답변을 기대하게 된다. 양방향 커뮤니케이션은 동기식, 비동기식, 혼합 방식이 최선인지에 따라 다른 양상을 보인다. 예를 들면 다음과 같다.

- ADR이나 문서 등 무언가에 대한 피드백이나 코멘트가 필요한 경우 비동기 커뮤니케이션이 적합하다. 구글 독스나 마이크로소프트 워드, 위키와 같은 다양한 도구에 코멘트 기능이 내장되어 있다. 문서에 대한 링크를 제공하고 피드백을 요청하는 것이 간단하다. 기여자들이 접근 권한, 코멘트를 달고 수정할 권한이 있는지 확인하고, 가능한 한 다양한 피드백을 받을 수 있도록 업무 시간을 고려한 합리적인 데드라인을 설정하자.

- 어떤 질문에 대해 답을 받는 것은 미룰 수 있는 계획된 활동이 아니다. 필요한 정보를 가지고 있는 사람이 다른 시간대에 있거나, 다른 근무 패턴을 가지고 있는 경우 비동기식 커뮤니케이션이 최선이다. 하지만 때로는 간단한 질문이 수십 개 메시지를 주고받는 상황으로 번질 수 있는데, 이럴 경우에는 간단한 동기식 영상 및 음성 통화가 더 효율적일 것이다.

- 논의 또한 비동기식으로 잘 관리되지 않을 시 문제가 생길 수 있는 양방향 커뮤니케이션 중 하나이다. 팀원들이 동시에 참석하기가 어려운 경우 대안이 없지만 회의와 같은 동기식 논의가 사안의 목표나 내용에 더 적합한지 고려해보자. 비동기식 정보 및 아이디어 취합을 한 후에 동기식 회의를 통해 논의를 하는 것이 최선일 수 있다.

- 동기식 커뮤니케이션은 팀원들이 서로 익숙해지기 위한 프로젝트 킥오프 미팅의 경우 적합하다. 하지만 회의 전후의 커뮤니케이션은 여전히 비동기식으로 이루어진다. 계획 단계에서 사용할 수 있는 템플릿과 표준을 생성하면 계획 업무의 일부를 비동기로 할 수 있다. 온라인 화이트보드에 아이디어를 추가하거나 문서 또는 스프레드시트를 읽는 등 비동기식 사전 작업을 통해 회의 중 이런 일에 시간을 쓰지 않도록 할 수 있다.

CAUTION 순수 비동기식 커뮤니케이션을 사용하는 경우 모두가 참여하도록 하고, 참여하지 않은 사람은 마감 기한이 가까워질 때 참여를 격려하자. 비동기식 커뮤니케이션에서는 항상 참여하던 사람들만 주도적인 역할을 하여 다양성과 혁신이 저하되는 경향이 있다. **최고 연봉을 받는 사람의 의견**Highest Paid Person's Opinion(HiPPO)이나 가장 목소리가 큰 사람의 의견만을 들어서는 안 된다.

비동기식 방법

비동기식으로 소통할 수 있는 다양한 방법들이 존재한다.

이메일

이메일은 가장 많이 사용되는 커뮤니케이션 방법 중 하나로, 회사 내부와 B2Bbusiness to business 및 B2Cbusiness to customer 거래에 자주 사용된다. 외주 업체나 외부 팀과 메시지를 주고받을 때 다른 방법이 없는 경우 이메일을 사용한다. 동료와 소통할 때는 주로 긴 내용을 전달할 경우에만 이메일을 사용하는 것이 좋다. 회의 초대는 보통 이메일을 통해 전송한다. 이메일을 효과적으로 사용하는 방법에 대한 자세한 내용은 15장의 '대칭 이메일'을 참고하라.

메신저 앱

메신저 앱은 크게 두 가지 형태로 나뉘는데, 슬랙이나 팀즈와 같은 폐쇄형 옵션(확장 가능하고 다른 앱과 통합 가능한 경우가 많음)과 왓츠앱WhatsApp, 시그널Signal, 일반 문자 메시지와 같은 전화번호 기반 메신저 앱(모바일 기기에서 앱으로만 사용되거나 앱이나 휴대폰 번호를 가진 사람과 연락하는 데 사용됨)이다. 전문적으로는 특정 팀 내에서 또는 동료와 1:1로 소통할 때 유용한 폐쇄형 옵션을 사용할 가능성이 훨씬 더 높다. 대부분 외부 사용자를 추가할 수 있는 옵션이 있어 외부 개발팀이나 기타 파트너를 추가할 때도 유용하다. 채널이나 팀을 만들어 여러 사람과 소통할 수 있는 기능을 사용하면 필요한 사람만 쉽게 포함할 수 있지만, 이 기능을 사용할 때는 받은 편지함이 끝없이 늘어나지 않도록 관리해야 한다.[7]

사전에 녹화한 동영상 및 오디오

회의나 교육 세션과 같은 실시간 이벤트를 녹화한 다음 나중에 공유하거나 비동기식 공유를 위해 편집할 수 있다. 팟캐스트, 브이로그, 비메오Vimeo 및 유튜브YouTube와 같은 플랫폼의 사전 녹화된 동영상은 모두 비동기식이다. 이러한 동영상은 업데이트를 공유하거나 공지 사항을 발표할 때, 특히 비동기식으로 보디 랭귀지와 음성으로 내용을 전달하고자 할 때 유용하다. 동료나 고객을 위한 동영상이나 교육 자료를 만들 수도 있다.

포럼 및 Q&A 플랫폼

회사 내부용으로 외부의 접근이 통제되거나 또는 공개 포럼이 될 수 있다. 포럼의 가장 일반적인 용도 중 하나는 특정 주제에 대한 도움을 요청하거나 팁을 공유하는 것이다. 내부적으로는 마이크로소프트 비바 인게이지Viva Engage[8] (구 야머Yammer)와 같은 도구를 사용할 수 있다. 이 도구는 주로 업무와 관련이 없는 주제에 대해 조직 내에서 비공식적인 커뮤니케이션 수단으로 사용한다. 이러한 유형의 환경은 소속감을 조성하고 원격 근무에서 문제가 될 수 있는 외로움을 완화한다. Q&A 플랫폼의 예로는 사람들이 기술적인 질문을 하고 답변할 수 있는 공개 플랫폼인 스택 오버플로Stack Overflow가 있다. 회사 및 제품 관련 정보나 민감한 개인 정보를 포함한 콘텐츠를 위한 비공개 Q&A 플랫폼을 설정할 수도 있다(다른 옵션도 가능하지만, 스택 오버플로는 서비스형 소프트웨어software as a service (SaaS) 버전을

---

7 마이크로소프트 팀즈에 조직 전체 직원 수 보다 팀이 많았던 조직을 본 적도 있다.
8 *https://oreil.ly/CVsXc*

제공한다). 이러한 플랫폼의 가장 큰 장점은 질문에 대한 답변이 쉽게 손실되는 이메일이나 채팅과는 달리 지식이 보존되고 검색이 가능하다는 점이다.

프로젝트 관리 도구

이러한 도구는 레드마인[Redmine][9], 타이가[Taiga][10], 위칸[WeKan][11]과 같은 오픈 소스 옵션과 아사나[Asana][12]와 지라[Jira][13]와 같은 상업적 옵션을 포함하여 다양한 형태로 제공된다. 이러한 도구는 상태 업데이트, 작업 할당, 기타 프로젝트 또는 제품 관련 커뮤니케이션을 관리하는데 가장 적합하다. 칸반 또는 스크럼 보드를 사용하는 경우, 팀에서 이러한 보드에 항목을 업데이트하여 모든 사람이 각 항목의 상태를 각자 맞는 시간에 볼 수 있도록 할 수 있다.

위키 및 지식 관리 시스템

정보를 읽을 수 있는 권한이 있는 사람은 정보에 접근하고 검색할 수 있어야 하며, 정보를 추가하거나 업데이트할 수 있는 권한이 있는 사람은 정보를 편집할 수 있어야 한다. 슬라이드 자료나 워드 프로세서 문서와 같은 디지털 문서에 정보를 저장하는 것은 효율적인 방법이 아니지만, 위키와 지식 관리 시스템은 필요한 접근 및 권한을 제공할 수 있다. 정책과 기술 레이더(15.3절 '원격 도구 및 거버넌스'에서 자세히 설명)는 이러한 방식으로 커뮤니케이션할 수 있으므로 필요할 때 항상 액세스할 수 있다. 오픈 소스 옵션으로는 AppFlowy[14], MediaWiki[15], XWiki[16], BookStack[17]이 있으며, 상업용 옵션으로는 노

---

9 *https://redmine.org*
10 *https://taiga.io*
11 *https://wekan.github.io*
12 *https://oreil.ly/uAmm8*
13 *https://oreil.ly/_OH49*
14 *https://appflowy.io*
15 *https://oreil.ly/XaiXK*
16 *https://xwiki.org*
17 *https://bookstackapp.com*

션Notion[18], 컨플루언스Confluence[19], 뉴클리노Nuclino[20] 등이 있다. 이러한 도구는 비동기로 상태 및 진행률을 업데이트하기 좋다. 업데이트를 추가하는 것 외에도 이모티콘 등으로 업데이트에 댓글을 달거나 반응할 수 있는 경우가 많다.

설문조사 및 투표

종종 간과되는 설문조사와 투표는, 보다 체계적인 방식으로 정보를 얻는 데 유용한 커뮤니케이션 형식이다. 개방형 질문(자유 형식의 텍스트로 답변)과 폐쇄형 질문(점수, 단답형, 객관식 등)을 포함할 수 있다. 이러한 질문은 동기식 토론이나 비동기식 채팅에서, 특히 답변이 익명으로 처리되는 경우, 발언이나 기여를 하지 않는 사람들로부터 정보를 이끌어내는 데 특히 유용하다. 설문조사와 투표를 사용하여 이해관계자로부터 정보를 수집하거나 고객에게 기존 또는 제안된 제품에 대한 피드백을 요청할 수 있다.

화이트보드 및 협업 그리기 도구

디지털 버전의 사무실 화이트보드는 실제 화이트보드에 비해 공간이 무한대로 넓고, 더 많은 사람이 동시에 볼 수 있으며, 항목을 쉽게 이동할 수 있다는 장점이 있다. 모든 구성원이 익숙해지면 동기식 또는 비동기식으로 사용할 수 있다. draw.io[21], Excalidraw[22]와 같은 그림 도구도 비슷한 방식으로 공유하여 사용할 수 있다. 이러한 도구는 아이디어나 정보를 수집하고 다이어그램을 만들어 피드백을 받고 투표 및 기타 상호작용(예: 협업 모델링) 등 다양한 방식으로 사용할 수 있다.

파일, 피드백 및 댓글

문서나 다이어그램에 대한 피드백과 코멘트를 수집하는 것은 비동기식 커뮤니케이션에 적

---

18 https://notion.so
19 https://oreil.ly/Wj8Fz
20 https://nuclino.com
21 https://drawio.com
22 https://excalidraw.com

합하다. 문서나 다이어그램 자체도 동기식 또는 비동기식으로 공동 작업으로 만들 수 있다. 구글과 마이크로소프트는 문서 도구 및 유사 제품에서 이러한 기능을 제공한다.

TIP 비동기식 커뮤니케이션이 산으로 가지 않도록 동기식 커뮤니케이션으로 전환하는 규칙을 정하고 팀 내에서 따르자. 예를 들어 이메일이나 메신저 앱으로 네 번 이상 오갈 정도의 내용이라면 영상 및 음성 통화로 논의하자.

비동기식 개선하기

비동기식 커뮤니케이션은 최대한 많은 자동화를 통해 개선할 수 있다. 자동화를 적용할 수 있는 방식은 다음과 같다.

- SSO, 보안 그룹, 또는 사용 중인 소프트웨어 내장 퍼미션 모델을 사용하여 문서와 리소스에 대한 접근 권한을 자동화할 수 있다.
- 상태 업데이트를 작성자가 지난 번에 업데이트했던 정보로 미리 채워 놓아서 처음부터 작성하는 대신 변경 사항만 적도록 할 수 있다.
- 파워 오토메이트Power Automate[23], 재피어Zapier[24], 또는 IFTTT[25]와 같은 도구를 사용하여 자동으로 정보를 채워 넣도록 할 수 있다.

동기식으로 진행되는 많은 활동은 전후에 비동기로도 진행함으로써 개선할 수 있다. 이를 비동기 샌드위치asynchronous sandwich[26]라고 부르는데, 비동기 활동은 빵이고 동기 활동은 내용물이다.[27]

---

23 *https://oreil.ly/5StrA*
24 *https://zapier.com*
25 *https://ifttt.com*
26 옮긴이_ '비동기-동기-비동기'를 의미해서 비동기 샌드위치라고 칭한다.
27 코딩에서 볼 수 있는 비동기-동기-비동기 샌드위치와 흡사하지만, 코딩에서는 두 번째 비동기 요소가 첫 번째 비동기 요소의 응답을 처리하는 구조인 반면 회의나 기타 업무에서는 반드시 그렇지는 않다.

비동기식 커뮤니케이션에 대한 기준 설정 및 대응

비동기식 커뮤니케이션에서 발생할 수 있는 문제를 방지하거나 축소하기 위해서는 기준을 설정하는 것이 중요하다. 『Remote Works』(오라일리, 2023)의 저자 앨리 그린[Ali Greene]과 타마라 샌더슨[Tamara Sanderson]은 4W라는 유용한 모델을 설명한다.

누구[Who]?

- 커뮤니케이션에 포함되면 안 되는 사람은 누구인가? 불필요한 정보로 사람들에게 과도한 부담을 주거나, 결정 권한이 있는 사람을 제외시켜선 안 된다.

- 답변할 책임이 있는 자는 누구인가? 답변이 필요한 경우 누가 해야 하는가? 참여하는 모든 사람으로부터 무엇이 필요한지를 구체적으로 명시하자.

- 답변이 필요한 사람으로부터 답변을 듣기 전까지는 논의나 결정이 진전되지 않도록 하자.

무엇[What]?

- 기대하는 것이 무엇인가? 답변을 들어야 한다면 그 답변이 어떠한 형식이길 기대하는가? 이 점을 명백히 전달해야 한다.

- 어떠한 도구와 워크플로를 사용할 것인가? 이것을 명시하는 커뮤니케이션 합의 내용이 있는가? 사용되는 도구와 워크플로가 커뮤니케이션의 목표를 달성하는 데 도움이 되는지 따져봐야 한다.

언제[When]?

- 매번 날짜, 시간, 시간대를 명시하자. **내일 일과 시간 내로** 또는 **ASAP**과 같은 표현은 업무 시간과 시간대가 다양한 경우 무의미하다.

- 수신자의 업무 시간과 시간대를 고려한 답변의 마감 기한을 정하자. 답변을 해야 한다는 것을 상기시켜주고 커뮤니케이션이 교착 상태에 빠지지 않도록 하자.

와와[Wah-Wah]!

- 아무런 답변을 못 받았다면 어떻게 해야 할까? 마감 기한을 넘기면 어떻게 되는지 명시하자.

- 답변에 대한 이유를 명백하게 해야 한다. 팀/솔루션/프로젝트에 미치게 될 영향을 설명하여 답변이 필요한 이유를 모두가 이해하도록 하자. 예를 들면 '상기 기한까지 답변이 없으면 변동 사항이 필요하지 않은 것으로 간주하고 고객에게 문서를 그대로 보내겠습니다'라고 보내는 것이다.

필자는 위의 4W에 5번째 W인 **왜**Why를 추가하겠다. 이 커뮤니케이션을 보내는 이유가 무엇인가? 목표가 무엇인가? **왜**를 이해하는 것이 4W를 파악하는 데 도움이 될 것이다. 구체적으로 아래와 같이 도움을 줄 것이다.

- 목표 달성을 위해 필요한 사람들을 선정(who)

- 필요한 답변 파악(what)

- 적절한 마감 기한 설정(when)

- 마감 기한을 놓쳤을 때의 결과 파악(wah-wah)

원격 우선

이 절에서는 **원격 우선**remote-first 제도에 대해 알아볼 것이다. 우선 용어를 정리해보자. 원격 우선 제도와 **원격 친화**remote friendly 제도는 동의어같이 사용되기도 하지만 이 두 방식은 완전히 다른 결과를 초래한다.

원격 우선 VS 원격 친화

원격 우선과 원격 친화 모두 하이브리드 근무 방식이며, 조직 내 구성원들이 원격으로 일하거나 사무실로 출근하는 것을 의미한다. 원격 근무 우선 방식에서는 프로세스와 의사결정이 원격 근무를 최적화하는 데 초점이 맞춰져 있으며, 모든 구성원이 동일한 성공 기회를 갖는다. 100% 원격 근무나 완전 분산형 근무와는 다르지만 동일한 원칙을 공유한다.

원격 친화적 접근 하에서는 원격 근무가 허용은 되나 원격 근무에 최적화되어 있지는 않다.

조직이 사무실 중심이며 원격 근무를 일종의 복지로 간주한다.

> **NOTE** 가장 대표적인 차이점은 원격 근무 우선 제도는 업무 시간보다는 성과를 중시하며, 원격 근무 친화 제도는 성과보다 업무 시간을 중시한다는 점이다.

원격 근무 우선 모델의 특징은 다음과 같다.

- 원격 근무가 선택이 아닌 권장 사항이며, 관리자에게도 원격 근무가 권장된다.

- 조직의 프로세스와 의사결정은 서로 다른 시간대를 고려하는 등 원격 근무에 최적화되어 있으며, 모든 것이 원격 근무 지원을 중심으로 설계되어 있다.

- 주요 의사결정도 비동기식 커뮤니케이션 방식으로 이루어지고 전달된다.

- 동기식 회의는 최소한으로 줄이고 녹화하며, 참석 여부는 선택 사항이다(참석이 어려운 사람이 있을 수 있다는 가정하에).

- 가상 팀 빌딩이 중요시된다. 가상으로 유대감을 형성하는 것이 어렵다는 점을 고려하여 이를 보완하기 위해 더 많은 노력이 들어간다.

- 모든 직원의 의견은 근무 위치에 관계없이 동등하다. 예를 들어 원격으로 근무하든 사무실에 모여 있든 동기식 회의의 모든 참석자는 가상으로 참석해야 한다.

- 모든 직원은 원격으로 근무하든 사무실에서 근무하든 동일한 업무 유연성을 가지며, 이는 비동기식 커뮤니케이션을 통해 지원된다.

- 칭찬과 승진은 사무실과의 거리가 아닌 기여도에 따라 이루어진다.

- 원격으로 근무하든 사무실에서 근무하든 사람, 정보, 리소스에 동등하게 액세스할 수 있다.

- 채용할 때 지원자의 거주 지역에 중점을 두기 보다는 해당 역할과 회사에 적합한지 여부를 우선으로 고려한다.

- 성과가 근무 시간보다 중요하게 평가된다. 사무실에서 늦게까지 일하는 모습을 보인다고 해서 경영진에게 점수를 얻지 못한다. 중요한 것은 업무의 결과물이다.

> **CAUTION** 직원의 일과 삶의 균형은 조직과 관리자가 명백히 기준을 설정하고 관리해야 하는 영역이다. 예를 들어 업무 외 시간에는 알림을 꺼놓는다는 지침을 명확히 할 수 있다. 재택근무를 할 경우 업무와 생활의 경계가 흐릿해질 수 있다. 원격 근무자들을 번아웃으로부터 보호해야 한다.

원격 근무 친화 제도의 경우 기존의 출근 중심 근무 형태의 보완이라는 점에서 다르며, 원격 근무자의 입장에서는 협력에 어려움을 겪을 수 있다.

- 특정 직무 또는 일주일에 특정 일수에 원격 근무가 허용은 되나, 조직 차원에서 적극적으로 원격 근무자들을 고용한다기 보다는 직원들을 위한 복지로 간주된다.

- 조직은 사무실 중심적이며, 관리자는 일반적으로 사무실에서 근무하고 아주 드물게 원격으로 근무한다.

- 회사 자체가 팀 또는 프로젝트 회의와 같은 동기식 커뮤니케이션에 크게 의존하며 참석이 요구된다.

- 동기식 회의가 열리면 함께 있는 사람들은 회의실에 함께 참석하고 원격 근무자는 가상으로 참석한다.

- 주요 의사결정은 원격 근무자에 대한 고려 없이 직접 대면 상태에서 이루어진다.

- 일반적으로 다른 시간대의 원격 근무자에 대한 지원을 거의 또는 전혀 제공하지 않는다.

- 원격 근무자는 사무실 근무 직원보다 낮은 직급에 속하게 되며, 사무실 근무 직원이 원격 근무 직원보다 인정과 승진을 더 많이 받는다.

- 성과보다 근무 시간이 더 중시된다. 초과 근무에 대한 보상을 받든 받지 않든 초과 근무를 하는 것으로 보이는 직원이 높게 평가된다.

원격 근무 우선 제도의 장점

원격 근무를 우선시하는 데에는 많은 이점이 있다. 원격 근무 인원이 적은 조직이라도 사무실 공간이나 위치에 구애받지 않고 사람을 고용할 수 있다는 이점이 있다.

장기적 유연성

사무실 공간이나 물리적 인프라를 고려하지 않고 조직을 확장 및 축소할 수 있다.

비즈니스 연속성 계획

인력이 분산되어 있으면 전력 차단, 인터넷 연결 중단, 날씨, 대중교통 파업 등 문제가 발생했을 때 직원 대부분이 업무에 영향을 받을 가능성이 낮아진다.

사람과 생산성 우선

위치, 시간대, 업무 패턴과 무관하게 프로세스, 도구 등을 통해 최선의 조건에서 업무를 할 수 있다. 원격 근무자들의 잠재력을 낭비하지 않고 모두가 효율적으로 업무에 집중할 수 있다.

더 넓은 인재풀

인재 채용 시 사무실 근처에서 출퇴근이 가능한 사람들에 한정되지 않고 위치에 상관없이 최선의 후보자를 찾을 수 있다.[28] 실제 많은 기업이 고정된 거주지가 없는, **디지털 노마드** digital nomad를 고용하고 있다.

비용 절감

넓은 사무실 공간이 필요하지 않게 되면서 조명, 난방, 냉방 등도 절감된다. 출퇴근자들에게 교통 지원금을 제공하는 경우 비용이 줄어들며, 직원들도 출퇴근 비용을 절약할 수 있다.

탄소 발자국 축소

출퇴근, 사무 공간, 조명, 냉난방이 필요 없어지므로 탄소 배출도 감소한다.

직원 생산성 및 참여 증진

모든 직원이 자신의 가치를 인정받는다고 느끼고, 일과 삶의 균형이 보장받고, 동기식 커뮤니케이션이 축소되고 사무실 환경에 있지 않아서 업무 방해가 줄어든다.

더 많고 더 나은 문서

비동기식 커뮤니케이션은 문서의 사용을 증진시킨다. 문서는 신규 입사자의 온보딩을 돕

---

28 하지만 직원의 거주지에 대해서는 법률적 요건 등 기타 제약 사항이 있을 수 있다.

고, 모두가 독립적으로 정보를 찾을 수 있게 해준다.

개인 관리 능력 증진

직원들은 비동기식 커뮤니케이션에서 답변을 몇 분 내로 듣지 못한다는 사실을 인지하고 있기 때문에 업무와 사전 계획 관리를 더 잘 하게 된다.

> **NOTE** **온프레미스**on-premise [29] 서버를 클라우드 방식으로 전환할 때의 이점과 비슷한 내용이 있다. 사무실 공간을 확장해야 하는 부담을 줄이는 것은 서버와 서비스를 클라우드 제공사로 이동시키는 것과 유사하다. 분산 인력은 클라우드에서 가용성과 비즈니스 연속성을 위해 제공하는 멀티리전이나 멀티존 옵션을 사용하는 것에 비교할 수 있다.

대면 근무가 원격 근무에 비해 장점이 있는 경우도 있지만, 원격 근무 우선 환경이나 완전한 대면 근무 환경에서만 발현된다. 대면 근무의 이점은 원격 근무를 위해 조정할 수 있다.

- 친밀감 형성이나 팀 빌딩은 대면으로 하는 것이 훨씬 쉽다. 원격 우선이나 완전한 원격 근무 조직들은 가상 팀 빌딩에 집중하고, 이를 위해 회사 워크숍을 개최할 수도 있다.

- 실제 사람들과 근무할 때 사회적 책임이라는 것이 생긴다. 이 또한 원격으로 계획하거나 구성해야 한다.

- 대면 근무 시 발생하는 우연한 만남과 대화들이 새로운 아이디어나 문제 해결로 이어지기도 한다. 이 부분은 원격으로 모방하기 어렵다.

- 일부 직원들은 사무실에서 근무하길 원한다. 원격 우선 또는 완전 원격 회사들은 직원 근처에 유연한 업무 공간을 두거나, 코워킹을 위한 보조금을 지원할 수 있을 것이다.

TIP **개인 사용 설명서**Perosnal User Manual [30] 또는 **리드미**Readme 파일 등은 원격 팀 빌딩을 위한 효과적인 도구다. 템플릿에 기반한 각 팀원의 사용 설명서를 비동기식으로 팀 내에, 다른 동료들에게 공유한다. 어떤 업무 방식을 선호하는지, 간단한 자기 소개, 목표 등을 기재한다.

---

29 옮긴이_ 서버를 자체적으로 보유하고 직접 운영하는 방식을 뜻한다.

30 옮긴이_ 조직 내 협력 증진을 위해 공유하는 문서로, 선호하는 업무 방식과 개인적 배경, 가치, 커뮤니케이션 성향 등을 담고 있다.

원격 근무 우선 제도로의 전환

원격 우선 조직(애니웨어 조직^{anywhere organization}이라고도 한다)은 충분한 이점을 제공한다. 확장성과 비즈니스 지속성, 비용 절감, 직원 복지 및 생산성 등 장단기 비즈니스 목표 달성에 도움을 준다. 도입하는 데 가장 큰 장애는 문화의 변화, 또한 변화의 필요성에 대해 사람들을 설득하는 것이다.

비즈니스 및 기술적 측면 모두에서 변화가 필요할 것이다. 기술 전문가인 여러분 입장에서 엔터프라이즈 아키텍처^{Enterprise Architecture}(EA)가 핵심적인 역할을 하게 될 것이다(설사 여러분의 조직에 엔터프라이즈 아키텍트라는 직책이 없다고 하더라도 말이다). 이러한 변화를 비즈니스와 기술 모두를 고려하면서 엔터프라이즈 아키텍처 관점에서 바라보자. EA는 원격 근무 우선 체제로의 전환을 아래와 같이 도울 수 있다.

영향 분석

조직의 광범위한 측면(예: 데이터, 시스템, HR, 재무)에 미칠 수 있는 잠재적 영향을 파악한다. 이를 통해 이점과 위험을 분석하여 이를 활성화하거나 완화할 수 있다.

비즈니스 프로세스 모델링

프로세스를 모델링하여 필요한 변경 사항을 파악하고 이러한 프로세스의 미래 상태를 설계하는 데 도움을 준다.

갭 분석

계획한 미래 상태 또는 마일스톤 달성을 위해 구현하거나 지속 또는 중단해야 하는 사항을 파악한다.

가능성 매핑

원격 근무를 지원하기 위해 우선적으로 변경하거나 만들어야 하는 기능을 파악하는 데 도움이 된다.

이벤트 스토밍

프로세스 모델링 레벨을 사용하여 현재 상태를 평가하고, 계획을 세우고, 원격 우선으로 나아갈 수 있도록 지원한다.

도메인 스토리텔링

프로세스와 시스템의 개략적인 상태를 파악하고 이를 어떻게 변화시켜야 하는지 설계할 수 있다.

다음은 조직이나 팀에서 원격 근무 우선 체제를 구현하기 위한 몇 가지 비즈니스 및 프로세스 중심적인 방법으로, 아키텍처 기술에 적용할 수 있다.

모든 직원을 원격 근무자로 간주하기

사무실에 근무하는 사람들은 단지 함께 모여 있을 뿐이다.

원격 근무를 위한 지원 시스템 계획 및 구축

원격 근무자가 직면한 문제를 이해해야 한다. 원격 근무자(및 사무실 근무 동료)와 협력하여 문제를 파악하고 이를 보완하자. 여기에는 기준을 변경하거나 소프트웨어 또는 하드웨어 도구를 제공하는 것을 포함한다.

비동기식 커뮤니케이션 도입

커뮤니케이션 방식과 사용할 도구에 대한 기준과 합의를 마련하자(14장의 '비동기식 사고' 참고).

주요 의사결정은 비동기식으로

관련된 모든 사람이 동등하게 기여할 수 있는 시간을 확보하자. 원격 우선주의에 입각하여 이러한 의사결정을 내리자.

사무실 근무자의 원격 근무 장려

모든 사람이 적어도 가끔씩 원격으로 근무하면 평소 원격으로 근무하는 사람들에 대한 공감대가 형성된다.

모두에게 동일한 유연성 제공

사무실 근무자에게도 원격 근무자와 동일한 유연성을 제공해야 한다. 예를 들어 원격 근무자가 근무 시작 및 종료 시간을 선택할 수 있다면 사무실 근무자에게도 동일한 유연성을 제공해야 한다.

모든 직원을 평등하지만 동일하지 않게

시간대, 개인 상황, 장애 등을 고려하여 모든 사람이 평등한 위치에 있을 수 있도록 하자.

원격 근무 여부에 따른 보수 조정

사무실에 근무하는 직원에게 제공되는 무료 점심, 구내 체육관, 여행 보조금 등의 혜택은 재택근무 직원에게는 쓸모가 없는 경우가 많다. 원격 근무자에게는 코워킹 스페이스, 헬스장 멤버십, 보조금 일정 금액의 식료품 구입비 지원 등의 혜택을 제공할 수 있다. 다른 국가에 있는 직원에게 의료 및 연금과 같은 혜택을 제공하기 어려운 경우, 이러한 혜택에 대한 보조금을 지급하는 것이 효과적일 수 있다.

문서화 장려 및 지식 관리에 시간과 비용 투자

비동기식 커뮤니케이션으로 많은 것들이 자동으로 문서화되지만, 이러한 문서가 접근 가능하고 효율적일 수 있도록 관리해야 한다. 지식 관리에 대한 자세한 내용은 3부를 참고하자.

원격 팀장 만들기 고려하기[31]

회사 내에서 원격 책임자 또는 이와 유사한 직책은 사내에서 원격 우선주의 채택을 개선하고 회사 외부(마케팅 및 홍보)에 홍보할 수 있다.

기존의 KPI와 OKR에서 벗어나기

핵심 성과 지표 Key Performance Indicators(KPI)와 **목표와 핵심 결과**Objectives and Key Results(OKR)는 일반적으로 시간에 따른 성과를 측정하고 산출물보다 근무 시간을 중시하므로, 산출물과 생산성을 기준으로 관리하도록 변경하자.

디지털 팀 빌딩과 친밀감 형성 활동 계획 및 실천

사무실에서 이러한 활동에 참여하는 사람은 원격으로 참여하는 사람과 동일한 방식으로 참여해야 한다.

원격 근무는 외로움을 증가시킬 수 있음을 기억하기

원격 근무 직원들에게 동료애는 직장 동료들끼리만 나눌 수 있는 것이 아니며, 사교적인 기회를 가져야 한다는 점을 상기시킨다. 원격 근무 직원들이 사무실이나 서로를 방문하거나, 전직원을 위한 워크샵 또는 콘퍼런스나 교육에 참여할 수 있도록 비용을 지원할 수도 있다.

---

31 원격 팀장이라는 직책은 엔젤리스트(AngelList)의 원격 팀장이었던 안드레아스 클링어에 의해 최초로 제안되었다.

TIP SaaS 도구는 어디에서나 SSO^{single sign-on}를 통해 접근할 수 있으므로 원격 근무를 지원한다. 이로써 접근 관리가 단순해지며, 온프레미스나 클라우드 기반 리소스에 대한 외부 접근을 허용할 필요가 없어진다(시스템에 대한 공격 벡터^{attack vector} 32도 감소한다).

요약

이제 성공적인 커뮤니케이션에 있어서 접근성과 포용성이 중요하다는 것을 알게 되었다. 모든 동료를 동등한 위치에 두는 것, 그 어떤 독자도 배제하지 않는 다이어그램(3장 참고)은 더 나은 근무 환경과 전반적으로 개선된 커뮤니케이션에 기여하는 데 중요한 요소들이다.

이 장에서는 동기식 및 비동기식 커뮤니케이션을 적절히 활용하여 업무 개선과 소통 증진을 통해 동료들을 더 행복하게 만드는 법에 대해 살펴봤다. 이전 장에서는 사람들의 시간을 존중하는 것이 만족감, 그리고 일과 삶의 균형을 개선한다는 것을 확인한 바 있다. 이 책이 행복에 대해 이야기할 줄은 예상하지 못했을 것이다.

마지막으로, 이메일과 발표(이 둘은 가장 흔한 커뮤니케이션 방식이다)를 효과적으로 사용하고, 원격 커뮤니케이션과 여러분 회사에서 사용하는 도구들을 잘 관리하는 법에 대해 알아본다.

---

32 옮긴이_ 공격자가 네트워크 또는 시스템에 침입하는 경로 또는 방법

CHAPTER

15

원격 채널

대부분의 커뮤니케이션은 비동기식, 동기식 또는 두 가지의 혼합으로 규정될 수 있다. 각각의 장단점을 모를 경우 특정 상황에서 최선의 방법을 파악하기란 쉽지 않다.

이 장에서는 이메일 커뮤니케이션, 온라인 발표 및 화면 공유를 가장 효과적으로 하는 방법과 원격 및 하이브리드 팀이 사용할 수 있는 도구에 대해 알아본다.

대칭 이메일

이메일은 필요악으로 간주되는 경우가 많지만, 꼭 그렇지는 않다. **대칭 이메일 패턴**symmetrical email pattern은 이메일 발신 및 수신 프로세스 관리를 도와주며 이메일로 발생할 수 있는 문제나 불평등을 해소하도록 도와준다. 이 패턴이 다루는 세 가지 주요 문제는 다음과 같다.

- 다양한 사람들이 다양한 방식으로 이메일에 답변한다.
- 이메일과 메신저 앱 중 어떤 것을 사용해야 하는지 경계가 분명하지 않다.
- 이메일에서 기대치와 명확성이 드러나지 않는 경우가 많다.

여러분의 회사나 팀에서는 이메일에 대한 지침을 설정했을 수도, 안 했을 수도 있지만, 이메일을 계속해서 확인하는 동료도, 하루에 한 번 확인하는 동료도 있을 수 있다. 또한 이메일로 뉴스레터, 알림, 요청, 태스크 등 다양한 형식의 커뮤니케이션을 수신한다.

이메일에 관해 공통된 기준과 프로세스가 없는 경우 신뢰 가능한 커뮤니케이션은 어려워진다. 다른 커뮤니케이션 방식 대신 어떻게 이메일을 사용해야 하는지를 알아야 하며, 다양한 형식의 이메일에 언제 답변을 해야 하는지, 또한 공유된 기준을 기반으로 얼마나 효율적으로 커뮤니케이션을 할 수 있는지를 알아야 한다.

이러한 문제들은 이메일 발신 이유를 기반으로 이메일의 구조와 내용을 잡는 것, 이메일 사용에 대한 기준을 설정하는 것, 이메일 메시지와 제목에 명확성을 주는 것을 통해 해결할 수 있다.

이메일을 보내는 상황

회사, 부서, 팀 내에서 공유되는 **커뮤니케이션 규약**이 있는 경우 공동의 기준을 설정하기가 용이하다. 모든 단계에서 이러한 규약을 만드는 것이 유용할 수 있다. 다른 협력사와도 공유하면 그들이 인지하고 호응을 하거나, 공식적인 내외부 서비스 수준 계약을 생성할 수도 있다.

이메일을 어떤 상황에서 사용할 것인지 결정하자. 예를 들면 이해관계자에게 프로젝트 현황을 보고하는 것, 조직 외부 사람들과 소통하는 것 등이 있다. 커뮤니케이션 규약은 어떤 유형의 커뮤니케이션을 이메일로 보내고, 또 어떤 형식을 다른 방식으로 전달할 것인지를 명시해야 한다.

TIP 어떤 유형의 커뮤니케이션을 이메일로 전달할 것인지 결정하기 위해서는 회사, 부서, 팀 내에서 이루어지고 있는 커뮤니케이션의 유형을 목록화해보는 것이 좋다. 그리고 나서 어떤 것들에 동기 또는 비동기 방식에 적합한지 파악하고, 이메일이나 메신저 앱, 위키 업데이트 등 어떤 커뮤니케이션 채널을 사용할 것인지 정하면 된다.

이메일 요구 사항

이메일을 사용하는 상황을 결정했다면 메시지의 긴급성과 기대하는 답변을 효율적으로 소통하기 위한 공통의 기준을 만들자. 이러한 정보는 수신자가 바로 볼 수 있도록 이메일의 제목에 추가하는 것이 좋다.

긴급한 이메일 제목을 다음과 같이 지을 수 있다. '[**긴급**, 금일 7월 24일 오후 1시 KST까지 답변 요망] 원격 측정 데이터 요청.' 이메일에 답변이 필요 없고 정보 전달용이라면 '[**공유**] 프로젝트 예산 변동 사항'과 같은 제목을 사용할 수 있을 것이고, 단 한 사람의 회신만을 필요로 한다면 '[회신 요망 – 리비] 아키텍처 미팅 업데이트'와 같은 문구를 추가할 수 있을 것이다.

> **CAUTION** 긴급urgent이라는 표현을 남용하지 말자. 전혀 급하지 않은 메시지에 긴급하다고 표시할 경우, 실제로 긴급한 메시지에 반응하지 않게 될 것이다. 늑대 소년 이야기가 주는 교훈과 같다.[1]

커뮤니케이션 규약에 예시를 추가하여 온보딩에 사용할 수 있도록 하자. 새로운 팀원들이 이메일을 이해하고 본인들도 기준을 사용할 수 있게 될 것이다. 앞서 언급한 예시들은 모두가 이해할 수 있는 예시들로, 커뮤니케이션 규약 외부 사람들에게도 공유할 수 있다.

커뮤니케이션 규약을 최초 작성한 후 2~4주 뒤, 이슈 발생 시, 그리고 주기적으로 6개월이나 1년에 한 번씩 검토해보는 것이 좋다.

이메일 명확성

이메일은 발송이 간단하지만(심지어 동시에 여러 명에게 보낼 수도 있음) 수신자들이 빨리 읽거나 회신하지 않기 때문에 이메일 커뮤니케이션에서 문제가 발생한다.

---

1 *https://oreil.ly/hXzgg*

수신자에게 요구하는 것이 무엇인지 명확히 명시되지 않는 경우, 무엇을 언제까지 해야 하는지 고민하느라 시간과 정신력을 소모해야 한다. 흔히 그렇듯 이메일 쓰레드에 답변이 있는 경우, 특히 두 명 이상의 사람이 개입된 경우에 자주 발생한다. 이 장 초반에 언급된 제목 예시를 사용함으로써 해결할 수 있지만, 추가적인 방법도 있다. 이메일 작성에 조금만 더 시간과 생각을 들이면 작성자를 포함하여 관계된 모든 사람들의 시간을 절약할 수 있다.

회신이 요구되는 시간과 날짜 등 제목에 포함된 구체적인 사항은 이메일 본문에도 포함시키는 것이 좋다. 그러면 수신자가 메일을 다 읽고 나서 다시 제목으로 올라갈 필요가 없으며 회신 요건도 더욱 명확해진다.

여러 수신자에게 메일을 전송할 경우 각 사람에게 기대하는 것이 무엇인지 명백히 언급해야 한다. 수신자 본인이 **to**, **cc**, **bcc**란에 있는지를 보고 이를 파악할 것이라 속단하지 말자. [예시 15-1]에서와 같이 누구의 답변을 필요로 하는지, 답변에서는 무엇을 원하는지를 명확히 하자.

예제 15-1 모든 수신자에게 대한 요구 사항이 명확한 이메일

보내는 사람: kim@polyglotmedia.com

받는 사람: gino@polyglotmedia.com

cc: sander@polyglotmedia.com, elissa@glidani.com

제목: [금요일까지 회신 부탁드립니다 - 지노] 킥오프 미팅 계획 변경

지노, 엘리사, 샌더, 안녕하세요?

차주 목요일에 계획되었던 킥오프 미팅을 옮겨야 합니다. 엘리사는 금요일 10 a.m.-12 p.m. CET 나 2 p.m.-4 p.m. CET를 제안했습니다.

@Gino, 이번 주 금요일 4 p.m. (CET)까지 엘리사가 제안한 시간 중 당신의 팀에서 어느 시간을 선호하는지, 또는 금요일이 불가할 경우 차주 월요일이나 화요일에 가능한 시간이 있는지 회신 부탁드립니다.

@Sander, 참고용이지만 우려 사항이 있을 경우 연락주세요.

@Elissa, 월요일과 화요일에 대해 공유해준 가능 일정에 변경 사항이 생겼을 경우 알려주세요. 감사합니다.

킴

수신자들에 대한 요구를 명확하게 함으로써 누가 포함 또는 제외되어야 하는지 더 쉽게 결정할 수 있다. 메일 내용과 관련없는 사람들을 제외시키면 여러분과 그 사람들 모두의 시간을 절약할 수 있다.

누군가에게 어떤 것에 시간을 들여 달라고 요청할 때는 어느 정도의 시간이 필요한지 대략적으로라도 명시하는 것이 좋다.

- 누군가에게 만나자고 할 때는 '30분 정도만 얘기할 수 있을까요?'와 같이 시간을 구체적으로 이야기하자.

- 설문조사 같은 활동에 참여해달라고 부탁하는 경우 '설문지를 완료하는 데 5~7분 정도 소요됩니다'라고 예상 시간을 함께 언급하자.

- 문서 검토를 요청할 때는 '30분 정도만 아키텍처 의사결정의 초안을 검토해주세요'라고 시간 제한을 두자.

TIP 이메일이 회사 외부의 고객 및 사람들과 소통할 수 있는 유일한 방법은 아니다. 많은 도구가 메신저 앱에서 챗이나 팀에 추가하는 등 외부 사용자들을 초대하는 B2B 옵션을 제공한다. 온라인 포럼이나 웹 기반 챗 또한 고객과 소통할 수 있는 방법이다. 메시지의 목적에 가장 잘 부합하는 커뮤니케이션 채널을 선택하자.

이메일 작성 팁

이메일 커뮤니케이션을 개선할 수 있는 추가적인 팁이다.

요점부터 시작하기

모든 수신자가 이메일 전체를 읽지 않더라도 가장 중요한 요점을 먼저 확인할 수 있다.

이메일당 하나의 주제에 집중하기

각기 다른 이유나 요구 사항은 별도의 이메일로 보내 오해의 소지를 피하도록 하자.

하이퍼링크 사용

참조하는 문서, 웹 페이지 또는 기타 리소스의 하이퍼링크를 삽입하자. 하이퍼링크가 없으면 수신자는 참조 콘텐츠 검색에 시간을 낭비하게 된다.

사본을 첨부하지 말고 문서에 하이퍼링크를 넣기

이메일에 문서를 첨부할 때마다 모든 수신자를 위한 사본이 생성된다. 문서에 링크를 걸어 단일 출처로 사용하면 혼란을 피할 수 있고, 변경 사항이 생겼을 때 업데이트해야 하는 번거로움을 줄일 수 있다.

전체 답장 대신 기본 답장으로 설정

이메일 프로그램의 기본 답장으로 변경하면 자동으로 이메일에 참조된 모든 사람에게 답장을 보낼 일이 없다. 일반적으로 발신자에게만 답장하면 된다.

보내기 실행 취소 활성화

Gmail과 아웃룩Outlook을 비롯한 많은 이메일 프로그램에는 10~20초 동안 이메일 전송을 지연시키는 기능이 있어 해당 시간 내에 마음이 바뀌면 전송을 취소할 수 있다.

예의를 갖추고 선의를 가정하기

다른 사람에게 이메일을 작성할 때는 예의를 지켜야 한다. 수신한 이메일이 무례한 것 같으면 좋은 의도로 보냈으나 잘못 전달되었다고 생각하자. 같은 의미라도 말보다 글로 전달했을 때 무례해 보이기 쉽다.

가능한 한 간결하게 작성하기

최대한 빨리 요점을 전달하자.

보내기 전에 교정하기

이메일을 보내기 전에 최소한 한 번 훑어보는 습관을 들여서 쉽게 발견할 수 있는 오류를 찾아내자.

로봇 말투 지양하기

사람이 작성한 이메일도 로봇이 쓴 것 같이 부자연스러운 언어를 포함하여 수신자를 당황하게 하는 경우가 많다. 이메일을 작성하거나 이메일 및 소프트웨어의 자동 알림 템플릿을 만들 때 아래 사항을 기억하자.

인간적으로 접근하자

상대와 자신을 직접 지칭해 메시지를 더 친근하고 이해하기 쉽게 만들 수 있다. '이 디자인은 훌륭합니다' 대신에 '○○ 님이 이 디자인에 들인 노력은 정말 훌륭합니다'가 좋다.

소리내며 작성해보자

누군가와 대화한다고 생각하고, 메시지를 표현할 때 어떠한 언어를 쓸 것인지 생각해보자. '컨텍스트 다이어그램에 대한 피드백은 오후 4시 KST까지 회신이 요망됩니다' 대신에 '오후 4시 KST까지 컨텍스트 다이어그램에 대한 피드백을 주실 수 있으실까요?'라고 하는 것이 좋다.

메시지를 검토하는 좋은 방법은 전송을 누르기 전에 소리 내어 읽어보는 것이 좋다.

온라인 발표

슬라이드 데크^{slide deck}를 사용하거나 화면 공유를 통해 온라인에서 발표하는 것은 실제 청중 앞에서 발표하는 것과는 다르며, 훨씬 더 어려울 수 있다. 이 절에서는 온라인 발표와 화면 공유를 개선할 수 있는 패턴 및 기법에 대해 다룰 것이다. 온라인 청중을 위해 대면 발표를 업데이트하는 방법도 소개한다.

청중 참여

원격 회의에서는 청중들을 참여시키는 것이 어렵다. 잘 보이지 않기 때문에 반응이나 감정을 파악하는 것이 까다롭다. 또한 계속 채팅창이나 Q&A 기능에 질문이 올라오진 않았는지 살펴야 하고, 누군가 손을 들지는 않았는지 신경써야 한다. 원격 상황에서 발표자가 질문을 듣지 못했을 경우 대면 상황에 비해 질문을 큰 소리로 반복할 가능성이 훨씬 낮다.

이러한 어려운 상황에서 사용할 수 있는 몇 가지 기법이 있다. 첫째, 청중에게 여러분이 원하는 질문 방식을 전달하자. 질문에 대해 대답할 타이밍을 통제하고 싶다면 Q&A 또는 채팅 기능을 사용하는 것이 가장 좋다. 질문이 있을 때마다 즉각 답하는 것이 좋다면 온라인으로 손을 드는 것이 더 적절하다. 가능하다면 여러분이 발표에 집중할 수 있도록 질문이 올라오면 누군가에게 알림을 주거나 읽어 달라고 부탁할 수도 있다. 청중에게 Q&A만 사용해달라고 안내했더라도 누군가 손을 들거나 다른 방식으로 질문을 하는지 주시하는 것이 좋다. 여러분의 지침을 무시하거나 놓쳤을 수도 있기 때문이다.

TIP 화면의 아이콘으로는 감명을 줄 수도, 영향을 줄 수도 없다. 청중과의 교감을 위해 카메라를 켜자.

질문에 대응하는 것 외에도 청중의 반응을 읽을 수 있어야 한다. 많은 발표 도구는 청중들이 실시간으로 이모지를 사용해 반응할 수 있는 기능을 제공한다. 청중들에게 이 기능을 사용해 달라고 요청하고, 마치 같은 공간에서 사람들의 표정에 반응을 하듯 이모지를 주시하며 반응하자. 또한 이해도 파악이나 투표를 위해 청중에게 질문을 하고 '좋아요' 또는 '싫어요'로 반응해달라고 요청할 수도 있다.

온라인 커뮤니케이션은 청중의 에너지를 더 소모하고, 각자 방해 요소들이 있기 때문에 청중의 집중을 유지시키는 것이 더 어렵다. 청중의 집중력을 끌어 올리고 유지시키는 방법들을 몇 가지 소개한다.

- 슬라이드 데크를 사용하는 경우 직접 대면할 때보다 더 많은 슬라이드를 사용하자. 슬라이드를 빠르게 넘기면 주의를 집중시키는 데 도움이 된다. 더 많은 슬라이드에 정보를 분산시키면 콘텐츠를 더 풍부하고 명확하게 만들 수 있고, 여백이 많을수록 청중이 보기 쉬워지는 등의 다른 장점도 있다([그림 15-1] 개요 참고). 슬라이드는 무료이므로 필요한 만큼 추가할 수 있다.

- 메시지를 더 짧은 단위로 나누고 시각적 단절을 추가하자. 빈 슬라이드나 사진, 밈, 만화와 같은 이미지를 넣자. 한 가지 주제에 오랫동안 집중하는 것은 어렵기 때문에(평균 집중 시간은 20분을 넘지 않음) 콘텐츠를 쪼개면 청중이 온라인 상호작용에서 필요한 휴식을 취할 수 있다.

- 슬라이드를 보여주거나 화면을 공유할 때는 발표자 모드(화면 속 화면)를 사용하여 청중이 발표자를 볼 수 있도록 하자. 작은 화면에서도 잘 보이도록 과장된 표정과 제스처를 사용하자. 얼굴 표정과 제스처를 보면 청중이 발표자를 훨씬 더 쉽게 이해할 수 있다.

- 시각적 휴식 시간 외에도 적어도 45~60분마다 청중에게 휴식 시간을 제공하자. 이렇게 하면 청중이 나중에 더 집중하는 데 도움이 된다.

- 실시간 응답을 사용하여 단어 구름을 만드는 것과 같은 설문조사 및 유사한 도구를 사용하여 청중이 참여할 수 있도록 하자. Claper[2], Mentimeter[3]와 같은 도구가 프레젠테이션을 위한 이 기능을 제공하며, 간단한 설문조사는 마이크로소프트 팀즈 또는 줌과 같은 프레젠테이션 도구에 내장되어 있는 경우도 많다.

- 프레젠테이션 시간을 최소화하고 토론, 그룹 활동 및 상호작용을 최대화하자. 프레젠테이션 전에 비동기식 커뮤니케이션을 통해 일부 정보를 제공하면 이벤트 중 프레젠테이션 시간을 줄일 수 있다.

CAUTION 동영상과 같은 미디어를 사용한다면 청중의 대역폭이나 화면 크기가 다 다를 수 있음을 고려하자. 슬라이드를 만들 때 많은 청중이 작은 노트북 화면으로 보고 있다는 사실도 잊지 말자.

----

2 https://claper.co

3 https://mentimeter.com

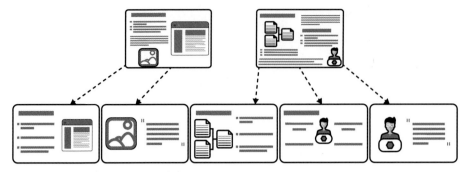

그림 15-1 슬라이드 쪼개기

발표 내용

프레젠테이션에서 범하는 일반적인 오류는 주제 설명 슬라이드가 필요하다는 것이다. 이는 청중에게 무엇을 말할지 얘기하고, 그것을 말한 다음, 무엇을 말했는지 다시 정리해주어야 한다는 전제에서 비롯된 것이다. 이 전제를 따를 수는 있지만, 청중에게 무엇에 대해 말할 것인지 말한다고 주제 슬라이드를 만들 필요는 없다. 일반적으로 지루하고 불필요하다. 교육 과정이나 워크숍을 하는 경우 개요를 포함하고 싶을 수 있지만, 여기에 많은 시간을 할애해서는 안 된다. 대부분의 경우, 해결하고자 하는 문제나 고충에 초점을 맞추고 청중에게 이 문제를 해결하는 방법에 대해 이야기할 것임을 알려야 한다.

프레젠테이션을 시작하는 좋은 방법은 이미지, 대담한 문구 또는 통계를 보여주거나 스토리로 시작하는 것이다. 이러한 기법을 사용하여 주요 메시지나 요점을 구성하자. 강조를 위해 동일한 주요 메시지 또는 핵심 요약으로 끝낼 수도 있다.

> **NOTE** 아키텍처 리뷰 이사회를 대상으로 발표할 때는 앞서 설명한 기법을 사용하지 않아도 된다고 생각할 수 있지만, 이러한 기법을 사용했을 때 전달력이 훨씬 강해지고 청중의 집중력 및 관심 또한 향상된다. 반면 주제 설명 슬라이드는 도움이 되지 않는다.

마지막으로, 프레젠테이션이 끝나면 청중이 취했으면 하는 다음 단계나 행동을 생각하자. 원격 프레젠테이션에서는 청중이 클릭하도록 유도하는 링크를 공유하거나 채팅 또는 설문조사 기능을 통해 피드백이나 의견을 요청하는 것이 쉽다.

나중에 추가 정보, 후속 조치 등을 담은 비동기식 커뮤니케이션을 전송할 수도 있다. 이러한 기술을 사용하여 프레젠테이션의 목표를 달성하자.

인포데크, 슬라이드 데크, 슬라이드 문서

슬라이드 데크slide deck가 아닌 슬라이드 자료는 어떤 것일까? 발표자가 말하고자 하는 모든 정보가 포함되어 있는 경우다. 발표자가 사용하는 이러한 종류의 슬라이드 데크는 **슬라이드 문서**slideument라고 한다. 슬라이드 데크와 문서의 중간 형태다. 청중은 프레젠테이션의 대부분을 발표자의 말을 듣기보다는 슬라이드를 읽는 데 보내며 어느 쪽에도 충분한 주의를 기울이지 않는다.

슬라이드 문서는 슬라이드와 청중을 위한 유인물로 동일한 데크를 사용하거나 발표자가 내용을 몰라서 슬라이드를 보고 읽어야 할 때 종종 발생한다. 이것은 결코 프레젠테이션으로 작동하지 않는다.

인포데크Infodeck는 발표자와 함께 사용하지 않고 정보를 전달하기 위해 특별히 제작된 슬라이드 데크다. 인포데크는 단독으로 사용 가능하다. 인포데크는 다이어그램을 전체 화면과 가로로 표시할 수 있고 레이아웃을 더 잘 제어할 수 있어 문서보다 더 유용하다. 또한 텍스트가 적은 멀티미디어 접근 방식을 사용하므로 문서의 긴 단락보다 읽기 쉽다. 인포데크를 배포할 때는 더 많은 사람이 쉽게 액세스할 수 있도록 PDF 문서로 변환하거나 웹 페이지 내에 배포하는 것이 가장 좋다.

발표자가 만든 슬라이드 데크는 프레젠테이션의 시각적 요소로 간주된다. 발표자의 발표는 청각 요소를 제공한다. 시각 및 청각 요소가 함께 프레젠테이션을 구성한다. 발표자는 프레젠테이션 중 시간을 조절하여 주의를 집중시키고, 강조하고, 메시지가 잘 전달될 수 있도록 한다.

화면 공유

동료들과 협력할 때 화면에 슬라이드뿐 아니라 다양한 앱을 공유하면서 정보를 시각적으로 공유할 수 있다. 완성된 업무를 공유할 때는 전체화면에서 발표 모드를 사용하여 모두가 내용을 가장 크게 보면서 집중할 수 있도록 한다.

다른 사람들의 기여와 협력을 원하는 경우 편집 모드로 공유하는 것이다. 이는 변경 사항 제안에 열려있다는 사실을 강조해준다. 모두가 내용을 볼 수 있도록 툴바를 숨기고 내용을 창에 맞추는 것이 좋다.

> **TIP** 화면을 공유할 때는 청중이 발표자의 커서를 잘 볼 수 없다는 사실을 기억해야 한다. 커서로 화면의 어떤 내용을 가리킬 때는 천천히 움직이면서 최소 5초 정도의 여유를 두는 것이 좋다. 커서의 크기를 키우고 밝은 색으로 변경한다.

원격 도구와 거버넌스

원격 근무에 필요한 도구는 대면 근무에 필요한 것과는 다르다. 하이브리드나 원격 환경에서 사용하는 도구를 통해 먼 거리를 보완해야 한다.

대면 상황에서 쓰이는 포스트잇이나 화이트보드는 온라인에서도 대응되는 도구가 있고, 더 많은 이점을 제공할 수도 있다(디지털 화이트보드에서 아이템을 움직일 수 있는 등). 원격 도구들이 대면 상황에서도 더 유용할 수 있음을 인지하는 것이 좋다.

이 절에서는 원격 도구의 사용과 관리를 도와줄 패턴과 기법을 알아볼 것이다. 도구 선정, 데이터, 보안, 효율성 등을 고려하면서 원격 및 하이브리드 업무 관행을 개선할 수 있다.

선정 방법

도구를 선정할 때 너무나 많은 기능과 옵션 앞에서 부담을 느낄 수 있다. 어떤 도구가 사업, 기술, 보안 필요성을 충족하는지(MoSCoW 우선순위: must, should, could, won't)와 초기 및 지속 비용을 판단하기 위해 요구 사항을 주로 사용한다.

아키텍처 특성들은 기능적 요구 사항의 우선순위(must, should, could를 배분)를 판단하고 도구의 비기능적 요구 사항(12장의 '아키텍처 특성' 참고)을 수립하는 데도 도움을 준다. 이렇게 우선순위를 설정하면 여러 도구 중 선택하는 것이 아니라 회사의 우선순위에 적합한 도구를 사용할 수 있다.

> **TIP** 여러분의 아키텍처 특성을 지지해주는 기능적, 비기능적 요구 사항들은 그렇지 못한 것들보다 우선순위가 높아야 한다. 3가지의 아키텍처 특성을 선정했다면, 이를 지지하는 요구 사항들이 우선순위가 가장 높아야 한다.

ADR을 사용하여 소프트웨어 도구를 선정하는 프로세스를 구조화한다. 해당 소프트웨어가 필요한 맥락과 이유를 문서화하는 것, 해당 결정 주도자, 전제나 제약 사항 등 모든 것이 소프트웨어의 요구 사항에 포함된다.

ADR의 평가 기준 섹션에 소프트웨어의 모든 요구 사항을 기록하며, 선택지 섹션에 각 선택지의 점수를 기록한다. 또한 최종 결정에 영향을 미칠 수 있는 각 선택지의 트레이드오프, 장단점 또한 기록한다.

어떤 도구들은 스위스 군용 칼과 같이 굉장히 많은 기능을 제공한다. 그 반대 극단에는 단 한 가지 기능만 하는(잘 하길 바란다) 도구들도 있다. 어떤 도구가 여러분의 필요를 가장 잘 충족시킬 것인지에 대한 명확한 답은 없지만, 도구를 선택할 때는 모든 기능을 고려하는 것이 좋다. 일부 기능은 사용 중인 다른 도구와 겹칠 수도 있고, 현재의 공백을 메워줄 수도 있다. 필요 없는 기능에 대해서는 코딩의 YAGNI^(You Aren't Gonna Need It) 법칙을 따르고, 겹치는 기능이 있는 도구는 통합하는 것이 낫다.

TIP 다이어그램의 스타일이 청중의 지각에 영향을 미칠 수 있듯(6장의 '스타일 커뮤니케이션' 참고), 선정하는 도구도 청중의 의견에 영향을 줄 수 있다. 공유된 디지털 화이트보드는 일시적인 자료를 포함하고 있다고 받아들여질 것이며, 엔터프라이즈 아키텍트Enterprise Architect[4]와 같은 진지한 도구들은 내용이 아무리 좋아도 사람들에게 부담스러울 수 있다.

사례 ⟩ **문화적 적합성 고려하기**

> 지노의 개발팀 중 한 곳에서 사용자 지정 문서 시스템인 폴리닥스Poly-Docs를 관리하고 있는데, 이 시스템은 모든 개발팀과 폴리글롯 미디어의 아키텍트들이 사용하고 있다. 이 팀은 폴리닥스에 많은 노력을 기울이고 있지만, 이로 인해 많은 갈등이 발생한다. 다른 팀에서는 폴리닥스를 유지 관리하는 팀이 다른 팀의 요청보다 도구에 대한 자체 요구 사항을 우선시한다고 생각한다. 또한 지노가 원하는 것보다 더 많은 개발 시간이 소요되며 빌드 및 배포 문제가 발생하여 시간이 더 낭비된다.
>
> 지노는 아키텍트 팀원들에게 의견을 물어본 결과 폴리닥스가 회사에 적합하지 않다는 데 팀원들과 의견이 일치했다. 전반적으로 소기의 목적은 달성했지만 개발자들의 불만이 커졌다.
>
> 문제는 기술적 불일치가 아니라 문화적 갈등이었기 때문에 지노와 아키텍처 팀은 개발자 및 다른 사람들과 협력하여 문서화 시스템의 아키텍처 특성을 정의했다. 그런 다음 이 아키텍처 특성을 ADR의 평가 기준으로 사용하여 상용 기성제품들을 평가하고 이해관계자가 의견을 제시한다.
>
> 폴리글롯의 대체품으로 개발팀과 다른 사용자들의 만족도가 높아졌다. 오픈 소스 옵션이 선택되었고, 모든 개발자가 변경을 원할 경우 지노의 승인을 받아 프로젝트에 기여할 수 있다.
>
> 아키텍처 팀은 소프트웨어 조달을 평가할 때 아키텍처 특성 목록에 **문화적 적합성**을 추가했다.

원격 도구

개발자와 아키텍트는 원격으로 작업하거나 협업할 때 메신저 앱, 문서, 위키피디아 등 다양한 유형의 도구를 사용한다. 다음은 도구의 유형과 유용성에 대한 상당히 포괄적인 목록(잘 알려지지 않은 일부 포함)이다.

---

4 *https://oreil.ly/tZ2ed*

온라인 다이어그램

디지털 다이어그램 도구는 이제 SaaS 또는 온라인 접근 방식으로 전환되었으며, 원격 근무에 적합한 협업 옵션을 제공한다. 어떤 도구는 협업 기능을 내장하고 있고, 어떤 도구는 원드라이브나 구글드라이브와 같은 파일 공유 서비스를 활용한다. 이러한 도구는 소프트웨어 아키텍처에 대한 피드백을 받거나 다이어그램 및 기타 시각 자료를 함께 작성하는 데 필수적이다. 예를 들면 draw.io[5], Excalidraw[6], Lucidchart[7] 등이 있다.

Q&A 플랫폼

원격 근무 시에는 문서화가 더욱 중요하며, 질문과 답변을 사용하는 버전도 있다. 특정 Q&A 플랫폼을 사용하면 채팅이나 이메일 대화에서 유용한 답변이 손실되지 않는다. 공개 버전도 있지만, 내부 소프트웨어 및 프로세스와 관련이 있거나 민감한 정보가 포함된 Q&A에는 비공개 버전이 필요할 것이다. 예를 들면 Codidact[8], Question2Answer[9], Stack Overflow[10] 등이 있다.

위키 및 지식 관리

위키 및 이와 유사한 형태의 지식 관리는 분산된 인력에게 특히 중요하다. 비동기식 커뮤니케이션은 회의록을 작성하지 않는 한 동기식 회의의 토론과 달리 정보가 지속 가능한 형태로 전송되기 때문에 자연스럽게 문서를 생성한다. 이러한 도구를 사용해 비동기식 커뮤니케이션에서 얻은 정보를 정리하고 접근이 가능하도록 하자. 모든 것을 한 곳에서 쉽게 찾을 수 있도록 프로세스와 동기식 회의를 문서화하자. 앱플로이[AppFlowy][11], 티들리위키

---

5 *https://drawio.com*
6 *https://excalidraw.com*
7 *https://lucidchart.co*
8 *https://codidact.org*
9 *https://question2answer.org*
10 *https://stackoverflow.com*
11 *https://appflowy.io*

TiddlyWiki[12], 옵시디언Obsidian[13], 엑스위키XWiki[14], 노션Notion[15], 컨플루언스Confluence[16] 등이 그 예다.

포럼 및 소셜 도구

비공개 소셜 네트워크와 포럼은 얼굴을 마주할 일이 없는 동료들 간에 친밀감을 형성하는 데 효과적인 방법이다. 일반적으로 업무와 관련이 없거나(예: 스포츠, 취미, 가족 등), 업무나 프로젝트와 관련이 없는 전문적인 주제(예: 클라우드 기술, 이벤트 소싱, DDD 등)를 다룰 수 있다. 이러한 도구의 예로는 험허브HumHub[17], 비바 인게이지[18], 월러Whaller[19] 등이 있다.

화상 회의

화상 회의 도구는 가상 대면 대화 및 회의, 슬라이드 프레젠테이션 또는 화면 공유, 가상 회의에서의 상호작용(예: 설문조사, 소회의실)에 자주 사용한다. 이러한 도구를 동기식 커뮤니케이션에 사용하자. 예를 들면 짓시밋Jitsi Meet[20], 줌Zoom[21], 구글밋Google Meet[22], 스카이프Skype[23], 팀즈Teams[24] 등이 있다.

---

12 *https://tiddlywiki.com*
13 *https://obsidian.md*
14 *https://xwiki.org*
15 *https://notion.so*
16 *https://oreil.ly/sNb8P*
17 *https://humhub.com/en*
18 *https://oreil.ly/REUrA*
19 *https://whaller.com/en*
20 *https://meet.jit.si*
21 *https://zoom.us*
22 *https://meet.google.com*
23 *https://oreil.ly/1E5lu*
24 *https://oreil.ly/VAzAi*

메신저 앱

메신저 앱은 일반적으로 이미지나 파일 링크와 같은 일반 텍스트뿐만 아니라 다른 미디어도 개인과 그룹 간에 공유할 수 있도록 해준다. 메신저 앱은 동기식 또는 비동기식일 수 있으므로 이러한 도구 사용에 대한 기준을 설정하고 공유해야 한다. 예를 들면 매터모스트Mattermost[25], 슬랙Slack[26], 팀즈Teams[27], 구글 챗Google Chat[28] 등이 있다.

이메일

외부 커뮤니케이션(고객 또는 비즈니스 파트너와의 커뮤니케이션), 긴 형식의 내부 커뮤니케이션, 뉴스레터 발행에 자주 사용되는 이메일은 유연성이 뛰어나지만 시간 낭비가 발생하기 쉽다. 15.1절의 조언을 따르자. 예를 들면 Mozilla Thunderbird[29], Mailspring[30], Gmail[31], Microsoft Outlook[32] 등이 있다.

디지털 화이트보드

온라인 화이트보드는 손으로 자유롭게 그리는 데는 자주 사용되지 않지만(마우스로 그리는 것이 어렵기 때문일 수 있다), 스티커 메모, 이미지, 아이콘 등을 추가하고 이를 이동하고 화살표로 연결하거나 주변에 상자나 다른 모양을 그려서 연결하기 등 다양한 기능을 갖추고 있다. 표준 화이트보드와 비교했을 때 또 다른 장점은 온라인 캔버스의 크기다. 온라인 캔버스는 훨씬 더 크거나 사실상 무한대로 확장할 수 있으며, 하나의 캔버스에 여러 이벤트 스토밍 관점을 포함하고 진행 상황을 표시할 수 있는 이점이 있다. 또한 결과

---

25 *https://mattermost.com*
26 *https://slack.com/intl/en-gb*
27 *https://oreil.ly/VAzAi*
28 *https://chat.google.com*
29 *https://thunderbird.net/en-GB*
30 *https://getmailspring.com*
31 *https://mail.google.com*
32 *https://www.outlook.com*

는 표준 화이트보드처럼 지워지지 않고 자동으로 문서화된다. 예를 들면 OpenBoard[33], Mural[34], Miro[35], Microsoft Whiteboard[36] 등이 있다.

프로젝트 관리

프로젝트 관리 도구는 마이크로소프트 프로젝트와 같이 제품의 초창기부터 지금까지 많은 발전을 거듭해왔다. 워터폴 방식은 대부분 애자일 방식으로 대체되었으며, 현재 많은 제품이 SaaS로 제공되고 있다. 이러한 도구는 작업 할당 및 프로젝트 업데이트와 같은 비동기식 커뮤니케이션에 적합하다. Redmine[37], 타이가[38], 베이스캠프[39], 지라[40] 등이 그 예다.

파일 공유

이메일이나 기타 커뮤니케이션에 문서를 첨부하는 것은 모든 수신자를 위해 매번 다른 버전의 파일을 생성하는 안티패턴으로 잘 알려져 있으며, 이로 인해 변경 사항을 모든 사람에게 업데이트하는 것은 악몽과도 같다. 적절한 액세스 권한이 있는 파일 링크를 공유하는 것이 가장 좋은 방법이다. 예를 들면 Seafile[41], Dropbox[42], GoogleDrive[43], OneDrive[44] 등이 있다.

....

33 *https://oreil.ly/p8M_8*

34 *https://mural.co*

35 *https://miro.com*

36 *https://oreil.ly/qzbxA*

37 *https://redmine.org*

38 *https://taiga.io*

39 *https://basecamp.com*

40 *https://oreil.ly/VemBL*

41 *https://seafile.com/en/home*

42 *https://dropbox.com*

43 *https://google.com/drive*

44 *https://onedrive.live.com*

공동 작업 문서

원격으로 일하는 사람들은 문서, 스프레드시트, 슬라이드 데크 등에서 공동 작업을 하거나 피드백을 요청해야 할 수 있다. 대부분의 온라인 문서 애플리케이션은 문서에서 동기식으로 작업하고 비동기식 협업을 위해 댓글을 달 수 있는 실시간 협업 기능을 제공한다. 예를 들면 ONLYOFFICE[45], 마이크로소프트 365[46](구 오피스 365), 문서, 스프레드시트, 프레젠테이션을 제공하는 구글 드라이브[47] 등이 있다.

데이터 확산

많은 사람에게 원격 근무로의 전환은 갑작스럽고 계획에 없던 일이었다. 비즈니스 연속성을 유지하고 사일로Silo[48]를 피하며 직원들에게 구매 결정을 내릴 수 있는 권한을 부여해야 할 필요성으로 인해 원격 근무를 위한 소프트웨어 도구가 확산되었다. 또한 엔트로피로 인해 기업 내에서 사용하는 애플리케이션이 증가했다. 모든 것은 통제하지 않으면 혼돈으로 향하는 경향이 있어서 혼돈으로 인한 문제를 피하려면 기업 내에서 소프트웨어 사용을 관리해야 한다.

소프트웨어 도구의 확산은 곧 데이터의 확산을 의미한다는 사실을 종종 잊고 있다. 각 도구에는 고유한 데이터뿐만 아니라 다른 도구와 공유하는 데이터, 다른 앱에 있는 데이터의 복사본이거나 유사한 데이터(예: 사용자 계정 및 비즈니스의 부서 목록과 같은 메타데이터)도 포함된다.

[그림 15-2]는 앱이 증가함에 따라 수반되는 데이터의 확산을 보여준다. 일부 앱은 데이터를 공유하고 일부 앱은 자체 데이터를 저장하며 일부 데이터는 중복될 수 있다. 이러한 상황과 그에 따른 장단점에 대해 설명한다.

---

45 *https://onlyoffice.com*
46 *https://office.com*
47 *https://google.com/drive*
48 옮긴이_ 조직 내 부서들 간 교류와 소통이 없는 현상

유사하거나 복제된 데이터는 여러 가지 문제를 일으킬 수 있다. 자체적으로 사용자의 인증 및 권한을 관리하는 각 소프트웨어 도구에 대해 사용자는 새 사용자 계정을 만들어야 하며, 비밀번호 생성에 대한 모범 사례를 따르지 않을 수 있다. 이는 새로운 공격 벡터를 생성하며, 사용자가 직책을 변경하거나 퇴사하는 경우 사용하는 모든 도구의 사용자 계정을 업데이트 하여 권한을 제거하거나 변경해야 한다. 이 과정에서 하나 이상의 계정이 쉽게 빠져나갈 수 있다. 안전하지 않은 비밀번호를 사용하는 이러한 계정은 해킹의 표적이 된다.

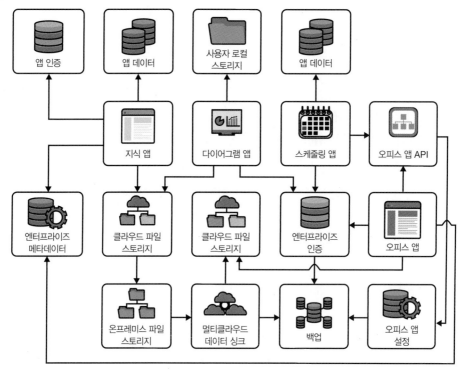

그림 15-2 데이터 확산 및 공유

데이터 사본은 쉽게 동기화되지 않는다. 새로운 부서가 추가되거나 부서가 합쳐지면 비즈니 스의 부서 목록이 구식이 된다. 현재 진행 중인 프로젝트나 도구 목록은 더 빨리 구식이 된다.

동일한 데이터를 사용해야 하는 도구는 종종 해당 데이터가 여러 버전으로 생성되므로 어떻 게든 동기화해야 한다. 데이터를 사용하는 도구의 수가 증가함에 따라 데이터를 동기화하고 골든 카피(신뢰할 수 있는 단일 소스, 즉 마스터 카피)를 유지하는 것이 점점 더 어려워진다. 도구에서 API를 사용하거나 공유 데이터 스토어를 사용하는 등 데이터 동기화가 자동화되어 있더라도, 도구가 많다는 것은 그만큼 복잡해지고 오류나 기타 문제가 발생할 가능성이 높아진다는 것을 의미한다. 일관성이 없거나 신뢰할 수 없는 데이터는 회사에 큰 타격을 줄 수 있다.

보안과 규정 준수도 고려해야 한다. 데이터가 안전하게 전송되는가? 언제, 어떻게 암호화되는가? 데이터에 대한 접근은 어떻게 제어되는가? 데이터는 어디에 저장되는가? 이러한 질문은 모두 비즈니스 지적 재산을 보호할 뿐만 아니라 **일반개인정보보호법**General Data Protection Regulation(GDPR), **건강보험 이전과 책임에 관한 법**Health Insurance Portability and Accountability Act(HIPAA), **결제카드업계**Payment Card Industry(PCI), **국제표준화기구**International Organization for Standardization(ISO)와 같은 법률 및 표준을 준수하기 위한 중요한 질문이다.

데이터에 포함된 개인 식별 정보는 데이터 저장에 엄청난 복잡성을 더한다. 데이터 저장(지리적 위치 및 암호화 포함)이 이러한 유형의 데이터에 관한 법률을 준수하는지, 심지어 특정 소프트웨어 도구에서 해당 데이터를 사용할 수 있는지 파악해야 한다.

보안

원격 근무팀은 어디서든 도구와 데이터에 액세스할 수 있는 기능이 필요하므로 공급업체가 호스팅하는 SaaS 제품으로 전환하고 온프레미스 또는 클라우드 기반 리소스에 대한 접근을 제어할 필요가 있다. 원격 근무의 장점에도 불구하고 조직에 더 많은 공격 경로가 생겨나는 것은 사실이기 때문에 SSO 사용, 공급업체 승인, 라이선스 및 서비스 약관 확인 등의 보안 정책을 통해 이를 완화해야 한다.

회사 내 소프트웨어 도구를 관리할 때 데이터 보안만이 문제가 되는 것은 아니다. 공격자는 하나의 소프트웨어 애플리케이션을 통해 침입한 후 회사 시스템 전반으로 침투할 수 있다. 2021년 7월 넷스코프Netskope 클라우드 및 위협 보고서[49]에 따르면 직원 수가 500명에서 2,000명인 기업은 매달 평균 800개 이상의 클라우드 앱을 사용하며, 이 중 97%가 섀도 IT 앱이라고 보고했다.

섀도 IT Shadow IT [50]는 회사가 인식하지 못하거나 제어할 수 없는 소프트웨어다. 잘 알려진 소프트웨어도 위험할 수 있는데, 멀웨어를 포함하거나 취약점을 가진 미확인 앱이 약 780개나 존재한다면 이는 심각한 보안 위협이 될 수 있다.

도구 효율성

소프트웨어 도구의 확산으로 인해 기능이 겹치거나 심지어 똑같은 기능을 제공하는 도구가 두 개 이상 존재하는 경우가 많다. 사일로 상태에서 작업하는 부서나 팀은 회사에서 이미 사용 중인 소프트웨어를 사용할 수 있는데도 각자의 필요에 따라 다른 소프트웨어에 투자할 수 있다.

소프트웨어 기능이 상호 지원되지 않는다면 나중에 시스템 간에 통신이 필요할 때 비호환성이 발생할 수 있다. 소프트웨어 도구의 관리가 부족하면 중복된 도구를 구입하거나 호환되는 다른 시스템으로 마이그레이션하는 데 많은 비용을 낭비하게 된다.

많은 SaaS 및 기타 원격 근무 소프트웨어 도구가 사용자당 월 단위로 요금을 청구해서 비용이 쉽게 급증한다. 개별적으로 보면 별 문제가 없어 보이지만, 사용자가 많고 도구가 많으면 한 달에 수천 달러의 비용을 낭비할 수 있다.

> **NOTE** 필요하지 않거나 중복되어서 사용하지 않는 도구가 존재한다면 대량 구매를 통한 할인이나 전사적인 비용 효율성으로부터 얻을 수 있는 비용 절약 기회를 놓치게 된다.

---

49 *https://oreil.ly/WAoSI*
50 옮긴이_ 조직 내 보안 부서의 승인 없이 몰래 사용하는 앱

소프트웨어 도구가 너무 많으면 사용자와 프로세스의 효율성이 떨어진다. 직원들은 각 업무 프로세스에 어떤 소프트웨어를 사용해야 하는지, 어디서 정보를 찾을 수 있는지 알아야 하기 때문에 옵션이 너무 많으면 혼란스러울 수 있다.

직원이 새로운 도구를 접할 때마다 학습 곡선도 생긴다. 특정 화이트보드 도구에 익숙한 직원이 회의에 참석했을 때 다른 도구가 사용되고 있다면, 그 직원은 새로운 도구를 익혀야 할 뿐만 아니라 기존에 익숙한 도구와 새로운 도구 사이를 오가며 적응해야 하는 상황에 처하게 된다.

새로운 소프트웨어 도입의 필요성을 인식했을 때 기존에 보유한 소프트웨어 중 이미 그 필요를 충족시킬 수 있는 소프트웨어가 있는지 먼저 확인하지 않으면 불필요한 소프트웨어 구매와 직원 교육에 시간과 비용을 낭비할 수 있다. 소프트웨어 도구가 너무 많으면 책임자를 파악하는 것도 어렵고, 책임자를 알더라도 퇴사하거나 역할이 바뀌면 해당 정보가 손실되기 쉽다.

특정 임곗값에 도달하면 도구의 수는 직원들의 업무를 돕거나 간소화하기보다는 오히려 속도를 늦춘다. 이 임곗값은 사람마다 다르지만 생각보다 낮을 것이다.

도구 거버넌스

원격 근무로 인해 기업에서 사용하는 소프트웨어 도구의 증가가 가속화되었지만 거버넌스와 관리를 통해 상황을 혼란에서 벗어나게 할 수 있다. 이러한 거버넌스에 대한 의사소통과 의사결정에 비동기 옵션을 사용하는 것은 분산된 인력을 위한 핵심이다.

현재 도구 환경에 대한 전반적인 감사는 소프트웨어 도구 거버넌스를 시작하기 위한 중요한 출발점이다. 어떤 앱이 사용되고 있는지, 어떤 용도로 사용되고 있는지, 누가 사용하고 있는지, 얼마나 많은 사람이 사용하고 있는지, 회사가 보유한 라이선스 수는 얼마인지, 초기 비용과 지속적인 비용은 얼마인지, ROI는 얼마인지 알아보자.

그런 다음 한 가지 중요한 질문이 남는데, 이 질문에 대한 답은 보통 시간이 지나면 사라진다. 왜 이 특정 도구를 사용하는가? 운이 좋다면 그 답이 기록되어 있을 것이다. 이 정보는 도구의 지속 여부를 결정할 때 유용하다.

특히 라이선스 갱신 기간이 긴 경우, 갱신 여부를 성급하게 결정할 필요가 없도록 라이선스 갱신 날짜 등 도구에 대한 정보를 보관하는 것이 좋다. 공급업체가 도구 지원을 중단하는 시기를 알고 있다면 교체 또는 업그레이드 계획을 세울 수 있도록 날짜도 기록해두어야 한다.

각 도구에 대한 정보는 애플리케이션 포트폴리오를 만드는 데 사용할 수 있다. 포트폴리오에 포함된 도구는 비즈니스 정책에 따라 평가하여 규정을 준수하는지 확인해야 한다. 여기에는 HIPAA 또는 GDPR과 같은 보안 및 규정 준수, 또는 저장 및 전송 중인 모든 데이터의 암호화와 같은 정책이 포함되어야 한다. 폴리글롯 미디어의 애플리케이션 포트폴리오 요약(자세한 정보 링크를 포함할 수 있다)에서 발췌한 내용은 [표 15-1]을 참고하자.

표 15-1 폴리글롯 미디어의 애플리케이션 포트폴리오 요약

앱 이름	담당자	사용자	라이선스	라이선스 사용율	갱신 날짜	초기 비용	연간 비용	근거	규정 준수
옵시디언	지노(테크 리드)	기술 본부	50	98% (Q4 2023)	2024-07-01	$150	$2,500	[ADR 링크]	준수
draw.io	리비(리드 아키텍트)	아키텍트, 개발자	무료/오픈 소스	25명 (Q3 2023)	N/A	0	0	[ADR 링크]	데스크탑: 준수 브라우저: 미준수
매터 모스트	TBD (2023년 Q4까지)	폴리글롯 미디어	엔터프라이즈	148명(Q4 2023)	2024-02-07	$200	$1,750	[ADR 링크]	준수

도구 간 종속성도 애플리케이션 포트폴리오에 추가해야 한다. 이는 어떤 도구를 유지할지 결정할 때(영향 분석 작성), 그리고 데이터 계보와 보안을 결정할 때 중요하다. 모든 도구에 대해 비즈니스 데이터 흐름을 매핑하여 통합과 그 구현(예: API)을 보여줘야 한다.

모든 도구는 정책, 비즈니스 목표, 장단점(예: 가격 및 요금 모델, 사용 및 관리 노력, 교육 가용성 및 학습 곡선 등)에 따라 평가해야한다. 평가해야 할 다른 기준으로는 도구의 요구 사항이 있는데, 이는 시간이 지남에 따라 변경될 수 있다는 점을 염두에 두어야 한다(예: 플랫폼이 그 위에 구축된 제품에 대한 확장성을 제공해야 하는 경우).

포트폴리오의 도구를 평가한 후에는 통합으로 넘어간다. 분석 결과를 사용하여 다음과 같은 특성을 가진 도구를 파악할 수 있다.

합당한 이유 없이 중복되는 기능

어떤 도구를 유지하고 어떤 도구를 마이그레이션할지 결정해야 한다.

이미 사용 중인 다른 도구로 통합 가능

도구와 공급업체의 수를 줄일 수 있으므로 공격 표면이 줄어든다. 또한 비용을 절감하고 관리 오버헤드를 줄일 수 있다.

비즈니스의 요구와 목표를 충족하지 못함

처음 라이선스를 받았을 때 비즈니스 요구 사항을 충족했거나 일부 비즈니스 요구 사항을 고려하지 않았을 수 있다. 이러한 도구는 교체 또는 단계적 폐지를 표시해야 한다.

정책 또는 법률을 준수하지 않는 경우

데이터 저장 위치를 변경하는 등 규정을 준수하도록 도구를 변경할 수 있는 경우가 아니라면 교체 또는 단계적 폐지를 우선순위로 표시해야 한다.

ROI가 마이너스이거나 관리를 정당화할 만큼 충분히 사용되지 않는 경우

단계적으로 폐지하고 필요한 경우 사용자를 다른 옵션으로 마이그레이션할 수 있도록 표시하자.

사용자 수에 비해 라이선스가 너무 많은 경우

라이선스 수준을 가능한 한 빨리 변경하여 비용을 절감하자.

도구를 선택하는 결정을 내릴 때는 다음 사항도 고려해야 한다.

라이선스 수 증가에 따른 비용

하나의 도구를 사용하기 위해 사용자를 통합하는 경우, 각 도구의 새 라이선스 번호를 고려하여 가격을 평가해야 한다.

각 도구의 라이선스 모델

라이선스 모델에 따라 하나의 도구가 전체적으로 훨씬 더 비용 효율적일 수도 있고, 서로 다른 모델의 두 도구를 사용하는 것이 더 비용 효율적일 수도 있다(예: 하나의 저장소 호스팅 서비스는 저장소당 요금이 부과되고, 다른 서비스는 사용자당 요금이 부과되는 경우).

데이터 마이그레이션 방법 및 가능 여부

단계적 폐지를 고려 중인 도구의 경우, 데이터를 마이그레이션할 수 있는 방법을 알아보자. 마이그레이션이 불가능한 경우에는 수동으로 마이그레이션을 진행해야 할 수도 있다.

직원들의 스킬셋

직원들이 사용법을 아는 도구는 무엇인가? 마이그레이션을 고려하는 도구의 학습곡선은 어떠한가? 도구 사용에 대한 교육이 있는가, 비용은 어떻게 되는가?

호환성 및 통합 요구 사항

다른 도구와 통합되거나 호환 가능해야 하는가? 이러한 사실은 새로운 도구를 선택하거나, 어떤 도구를 유지할지 결정할 때 **딜 브레이커**^{deal breaker}[51]로 작용할 수 있다.

그런 다음 유지하려는 도구와 시중에 나와 있는 도구에 대한 추가 분석을 수행하여 다음 특성을 가진 도구를 파악할 수 있다.

더 저렴한 옵션 사용

라이선스 티어를 변경하거나 새로운 도구로 마이그레이션할 수 있다.

여러 도구를 하나의 새 도구로 교체하여 통합

이미 사용 중인 도구로 통합하는 경우와 마찬가지로 공격 경로, 관리 오버헤드 및 비용을 줄일 수 있다.

더 나은 옵션 확보

현재 시장을 평가하면 비즈니스 요구와 목표에 더 잘 맞거나 더 효율적인 옵션이 떠오를 수 있다. 이러한 옵션을 대체품으로 검토할 수 있다.

이러한 변화를 구현할 때는 단계적으로 접근하는 것이 가장 좋으며, **스트랭글러 무화과**^{strangler fig} 패턴과 같은 방법을 사용하는 것이 좋다.

> **NOTE** **스트랭글러 무화과**(테세우스의 배^{Ship of Theseus}라고도 불린다) 패턴은 레거시 기능을 새로운 시스템의 코드로 점진적으로 교체하는 방법이다. 새로운 시스템이 레거시를 점차 대체하고, 레거시는 결국 사용이 중단되는 것이다. 교체하거나 사용을 중단하려는 도구를 마이그레이션 여부를 고민 중인 레거시 기능으로 생각할 수도 있다.

---

51 옮긴이_ 협상이나 결정을 결렬시키는 방해, 문제 요인

사용자와 데이터를 단계적으로 마이그레이션하면 많은 사람에게 영향을 미치기 전에 문제를 해결할 수 있다. 문제를 적극적으로 발견하고 보고할 수 있는 사람들을 얼리어답터로 선택해야 한다.

소프트웨어 도구 환경이 완성되었을 때 어떤 모습일지에 대한 계획을 세우고 업스트림과 다운스트림 서비스와 도구를 통합하는 등의 최적화를 고려할 수도 있다. 많은 도구는 더 나은 가치를 창출하고 효율성을 높이기 위해 활용할 수 있는 API가 있다.

애플리케이션 포트폴리오에 대한 감독과 거버넌스를 구현하는 것은 혼란의 늪으로 빠지지 않도록 하는 중요한 단계다. 원격 근무에 사용되는지 여부와 관계없이 회사에서 사용하는 소프트웨어 도구의 수명주기를 관리하기 위한 프로세스와 정책을 마련해야 한다. 교육을 통해 이러한 프로세스를 보완하여 모든 사람이 현재 도구에 대한 정보를 어디서 찾을 수 있는지, 새 도구를 포트폴리오에 추가하도록 요청하는 절차를 알 수 있도록 해야 한다.

구현한 프로세스는 애플리케이션 포트폴리오에 반영해 감사를 수행할 필요성을 줄여준다(섀도 IT를 식별하기 위해 감사를 수행하는 것은 좋다). 프로세스와 정책에도 수명 주기가 있어야 하며 필요에 따라 검토하고 업데이트해야 한다.

애플리케이션 포트폴리오, 프로세스, 정책은 다음과 같은 다양한 방법으로 커뮤니케이션할 수 있다.

기술 레이더

기술 레이더는 도구와 기술을 설명하고 조직에서 사용할 수 있도록 분류한다. 일반적인 시각화는 표적(또는 레이더)처럼 보이며, 중앙에 가까운 기술은 사용 대상이고 가장자리에 있는 기술은 보류, 금지 또는 폐기된 기술이다. 기술과 도구는 표적에서 사분면으로 분류된다. 쉽게 접근할 수 있도록 시각적 버전뿐만 아니라 텍스트 기반 또는 검색 가능한 버전을 제공하는 것이 좋다. [그림 15-3]과 [그림 15-4]는 쏘우트웍스Thoughtworks 기술 레이더[52]

---

[52] *https://thoughtworks.com/radar*

의 레이아웃 중 일부를 보여준다.

기술/기술 참조 모델

기술 참조 모델 Technical Reference Model(TRM)은 기술 레이더와 유사하지만 도구를 다르게 분류하고 표시한다. TOGAF 표준[53]에 명시된 대로 또는 필요에 더 잘 맞는 방식으로 TRM을 구현할 수 있다. 기술과 도구는 분류 체계로 분류된다. 이는 기술 레이더보다 훨씬 더 무거운 옵션이다.

기존 위키 및 지식 관리 도구

다른 비즈니스 및 기술 정보가 문서화되는 곳에 프로세스와 정책을 정의하고 설명하자. 기술 레이더와 같은 도구 링크를 추가할 수도 있다.

BYODbring your own device 관리

마이크로소프트 인튠 Microsoft Intune과 같은 도구를 사용하여 회사에서 완전히 관리하지 않는 장치에서도 회사 데이터와 보안을 제어하자.

---

53 *https://opengroup.org/togaf*

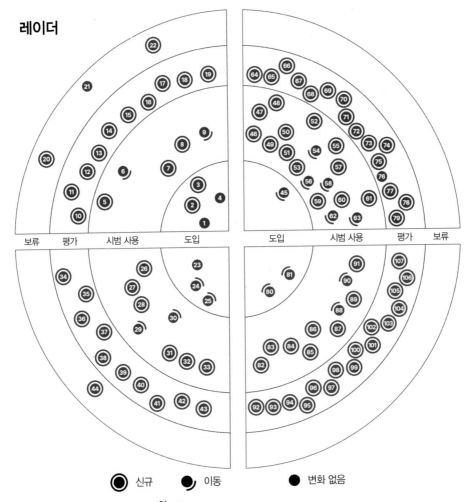

그림 15-3 쏘우트워크스 기술 레이더[54] 개요

정책과 프로세스를 만들 때는 도구의 수명주기 처리에 대한 확립된 기준과 예외 사항을 전달하는 것이 중요하다. 일반적으로 기존 도구로 충족할 수 있는 새로운 요구 사항이 확인되면 기존 도구를 사용할 것으로 예상해야 하지만 예외가 발생할 수 있으므로 이를 허용하는 프로세스가 있어야 한다.

---

54 *https://oreil.ly/1Gru8*

기술

도입
1. 내부 플랫폼에 제품 관리 적용
2. CI/CD 인프라 서비스
3. 의존성 경량화
4. 아키텍처 피트니스 함수[55]

시범 사용
5. 디자인의 접근성 주석
6. 로우코드 플랫폼
7. API 단독 제품들의 프런트엔드 데모
8. 레이크하우스 아키텍처
9. 검증 가능 자격증명

평가
10. 접근성 컴포넌트 테스트 디자인
11. AI 기반 테스트 우선 개발
12. 도메인별 LLM
13. 지능형 접근성 테스트
14. 팀 지식 베이스 Logseq
15. 프롬프트 엔지니어링

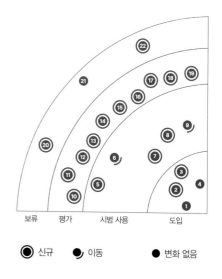

그림 15-4 쏘우트웍스 기술 레이더의 기술 사분면[56]

> **TIP** 예외가 부여되는 패턴이 발생한다면 그 원인이 되는 정책이나 소프트웨어를 검토하는 것이 좋다.

예외를 허용하는 경우, 다른 사람들이 해당 도구를 사용할지 기존 도구를 사용할지 알 수 있도록 애플리케이션 포트폴리오에 문서화해야 한다. 포트폴리오에 예외로 추가된 도구를 누군가 사용하려는 경우 매번 예외를 허용해야 할 수도 있다.

애플리케이션 포트폴리오에 도구를 너무 쉽게 추가하는 것과 너무 많은 절차를 만드는 것 사이에서 균형을 잡아야 한다. 두 가지 극단 모두 비즈니스에 부정적인 영향을 미친다. 프로세스를 최대한 빠르고 효율적으로 만들되, 정책 및 프로세스 준수 여부를 계속 확인해야 한다. 가능한 한 많이 자동화하고 나머지는 모두 셀프 서비스로 만들자.

---

55 옮긴이_ 특정 결과물이 목표에 얼마나 근접한지를 나타내는 함수
56 쏘우트웍스의 'Technology Radar' 참조(*https://oreil.ly/l6ru8*)

> **CAUTION** 애플리케이션 포트폴리오에 새로운 도구를 추가하는 절차가 너무 제한적이라면, 사람들이 소프트웨어 도구 거버넌스를 우회하기 시작하면서 섀도우 IT 현상이 발생할 수도 있다.

애플리케이션 포트폴리오는 애플리케이션 소유권을 추적하는 데 사용해 한 사람이 소프트웨어 도구를 책임지게 할 수 있다. 담당자를 최대한 원활하게 변경하려면(예: 퇴사하는 경우), 역할을 **앱 X의 담당자**와 같은 방식으로 설정하고 그 역할을 적절한 사람에게 할당하도록 하자. 이렇게 하면 실제 업무 역할이 무엇이든 다른 사람에게 해당 역할을 쉽게 재할당할 수 있다.

소프트웨어 도구의 전체 거버넌스 및 관리 프로세스는 애자일해야 한다. 감사, 분석, 평가, 통합 및 관리는 모두 정기적으로 반복하고 검토해야 하는 지속적인 프로세스다. 이러한 지속적인 반복 외에도 라이선스 수가 변경되면 이를 업데이트하거나 필요한 모든 정보를 포함하여 새 도구를 추가하는 등 애플리케이션 카탈로그에 대한 프로세스 및 거버넌스가 반영되어야 한다.

구축한 프로세스는 애플리케이션 포트폴리오의 도구에 대한 비용을 지불하는 사람들에게 관련 정보를 제공해야 한다. 그래야만 포트폴리오의 모든 도구에 대해 필요한 정보에 입각한 결정을 내릴 수 있다. 모든 도구는 포트폴리오 및 관리 프로세스에 포함하기 위해 직·간접적으로 유용성을 증명해야 한다.

요약

이메일 커뮤니케이션의 개선과 원격 프레젠테이션을 통해 커뮤니케이션 능력이 향상되었다면 어떤 매체를 사용하든 핵심 메시지를 더 잘 전달할 수 있을 것이다. 이러한 발전을 바탕으로, 커뮤니케이션 및 기타 도구에 대한 체계적인 관리는 팀과 회사, 나아가 더 넓은 범위의 소통을 위한 새로운 프레임워크를 하나로 통합하는 핵심 요소가 된다.

이제 이 서사의 끝에 다다랐다. 서문에서 미셸 토마스의 말을 인용했듯, 필자가 기술을 비롯한 모든 영역에서 커뮤니케이션의 진정한 중요성을 전달하는 데 '공을 네트 위로' 넘겼기를 바란다.

이 책을 통해 커뮤니케이션은 단순히 타인에게 나를 이해시키는 것 그 이상이라는 것을 배웠을 것이다. 커뮤니케이션은 관계를 형성하고, 신뢰를 구축하고, 문제를 해결하고, 사람들에게 동기를 부여하고, 효율성을 제고하고, (가장 중요하게는) 사람들이 관심과 존중을 받고 있다고 느끼게 하는 것이다.

이 책에서 필자는 다양한 영역에서의 배움과 개인적 아이디어 및 경험을 모아 소프트웨어 아키텍처와 비즈니스 커뮤니케이션에 적용했다. 사람과 팀의 다양성에 이점이 있다고 언급하기도 했다. 다양한 영역에서 배우는 것의 이점은 남들이 보지 못하는 새로운 이해와 통찰을 얻을 수 있다는 것이다. 필자는 이 책을 통해 여러분들에게 이것을 전달했다.

커뮤니케이션은 모든 직업에 관여된다. 아마도 커뮤니케이션과 관련된 다양한 도구와 기법이 가장 많이 존재하는 영역이 기술 영역일 것이다. 이렇게 다양한 선택지가 주어지는 데에는 장단점이 있다. 이 책에서 배운 내용들을 기반으로 장점을 극대화하고 단점을 극소화할 수 있을 것이다.

이 책을 마치면서 함께 상기하고 싶은 사실은, 커뮤니케이션은 역동적이고 계속 진화하는 과정이라는 사실이다. 우리의 여정은 여기서 끝날 수 있지만, 여러분의 여정은 이제 시작이다. 이 책에서 배운 내용을 업무에 적용하면서 커리어와 개인적 삶에서 펼쳐지는 변화를 관찰해보자.

책에서 논의한 패턴을 적용하면서 안티패턴을 항상 염두에 두자. 무엇보다 중요한 것은 실험하고 탐구하는 것을 두려워하지 않는 것이다. 커뮤니케이션에는 정해진 답이 있는 것이 아니다. 각자의 특별한 경험과 맥락이 방향을 결정할 것이다.

다른 이들과 지식과 경험을 공유하자. 여러분이 가진 고유한 시각과 경험은 주변 사람들에게 도움이 될 수 있으며, 그것을 공유하면서 이해를 강화하고 긍정적인 파급 효과를 가져올 것이다.

다시 개념을 상기시키거나 잠시 방향이 흐트러졌을 때 1장의 기본 개념으로 돌아가라. 효과적인 커뮤니케이션에서는 기본 개념들이 여러분의 지침이 될 것이다.

여러분이 자신의 경험, 통찰, 이야기를 나누어주길 바란다. 여러분의 여정은 나에게도 매우 뜻깊고 깊은 의미가 있다. 독자의 성과와 변화에 대해 듣는 것은 정말 흥미진진한 일이다. 토론하고, 커뮤니티에 참여하고, 계속 함께 배워 나가자.

성공적인 커뮤니케이션을 기원하며
재퀴 리드

ADR 템플릿

아키텍처 결정 레코드(ADR)를 기록하는 데 사용할 수 있는 템플릿이다. 웹사이트[1]에서도 사용할 수 있다.

ADR 구조

ADR 구조와 각 섹션에 대한 상세한 설명은 12장 아키텍처 결정 레코드의 'ADR 구조'를 참고하라. 이 템플릿을 사용하는 방법에 대해서는 [그림 12-3], [그림 12-4], [그림 12-5]를 참고하라.

식별자와 제목: 내려진 결정에 대한 진술

상태

초안/결정/ADR-XXX로 대체됨

맥락

결정을 내려야 하는 이유, 가정, 제안, 결정 추진 동인

평가 기준

이 결정을 내리는 데 있어서 중요한 것은 무엇인가? 이 결정을 내리는 데 있어서 어떤 아

---

1 https://communicationpatternsbook.com/freebies.html

키텍처 특성이 적용되는가? 기준이 되는 제약 사항이나 결정의 추진 동인이 있는가?

선택지

평가 기준(점수나 등급)에 따라 고려된 선택지들의 개요. 또한 평가 기준 외의 트레이드오프

결정

내려진 결정과 그 이유

예상 결과

내려진 결정의 긍정/부정적인 결과

논의

다른 이들의 의견을 받는 경우, 이곳에 작성한다. 실제 의견을 제시하든 하지 않든, 초대된 사람들에 대한 사항도 기입할 수 있다. 논의는 결정이 내려진 후에 일어나지만, 길이가 길어지고 결정 자체가 가려질 수 있기 때문에 마지막에 기록한다.

ADR 선택지

ADR의 선택지 섹션에 [표 A-1]의 ADR 테이블을 사용하라. 사용 예시는 [그림 12-3], [그림 12-4]을 참고하라. [표 A-1]의 사용 방법은 아래와 같다.

- 선택지마다 테이블 한 개를 생성한다.

- 평가 기준 한 개당 열을 추가한다.

- 5점 만점으로 점수를 매기고, 별이나 하비 볼을 활용해 시각화한다.

- 점수를 매긴 이유를 근거 행에 설명한다.

- 다른 선택지와의 비교를 위해 점수를 합산한다.

- 평가 기준 외 기타 트레이드오프는 '기타 트레이드오프' 섹션에 추가한다.

표 A-1 ADR 선택지

기준	점수	근거
	☆☆☆☆☆ 0/5	
	☆☆☆☆☆ 0/5	
	☆☆☆☆☆ 0/5	
	☆☆☆☆☆ 0/5	
	기타 트레이드오프	
	합계: 0/20	•
		•
		•

INDEX

INDEX

INDEX